江苏省“十四五”时期重点出版物出版专项规划项目

“新时代青年眼中的中国式现代化”系列丛书

丛 书 主 编◎郭继超
丛书副主编◎戴　锐　刘兴平　李　宁

本册主编◎周亚飞

“我”对晚清以来中国现代化道路探索之思考

河海大学出版社
HOHAI UNIVERSITY PRESS
·南京·

图书在版编目(CIP)数据

“我”对晚清以来中国现代化道路探索之思考 / 周亚飞主编. -- 南京 ：河海大学出版社，2023.12
（“新时代青年眼中的中国式现代化”系列丛书 / 郭继超主编）
ISBN 978-7-5630-8796-9

Ⅰ. ①我… Ⅱ. ①周… Ⅲ. ①现代化建设—研究—中国 Ⅳ. ①D614

中国国家版本馆 CIP 数据核字(2023)第 240802 号

书　　名 “我”对晚清以来中国现代化道路探索之思考
“WO” DUI WANQING YILAI ZHONGGUO XIANDAIHUA DAOLU TANSUO ZHI SIKAO
书　　号 ISBN 978-7-5630-8796-9
策划编辑 朱婵玲
责任编辑 曾雪梅
特约编辑 徐倩文
特约校对 王世文
装帧设计 杭永红
出版发行 河海大学出版社
地　　址 南京市西康路 1 号(邮编:210098)
电　　话 (025)83737852(总编室)　(025)83722833(营销部)
经　　销 江苏省新华发行集团有限公司
排　　版 南京布克文化发展有限公司
印　　刷 广东虎彩云印刷有限公司
开　　本 787 毫米×1092 毫米　1/16
印　　张 11.75
字　　数 249 千字
版　　次 2023 年 12 月第 1 版
印　　次 2023 年 12 月第 1 次印刷
定　　价 72.00 元

总　序

高校思政课承担着立德树人的使命与责任，是为党和国家培养全面发展的社会主义建设者和接班人的关键课程。党的十八大以来，习近平总书记高度重视高校思想政治理论课建设，从召开全国高校思想政治工作会议、全国教育大会、学校思想政治理论课教师座谈会，到多次赴高校考察和师生交流谈心，围绕思政课建设作出了一系列重要论述，为办好思政课提供了根本遵循。习近平总书记指出："要高度重视思政课的实践性，把思政小课堂同社会大课堂结合起来。"高校思政课通过创新实践教学形式、丰富实践教学载体、整合实践教学平台、深化实践教学内容等方式将理论知识学习与实践体验感悟融为一体，把思政小课堂同社会大课堂结合起来，引导大学生走进基层、走向社会，在实践中检验真理，在实践中发展理论，进而促进大学生理论水平、思想素质和思维能力的全面提升。

多年来，河海大学始终坚持立德树人初心使命，以高度的政治责任感多维发力推进思政课建设，着力培养堪当民族复兴重任的时代新人。强化顶层设计，赓续红色血脉，构建大思政格局，打造具有河海特色的思政课程群，将学校"爱国爱水爱校"的深厚情怀融入学生培养全过程。注重拓宽思政课教师育人大视野，把专家学者"请进来"，建设思政课教学"知行"工作坊，举办"思政课大中小学一体化建设"研讨会，邀请兄弟院校、中小学优秀骨干教师等进行教学展示，分享学术成果、交流实践智慧，在交流互学中提升教师教学能力。注重汇聚社会资源育人大能量，联合江苏省档案馆、雨花台烈士陵园等场馆，通过故事和场景化的展示，组织开展体验式、情景式实境教学，上好"纪念馆里的思政课""行走的思政课"，打造"课内＋校内＋校外"育人同心圆。

注重拓宽实践育人大平台，开展大学生讲思政课活动，在村庄、社区、企业等建立学习社、联学站，共建实习实践基地，引导学生从课堂到基层，体验社会、感悟社会、理解社会，树立正确的世界观、人生观和价值观。不管是在思政课程还是课程思政方面，实践教学都是河海大学思政课改革创新的一个重要抓手。

河海大学马克思主义学院在思政课教学中一直重视对学生实践能力的培养，把理论学习和现实结合起来，将鲜活的实践引入课堂教学或者将课堂设在生产劳动和社会实践一线，强化问题意识，突出实践导向，通过多种实践方式引导学生深入理解马克思主义，理解中国化时代化的马克思主义。早在2006年，河海大学思政课就开展了以课题研究为中心的实践教学改革，教学改革使实践教学常态化，并形成了“一个主体，两个结合”，即以学生为主体，实践教学与科研活动相结合、实践教学的系统化与个性化相结合的实践教学理念。以学生为主体，就是要发挥学生的主观能动性和创造力，让学生去想象，去实践。实践教学与科研活动相结合，就是通过让学生申报课题项目、撰写读书报告、参加大学生创新训练计划等实践形式，全面培养学生的社会实践能力、学术研究能力、创新思维能力和论文写作能力，培养学生的人文情怀、团队精神和责任意识。实践教学的系统化与个性化相结合，就是在努力发挥实践教学系统性、整体性功能的同时，创新设计实践教学的多种形式，并针对不同学科、不同专业学生的实际需求，设计不同的实践教学内容、方法和手段，使不同兴趣、不同特长、不同专业的学生都能得到有效训练和发展。2008年11月27日，由教育部社会科学司主办的首届全国高校思想政治理论课案例教学研讨会对河海大学思政课实践课题研究项目改革给予了高度评价，认为这是创新性的思政课改革模式，能够让学生把在思政课上学到的马克思主义理论灵活运用起来，通过实践课题去了解社会，思考问题，提升能力，增长才干，非常值得推广。

在这一优良传统的影响下，河海大学马克思主义学院在思政课实践教学中长期坚持，不断探索和创新。近几年，学院老师围绕抗击疫情、脱贫攻坚、乡村振兴等主题和学生共同研讨，带领学生走入工厂车间、田间地头，在“大思政课”中“受教育、长才干、作贡献”，呈现了很多优秀的实践成果。这些成果作为课堂教学的重要和有益补充，进一步推动了理论教学的改革发展，提升了思政课教学效果，真正让党的创新理论走进学生心里，成为他们在未来工作岗位上不断前行的内在思想动力。这些成果是师生教学相长的见证，是河海大学思政课教学改革成果的生动呈现，得到了江苏省高等教育教改研究立项课题“‘行塑’理念下高校思想政治理论课教学模式创新与育人效果提升研究”和江苏省教育科学“十三五”规划课题“高校思想政治理论课教学模式创新研究”的支持，并有幸得以出版和传播。如能经由这套丛书与更多的兄弟院校加强交流，为思政课改革创新提供一些有益启示，尽一些绵薄之力，那么这套丛书出版的初衷也就实现了。

丛书以时代新人的视角，从不同社会空间呈现了近代中国经历的百年历史变迁，从一个家族的演变到一个政党的成长，从校园生活的变化到社会变革的发生，无不折射出中国社会各阶层在巨大的社会变迁中围绕民族独立和人民解放、国家富强和人民富裕等问题进行的思考和实践，历史和现实也充分证明了唯有马克思主义、唯有中国共产党、唯有中国特色社会主义道路、唯有改革开放才能实现中华民族伟大复兴的历史伟业。《“我”对晚清以来中国现代化道路探索之思考》立足于近年来河海大学“中国近现代史纲要”学生课程实践部分成果，展现了鸦片战争以来中国社会各阶层对国家、民族出路的探索，进一步证实了近代中国的封建地主阶级、农民阶级以及资产阶级都无法找到一条通向光明的道路，只有中国的无产阶级才能担当起近代中国革命的领导重任。同学们通过对开天辟地、改天换地、翻天覆地、惊天动地的伟大历程的研究和认识，感悟中国共产党为中国人民谋幸福、为中华民族谋复兴的初心和使命，百年党史波澜壮阔，百年初心历久弥新。在历史洪流中，每一个家族都是一段传奇，每一段传奇都可书写为生动的故事。《跨越百年的对话：“我”的家族记忆》立足于家庭与国家、个人与时代的关系，师生共同探讨历史洪流中的那些永恒话题。在中国共产党成立百年以来中国社会发生沧桑巨变的历史背景下，同学们讲述了各自家族发展变迁的故事，呈现出近代以来中国社会发展变化的基本脉络，揭示了人们对美好生活的向往是社会发展进步的深层动力。《“我”对新中国70余年来社会进步之观察》以实践调查的形式，呈现新中国成立以来我国社会主要领域发生的深刻变革，探究社会变革生成、展开的逻辑。该书选取四个主题，分别为反映人民生活水平提高的“民生社会”篇，探讨人们观念转变的“思想观念”篇，突显南京发展特色的“地域特色”篇，以及聚焦生态文明、精准扶贫等方面的“热点问题”篇。通过以上不同视角，在对社会变革的探究中，阐释中国特色社会主义发展道路之特色、中国共产党执政理念之优势、中国共产党带领人民取得的成就之伟大。《新时代高校校园生活变迁之研究》集结了当代大学生观察世界及其变化的系列研究成果，包括大学生对文化、教育、生活及热点话题等方面问题看法的调查研究，既有对传统校园生活各方面的关注，也有对西方文化及其现象的反思，更聚焦于当前校园生活的热点话题。这些研究成果，向我们展示了新时代青年的智慧与理性，彰显了当代大学生的批判精神和责任担当。

由于疫情等原因，丛书编撰、出版过程几次中断，但河海大学出版社的老师们始终没有中断编辑工作，对他们的辛勤付出，我们深表感谢！因为是学生的视角，有些论述不免稚嫩。老师们为保证丛书的质量，尽了最大努力认真修改，同时也做了一定的保留。因编写时间和水平有限，错漏之处也在所难免，恳请广大读者不吝指正。

前言

“中国近现代史纲要”（以下简称“纲要”）课程是教育部规定的全国各高等学校必须开设的一门思想政治理论课。学习纲要课程，有助于学生了解近代以来中华民族的苦难史、屈辱史，有助于学生了解帝国主义国家的侵略本性，也有助于学生深刻理解“四个选择”，增强“四个自信”，自觉培养为中华之崛起而努力读书的爱国情怀。纲要课程作为一门思想政治理论课，对青年大学生的成长成才起着政治引领、思想导航、家国情怀培养的重要作用。纲要教材作为全国高校通用的统编教材，政治方向要正，思想立意要高，内容阐述要准，覆盖范围要广。基于这样的标准，教育部组织了国内中国近现代史研究领域知名专家学者组成了教材编写组。在中央马克思主义理论研究和建设工程咨询委员会指导下，编写组专家团队通力协作，广泛征求全国高校思政教师和大学生意见和建议，经中宣部审查通过，最终编写出的纲要教材成为马克思主义理论研究和建设工程重点教材。教材编写组还与时俱进，不断优化教材内容和体系结构，把党和国家最新建设成果吸纳进教材。教材自 2007 年首版以来，于 2008 年 1 月、2009 年 5 月、2010 年 5 月、2013 年 7 月、2015 年 8 月、2018 年 3 月、2021 年 7 月和 2023 年 2 月进行了 8 次修订。所以，纲要教材的政治高度、学术水平是毋庸置疑的。它确实是至今为止供全国高校使用的最优秀的纲要教材。

因为要面向全国高校的学生，纲要教材必须体现出全国性、全面性、整体性，但也因此让学生产生了距离感。思政课有其自身的课程特点和学术逻辑，想入脑必先入心。年轻学生很难做到像学者那样完全用理性来思考问题，只有激发学生对思政课的兴趣，学生才能接受教材的内容、观点，才能主动学习，并在生活中践行课堂上所学的知识，在情感上自觉维护课堂上所学到的理论。

客观地讲，有一部分大学生对纲要课程兴趣不大，到教室上课只是为了应付老师点名。学生对纲要课兴趣不大、动力不足的原因有多种。一是受中学应试教育的影响，对作为思政课的纲要课程的重要性认识不足。有些学生把专业课当成主课，而把思政课当成副课。这种想法严重削弱了思政课的教育功能，与国家花费大量人力财力所要实现的效果背道而驰。二是学生在中学都学过中国历史、世界历史，如果教师只是简单地重复中学学过的内容，学生就会因对所学内容似曾相识而提不起听课的兴趣。三是通用教材因内容覆盖面的要求和教材容量的限制，只能对有关历史人物或历史事件进行概述。学生于是产生味同嚼蜡的感觉。为把“水课”变“金课”，提升纲要课的教学效果，我们可在纲要课程中，结合教材内容，让学生在课堂之外通过调研、参观、查阅相关资料等课程实践，进行自觉学习、主动学习，加深对历史细节的了解。这有助于学生对纲要课程产生亲近感、贴近感，在情感上接受教材的内容，从而起到事半功倍的教学效果。

地方历史是整个国家、民族历史的重要组成部分。历史因详细而精彩。具体生动的史实更容易激发大学生主动探究的热情。南京是中国近现代历史上很多重要人物活动的地区，也是中国近现代历史上很多重大事件的发生地，很多重要历史人物和重大历史事件都在南京留下浓墨重彩的一笔。这些事件虽然发生在南京，却大多具有全国性影响和意义。在纲要课程实践中，对南京近现代重要场地和纪念馆的参观学习，不但使老师在纲要课堂教学时有了鲜活直观的教学案例，而且使学生对资本-帝国主义列强侵略中国的恶劣影响、中华民族不屈不挠伟大抗争的意义、中国共产党胜利的历史必然、社会主义现代化建设的伟大成就等有了更加深入的了解。

本书摘选了部分同学的实践成果，汇编成了这本《“我”对晚清以来中国现代化道路探索之思考》，供今后纲要课程实践交流参考。

目录

第三篇

第一篇

1840年的鸦片战争打开了古老中国的大门。从那之后，帝国主义国家纷至沓来，逼迫清政府签订一系列不平等条约，把中国社会一步步推向半殖民地半封建社会的深渊。国家蒙辱、人民蒙难、文明蒙尘，中华民族遭受了前所未有的劫难。

在半殖民地半封建的中国，资本-帝国主义严重阻碍了中国的社会发展和进步，成为人民痛苦和民族灾难的总的根源。面对苦难，中国人民和中华民族奋起抗争。在国破家亡的现实危机面前，中国社会各阶层的精英们纷纷行动起来，探索国家和民族的出路。封建统治集团希望通过革新图强挽封建大厦之将倾。清朝统治集团内部涌现出以曾国藩、李鸿章为代表的一批汉族开明官僚，他们通过创办近代的军事工业、发展近代实业，延缓清王朝的腐朽与没落。而以太平天国为代表的清末风起云涌的农民运动，则希望通过自己的方式建立农民阶级的理想国度。

晚清兵器工业的发展

第一次鸦片战争是中国近代史的开端，但中国军事工业的近代化却延后多年。从曾国藩创办安庆内军械所开始，清政府中部分有远见的大臣开始支持现代军事工业的发展并创办了一系列的兵工企业。他们主张学习西方技术，开始购置和仿制近代兵器，希望挽救清朝危局。不可否认，其努力产生了许多的成果，但最终以中日甲午战争的失败画上句号。本文从晚清兵器工业发展入手，对比中西，探讨晚清兵器工业的发展过程和经验教训。

一、军备视角下的敌我双方——以两次鸦片战争为例

19 世纪 40 年代至 60 年代，西方工业革命的成果和威力逐渐显现，先进武器不断涌现并更新换代。中国在战争和外来技术的刺激下军备也有了微弱发展。但总体来讲，双方的军备差距在不断拉大。

第一次鸦片战争时期英国军备情况。陆军方面，英军主要作战力量分为欧籍和英印军。在步枪上，英军主要装备了三款步枪。一是英国陆军印度型褐贝斯燧发式火枪。褐贝斯的历史可以追溯到 1722 年，一百多年未有大改动。可以说，它是最经典的燧发滑膛枪。二是欧籍部队装备的 P1839 前装滑膛火帽击发步枪。三是贝克式燧发线膛步枪，采用次口径铅弹。虽然装填时因为有膛线，所以非常费劲，但膛线赋予了弹丸远高于滑膛枪的稳定性和精准性。这种步枪被欧籍部队少量带入中国。海军方面，英军初期拥有 74 门炮三级舰三艘、44 门炮四级舰二艘、28 门炮五级舰三艘，以及 18～20 门炮六级舰七艘。后续英国又轮调了一艘三级主力舰回国，并派遣了大量辅助船舶和蒸汽船舶助战。第一次鸦片战争期间，英军海陆军装备原理与 18 世纪并无分别，但出现了火帽、康格里夫火箭、蒸汽拖船等新式装备。英军在制炮上大量使用砂模铸炮和水力蒸汽镗床，继 18 世纪以来将倍径比、弹药比等参数研究到了最合理的情况，并开发了火药制造研磨造粒机器，火药制造完全进入了近代化工厂生产阶段。在科学的指导下，其军备水平稳步上升。

清军方面，情况则不乐观。嘉庆、道光年间，因为各地战事结束和缺乏重视，清军的铸炮水平严重下降。第一次鸦片战争爆发后的一两年，清政府在英军的威胁下强行铸造翻

新了一两千门海防大炮，但这也是火炮史上最差的一批大炮，与同时期英军的大炮相比是炮身要重数倍，弹药反而还轻些。清军的火炮观瞄设备也远远落后于英军。清军有的大炮连炮规都配不齐，其炮架也落后于时代甚多。清军新式的磨盘炮架大多还因为调度不灵、指挥混乱而没能派上用场，火药也大多是人工制的粗制滥造货色（被英军缴获后直接倒进海里）。轻武器方面则更加落后，清军此时完全处于火绳枪时代，火绳枪射速、威力、准确度、有效射程、便捷程度等均不如印度型褐贝斯燧发枪。燧发枪和击发枪则基本是某些将军、官员的私人玩具。总体上讲，清军和清政府的腐化使得其军备和军工发展极差，没能在第一次鸦片战争中发挥出应有水平。

19 世纪 40 年代至 60 年代，西方科学和工业革命的威力逐步显现，一种异常重要却简单的子弹——米尼弹得到了真正的应用。不同于早期的前装线膛子弹，米尼弹头的直径略小于枪膛直径，这样装弹就很方便。弹头的底部有个圆锥形的孔洞，一个木塞堵住洞底，发射时燃气压迫木塞挤进孔洞，迫使弹底膨胀，紧贴膛线，封闭住弹头和枪膛之间的空隙，使燃气无法外泄，又可以使弹头在膛线压迫下高速旋转。这解决了前装线膛枪装弹困难、滑膛枪射程精度太低的问题，使得步枪超过火炮，成为当时战场上的决定性武器。英法两军分别在 1851 和 1853 年列装了自己的米尼步枪，其中法军的后续改进型号 MEL1857 和英军最早的恩菲尔德 1853 分别参加了第二次鸦片战争。与此同时，普鲁士正在悄然发展自己的后装滑膛击针枪（德莱赛），它的威力丝毫不逊于米尼步枪，射速却快得多，并最终在普奥战争中大放异彩，完胜了米尼步枪，奠定了现代步枪的基础。火炮方面，法军于 1853 年列装了其最后一款前装滑膛大拿破仑炮。拿破仑相关炮系在近代战争史上都占有重要地位，美国南北战争就是由它们主宰的战场。英军装备的阿姆斯特朗后膛炮，火炮精度、射速大为提高，火力比之清军火炮更为凶猛，在第二次鸦片战争八里桥之战中给予清军骑兵重大打击。在两次鸦片战争中间不到二十年的时间里，英法军备的发展和提升比之前一百年都更快，基本进入了线膛枪炮时代，弹药威力都有了巨大进步。海军方面，英法开始使用蒸汽风帆混合动力战列舰。1859 年法国率先制造了纯蒸汽动力木壳战列舰，翌年英国制造了纯蒸汽动力铁壳战列舰，标志着风帆战舰的历史完全结束。由于清军水师过于弱小，英法联军并未配置上述先进战舰，蒸汽动力似乎只装备到内河炮艇一级。

相对于西欧各国苦心研发各类先进武器，清军的进展缓慢。即使在太平天国运动最鼎盛的时期，湘军依然在沿用和开发古老的火绳枪战术。截至 1862 年，第二次鸦片战争结束两年之后，曾国藩还曾放言：“洋枪机括，弟营既善收拾，又勤于擦洗，余当令筱泉于粤厘项下购买。然我军仍当以抬鸟刀矛及劈山炮为根本。譬之子弟于经书八股之外，兼工诗赋杂艺则佳，若借杂艺以抛弃经书八股，则浮矣。”曾国藩将洋枪炮比作杂艺，在得知了战争惨败后依然如此。除了少数购进的所谓运用钻膛技术的洋炮，清朝最先进、最有战斗力的军队体系仍无意于使用西方技术，甚至连西方一百多年前所用的燧发枪都懒得推广，其他地区清军的水平可想而知。海防建设上，清军修建加固了大沽口炮台，运用了一部分西方的钻膛技术。新造的万斤海防大炮性能得以略微提高并取得了一定战果，但总体上，清军的装备水平停滞不前，管理水平混乱。

二、洋务运动时期所建立的军事工业

(一) 官僚军工厂的建设与发展

1. 安庆内军械所

1861 年 9 月，曾国藩驻守刚攻打下来的安庆。考虑到安庆的重要战略地位，曾国藩准备长期驻守。为了配合军事布局，曾国藩将自己的随军军工厂迁至安庆。在议政王奕䜣的支持下，他在中国大地上建立起了三局一所（安庆子弹局、安庆火药局、安庆枪炮局、安庆内军械所）。为了完成他设计的四个计划——续办团练、造机器船、造枪炮、造火药，他汇集了当时国内的一流人才，如徐寿、华蘅芳、龚芸棠、徐建寅等，帮助他完成新型武器的设计与制造。经过努力，中国第一台蒸汽机在安庆内军械所研制成功，为制造轮船创造了条件。在这个基础上，徐寿和华蘅芳带领数百名本国数学、机械、化工等领域的能工巧匠开始造船。与此同时，1863 年 12 月底，曾国藩准备购置先进机械装置来改变工厂里上千员工的纯手工工作模式，把安庆内军械所改造成能制造各种军火的“机器制造厂”。1864 年，安庆内军械所随他调职迁移到南京，成为金陵机器制造局的前身。1865 年，中国第一艘木质蒸汽轮船“黄鹄”号试制成功。

2. 江南机器制造总局

1865 年，曾国藩和李鸿章在得到朝廷的允许后，委派丁日昌买下旗记铁厂，和上海原来的两个洋炮局合并组成新厂，定名“江南机器制造总局”（专门负责制造各种船炮军火和各种机器）。同时，容闳受曾国藩之命从美国购买的 35 台机械也装备到江南机器制造总局，加上李鸿章从其他地方购置的机器，总共 100 台左右。它们改变了制造总局内原本只有 200 名工人的局面，让它真正意义上有了军工企业的实力。1867 年，由于原址在租界，不允许生产军火，加上厂房规模的扩大以及高额的租金，整个厂房搬迁到高昌庙镇，圈用民地，重新开设新厂，并借此机会重新分配结构，开设 7 家小厂，分别负责木工、钢铁、铸铁等方面的工作。李鸿章深刻意识到科学技术与自主创新的重要性，在厂中开设了翻译馆，聘请洋人翻译国外各方面的著作。从 1868 年起，徐寿、傅兰雅等人就翻译了很大一批机械制造的书籍，帮助他的广方言馆培养熟悉洋务的人才。同治七年（1868），中国第一艘蒸汽动力战船“恬吉”（后改名为“惠吉”）在江南机器制造总局制成下水，作为“黄鹄”的改进型，船身仍为木质，排水量达 600 吨。年内又有同类战船“测海”等也相继下水，一直到 1885 年，江南机器制造总局共制造出 8 艘兵轮、7 艘小型船艇，总吨位达 7 800 吨。随着时间的推移、工厂的发展和占地面积的增大，设置的厂房也不断增加，总局之后陆陆续续增设了 8 个厂（炮厂、龙华火药厂、龙华枪子厂、炮弹厂、水雷厂、炼钢厂、龙华栗色火药厂、无烟药厂等）和 1 个操炮学堂，土地从原来的 70 亩，到 1870 年的 400 亩，再到最后的 700 亩。江南机器制造总局成为一个拥有 13 个厂和 1 个工程处的大规模军工企业，地点从陈家港扩大到龙华、松江，人员从原来的数百人增加到 2 913 人，厂房增加到 2 580 间，大小机床累计 622 台，蒸汽动力机累计 360 台，锅炉 31 座。自此，江南机器制造总局成为亚洲最有实力的机器制造所。这里有中国第一炉钢水，第一批枪炮，第一批机器，第一磅无烟火药，第一代产业工人，共计生产 72 000 支枪杆、1 055 尊火炮和大量火药。

3. 金陵机器制造局

1865 年，李鸿章自江苏巡抚升任两江总督，将苏州洋炮局迁至南京，在西天寺的废墟上建起了金陵机器制造局。其主要任务是为李鸿章的淮军提供枪炮弹药等军火物资。刚开工时，员工只有二百余人，但是在李鸿章的照顾下，金陵机器制造局快速发展，设立了火箭分局（1870 年）和试造火药局（1872 年）。1874 年，金陵机器制造局利用马格里在英国、德国和瑞士购置的设备进行第一次扩充，生产能力进一步提升。同年，成功制造三尺喷桶和火箭 100 支。1877 年，增设水雷局，并“招募艺童，学习洋文洋语”。至此金陵机器制造局有 3 家机器厂，还有翻砂、木作、熟铁等工厂，以及上面说到的几家分局。1881 年，为给江防各炮台提供足够的弹药，金陵机器制造局增设一个洋火药局。在历时 2 年多的工期后，火药局在 1884 年建成投产。中法战争后，金陵机器制造局得到朝廷更多的支持，在得到从美国购置的 50 台机器后，又进行了一次扩充，成为拥有上千名工人的大企业。金陵机器制造局于 1881 年成功仿制美式加特林机关炮，1884 年首次仿制德国克鲁森式 37 毫米 2 磅子后膛炮和美式诺登飞多管排列机枪，1888 年仿制成功中国第一代马克沁单管重机枪，1889 年制成射程远、命中率高、穿透力强的德国新式步枪。

4. 福州船政局

1866 年 6 月 25 日，左宗棠向清政府提出设厂造船，同年 7 月 14 日正式得到批准。在法国人德克碑和日意格的帮助下，左宗棠决定把福州船政局建在福建马尾，并在同年 12 月 11 日与他们签订协议，委派他们作为监督，总管船政局的事务。在发展过程中，他们二人也确实做出了巨大的贡献，聘请法国工匠指导中国工人，购买法国器械扩充工厂。1868 年 1 月 18 日，船政局第一艘舰船“万年清”开始制造，1869 年 6 月 10 日下水；1871 年成功制造出中国第一台实用性蒸汽机；1872 年下水的第 7 艘战舰“扬武”号是我国第一艘木质巡洋舰。从 1877 年完成的第 20 艘战舰“威远”号开始，就与之前完成的舰船有了巨大变化：一是从木质到铁肋木壳，到钢肋钢甲；二是功率达到了 750 匹，之后的舰船甚至达到了 6 500 匹。自此船政局所设计的战船战斗力有了巨大的提升，这也标志着造船水平的巨大飞跃。到 1889 年，“平远”号（“龙威”号）成为中国第一艘铁壳巡洋舰，战斗力更是超过了外购的“超勇”号和“扬威”号，真正达到了世界同类军舰的中上水平。

5. 汉阳兵工厂

1888 年，张之洞致电李鸿章，说明在广州设立枪炮局的必要性。随后李鸿章向朝廷上奏。张之洞得到批准后准备选址建厂。1889 年张之洞被调任到湖北。因此，这座还没开始动土的工厂就开始迁移，与它同行的还有张之洞早年创立的钢厂。汉阳兵工厂于光绪十八年（1892）动土，两年后湖北枪厂、炮厂建成。建成之初，物资、人才都很缺乏，因此枪炮厂引进 14 名外籍人员，从德国（主要是力佛厂和格鲁森厂）引进机器设备和生产技术。1891 年购买新的制枪机器，放弃原本的抬枪和步枪，改制小口径枪，仿制德国 1888 式 7.9 毫米 5 响毛瑟步枪，并作出一些改动，变成汉阳 7.9 毫米步枪。1894 年还成功制造了格鲁森 53 毫米过山炮。

（二）清政府和西方的工业合作

洋务运动的首要目的是“自强”，所以对于西方技术的引进也主要是军事方面。而且由于清政府的固执，坚持西方的技术是奇技淫巧，不允许官员们将技术用于除军事以外的其他领域，就连制造农具都会被大臣嘲讽，所以所谓的技术合作也只是清政府单方面的对西方军事技术的引进。

1. 购买西方武器装备

鸦片战争之后，举国上下最深刻地意识到中国的军事装备远弱于西方，因此对军事的引进也最先从武器开始。在 1862 年，李鸿章就命令淮军向西方的士兵学习使用西洋枪炮，在两年的时间内，淮军就配备了三四万支洋枪，组建了七八个炮兵营。而到 1871 年，淮军开始改装当时最优秀的德国克虏伯后膛钢炮，到 1884 年已经装备上 370 多门。1881 年到 1884 年，北洋水师也开始购置克虏伯炮 700 尊，其他地方的水师也大量购置，到甲午战争时，中国已经购买了 2 000 尊左右的克虏伯炮。除了克虏伯炮，英国的阿姆斯特朗炮、格鲁森炮和马梯尼枪、士乃得枪，美国的林明敦枪，法国的哈奇开斯机枪，德国的毛瑟枪，奥地利的曼利夏枪等也都在清军的采购范围内。甲午战争中北洋海军的 28 艘舰船有 22 艘是从德、英等国购买来的，南洋、福建、广东的水军虽然没有这样高的比例，但也采用了一些外购的舰船。此外，至少还有 11 艘鱼雷艇也在这个时期被引进中国。

2. 引进西方制造技术

除了购买，自主制造也是洋务派的目标，所以技术也是引进的目标。而技术的来源大体有四种：一是通过聘请洋人监工指导工厂进行制造，除了最早创立的安庆内军械所，其他的工厂都邀请洋人参加武器的制造。其中以福州船政局聘请的洋人最多，最初就是由日意格和德克碑担任监督陪同左宗棠创立，还邀请了不少法国教习在船政学堂教授造船技术，聘请英国教习教授驾驭舰船的技术。二是派留学生去海外学习技术。在1877年，清政府挑选了30名船政学生分别前往英国和法国学习，1882年福州船政局派出10名留学生去英、法、德等国学习。1886年朝廷又派34名留学生前往英、法两国学习。甲午战争前，福州船政局总共派出了64名留学生。三是通过仿制西方武器来学习技术。洋务运动期间，中国开设了近30个兵工企业，这些企业主要是仿造西方的武器装备。《土法枪炮毋庸设局片》云“伏查江南分设上海、金陵两机器制造局，已将四十年之久，所造枪炮仿照西法，推陈出新”。四是翻译国外的著作，如江南制造总局依据德文原本，先后翻译出克虏伯炮及其炮弹技术相关著作11部。江南制造总局还翻译了英国的《炮乘新法》《水雷秘要》，美国的《炮药纪要》等著作。

（三）清政府大力支持下的军工成果

洋务运动中洋务派大力发展军工：一是建立近代军事工业；二是建立近代海防海军，同时改进陆军的武器装备和训练方式；三是建立近代军事学堂，培养新式陆海军人才。洋务运动的军事自强，使中国军队以近代新式武器装备投入反对日本侵略的中日甲午战争。

1. 陆军代表装备

洋务运动中，清政府建立了新式陆军，装备以仿制为主。

毛瑟步枪（江南制造总局造）的毛瑟式枪机安全、简单、坚固和可靠，为旋转后拉式枪机。毛瑟式枪机有一个结实、厚重的爪式拉壳钩，在枪弹一离开弹仓时就立即抓住弹壳底缘，并牢固地控制住枪弹直到抛壳为止。这项技术被称为“受约束供弹”。双排固定式弹仓是毛瑟步枪的另一个特征，枪弹通过机匣顶部的抛壳口装入。这样的设计在激烈的战斗中非常有效，大大提高了换弹速度。

金陵机器局仿制的德国格鲁森炮厂的后装炮是我国最早制成的可移动车轮式后装炮。该炮为架退式，有完善的炮闩，装弹简便迅速；制炮材料由青铜或铸铁改为普通钢或锰钢，提高了炮管的强度；炮弹也由球状改为长形，并附有弹带。这些技术上的改进，提高了炮的射速和命中精度，大大胜过以往生产的前装炮。该炮试制成功后，即投入了批量生产。仿制的格鲁森行营炮为近代火炮工业发展奠定了基础。1885年5月26日，两江总督曾国荃在《扩充机器局疏》中，提到了该局为台湾和北洋分别制造了6门二磅线膛格鲁森后装炮之事，这对改善上述地方的海防起了一定的作用。另外，在1883—1885年中法战争中，金陵机器局生产的这种后膛炮发挥了很大的作用。

2. 海军代表装备

洋务运动中，海军装备的精华主要集中在北洋舰队上。当时，北洋舰队的装备可以说是世界先进水平。但除了北洋舰队，其他部门还有许多装备相对之前也是十分进步的。

"操江"号炮舰为上海江南机器制造总局所造的第二艘舰，由徐寿等设计监造，为中国制造的第一艘暗轮船，建成后归属南洋舰队，1871年被调入北洋舰队服役。"操江"号作为通报舰参加了1894年7月25日的丰岛海战。

福州船政局所造的"万年清"号武装运船，炮门非常狭窄，火炮的射界调整余地很小。舰中的立式蒸汽机，可谓兼有优弊，优点是立式蒸汽机较为节省平面空间，对于满足在舰内留出大量空间布置货舱的商用目的较有价值；缺点是立式蒸汽机当时主要是商船使用，安装在舰体，对安装位置的高度要求大，势必造成军舰干舷加高，随之而来的就是舷侧战时备弹面积大，中弹概率也高，在炮舰这一用途上，显然存在弊端。

福州船政局参考"超勇"与"济远"和法国设计建造的"柯袭德""士迪克十""飞礼则唐"等全钢甲军舰建造了平远舰。平远舰是该厂第廿九号舰，亦为19世纪末中国造船工业的登峰之作，造价白银524 000两。

平远舰代表了当时中国造船工业的最高水平。1894年9月16日，北洋海军主力护送增援平壤作战的陆军前往鸭绿江口大东沟登陆，抵达后，"平远"与同队舰"广丙"作为第二梯队，被配置于大东沟口外，担负警戒任务。1894年9月17日平远舰参加黄海海战，曾击中日本联合舰队旗舰"松岛"号两弹（中央鱼雷室及左舷发射管部位各击中一弹，炸毙两人）。

三、洋务运动破产之战——中日甲午战争

（一）陆军军备影响——甲午陆战

甲午陆战的主要战役基本顺序为：平壤战役（1894年9月）—鸭绿江江防之战，金旅之战（1894年10、11月）—海城之战（1895年1月）—牛庄、营口、田庄台之战（1895年3月），至此完全形成议和前的双方战局。

首先发生的是平壤战役，日军参战16 000余人，清军防御部队13 000余人，9月15日，日军发动攻击，一日即占领战略要地玄武门和牡丹台，清军此后抛弃辎重一溃千里，幸存者九天之内全部逃回国内，这直接导致清政府在朝鲜控制力的丧失，从而失掉先手。10月25日，鸭绿江江防之战爆发，3万日军数个小时内便占领虎山主防区，其他清军各部听闻虎山失陷，不战而逃。26日，日军占领了九连城和安东县（今丹东）。在不到3天内，清朝近3万重兵驻守的鸭绿江防线竟全线崩溃。该战役的失利直接将战火引到了中国境内。日军同时在花园口登陆，从陆上开始进攻金州，意图夺取"东亚第一要塞"旅顺，旅顺正定镇总兵徐邦道率部在金州殊死抵抗，终因寡不敌众于11月6日撤离金州，而此时后方旅顺各部不思抵抗只管搜刮钱财尽快逃跑，日军遂于11月21日进攻旅顺，徐邦道率残部于

同日进城抗敌，一天之后即因兵力弱小溃败，从此中日双方态势发生根本性转变，号称可抵百万众的旅顺要塞最终只抵抗了一天。之后日军继续北上，占领海城，清政府此刻意识到了问题的严重性，立刻组织兵力五次进攻海城，其结果令人瞠目结舌，清军发动数倍于日军的优势兵力进行围攻，居然对日军没有造成任何实质性威胁。此后日本集中兵力多路出击，攻克营口、牛庄，威胁锦州，清廷不得不屈膝求和。

在战争爆发之前，清军进行了规模惊人的军工准备。仅 1871 年至 1873 年，李鸿章就购置了德国克虏伯后膛四磅钢炮 141 门，到 1884 年，淮军配备的后膛钢炮已达 370 多门。自 1886 年起，广东又陆续拨解北洋钢炮 100 多门，这期间北洋自购者尚不在内。另外，到甲午战争前，江南制造局共造出后膛大炮 145 门，大部分用来装备了淮军。淮军火炮中，有一部分阿姆斯特朗和格鲁森式钢炮还是西方 19 世纪 80 年代末才发明的快炮（速射炮）。战前，针对很多地方军队武器不足的情况，清廷又增购了大量陆军装备，如湖广总督张之洞于 1894 年奏报，委托驻德国公使许景澄购德国新式小口径五连珠快枪 3 000 支、子弹 300 万颗。李鸿章购买的武器更多，截至 1894 年 9 月，他已先后委托驻英公使龚照瑗购哈奇开斯快枪 7 000 支，委托驻德公使许景澄购毛瑟枪 12 000 支、连珠快炮 8 尊、小口径毛瑟五响快枪 4 批共 10 000 支、子弹 1 000 万颗。沿海战略要地如烟台、威海的各炮台均由西洋工程师专业规划和设计，工事坚固无比，所装备的火炮也比较先进，数量相当可观。威海卫由于是水师提督衙门的驻地，各炮台配备的火炮不仅数量多，质量也均属上乘。据统计，该地 25 座炮台，共配备进口的各种口径的平射炮、地阱炮、行营炮、曲射炮达 167 尊。另据日方统计，日军在牙山、平壤、九连城、凤凰城、金州、大连湾、旅顺口等地，一共缴获大炮 607 门、枪 7 394 支、炮弹 267.17 余万发、子弹 7 745.8 万发。其后，在牛庄、营口、威海卫、澎湖等地，清军遗弃的火炮亦达数百门，枪支、弹药更是不计其数。而在甲午战争全过程中，日军仅仅消耗子弹 124.18 万发、炮弹 34 090 发。

总体来讲，凭借强大的财力，清军在甲午战争前的军工准备远远强于日军数倍，唯一的缺点是型号太多，参差不齐。光是在战场上的野战火炮和要塞大炮实际上就达到 1 000 门以上，而且口径极为巨大者甚多，粗于当时日军几十毫米口径的小铜炮数倍，总体火力是日本陆军师团的至少 10 倍，甚至可达 20 余倍。枪支上也多装备有欧美生产和中国仿制的先进连发快枪及格林机枪，与日军几乎清一色的村田十八年式单发步枪相比，实在是云泥之别。

（二）海军军备影响——甲午海战

甲午战争中海战主要为黄海海战，这是甲午战争中继丰岛海战后第二次海战，也是中日双方海军的一次主力决战。

1894 年 9 月 15 日上午，北洋水师护送 4 000 余名入朝援军到朝鲜。9 月 17 日，北洋水师返航途中在鸭绿江口大东沟（今辽宁省东港市）遭遇日军阻截，战斗由此爆发。

中日双方战争力量：清政府——北洋舰队的主力，计军舰 10 艘，附属舰 8 艘，由丁汝昌率领。日本——日本海军在大同江外海面投入战斗军舰有 12 艘。

黄海海战历时 5 个多小时，北洋水师损失致远、经远、超勇、扬威、广甲 5 艘军舰，来远号受重创，死伤官兵约 800 人；日本舰队松岛、吉野、比睿、赤城、西京丸 5 舰受重创，伤亡 239 人。黄海海战以后，北洋水师退回旅顺、威海，“避战保船”不再出战，日本海军掌握了黄海制海权，对甲午战争的后期战局具有决定性影响。

在当时，清政府的军事实力不容小觑，但为何会在甲午战争中失败，难道 30 多年的洋务运动一点作用都没有吗？全面解析甲午战争，我们发现清政府战败的原因是多方面的。

清政府腐朽不堪，各官僚无视大局、谋私利盛行。清朝统治集团自上而下，贪污腐败，纸醉金迷，慈禧太后随意挪用海军军费用于生日庆典和颐和园修建，为了个人享乐而置国家利益于不顾。李鸿章的外甥凭借其权威，负责军需供应时“偷盗抵换”，致使黄海战舰炮弹量少质差。甲午中日战争前，以慈禧太后为首的清政府统治者，为了维持荒淫无度的生活，不断挪用军饷。军饷被扣，军费短缺，严重影响了清军的装备。在甲午海战中发挥巨大威力的“吉野”号，原来是中国在外国订购的，可海军军费被慈禧太后挪用，无钱购买，结果被日本海军买进。之后在双方海战中，清朝海军受到“吉野”号极大的威胁。官员贪污腐败，擅自挪用军费，中饱私囊，甚至为自身利益而将军备廉价出售。甲午海战期间，人们发现海军军舰上的炮弹做工粗糙，质量低、数量少，甚至连炮弹内的火药都被替换成了沙子。不止海军的军备落后，陆军的也是如此，甲午战争前，清陆军装备洋枪、洋炮只是起步阶段，湘、淮两军均装备洋枪、洋炮，但其他军队的装备情况就很糟糕了。

清廷内部派系林立，形同水火，为谋利益相互争斗。朝廷内部的派系相争主要是以光绪帝恩师翁同龢为首的清流派和以李鸿章为首的洋务派的矛盾冲突，可谓是“帝后两党暗斗于内，翁李两党倾轧于外”。在对日宣战前，清流派内人士就意图将李鸿章调往威海前线，而借此接手李鸿章的直隶总督职位。出于对李鸿章和淮军的疑忌，“调湘军北来以分淮军之势，借以巩固京畿，而防内变”，成为帝党一致的观点，抑淮崇湘也就成了帝党的一贯主张。而这也直接导致了在甲午战争的前期，淮军单独对抗日本全部军队，士兵折损严重。

武器装备落后。虽然在鸦片战争后，部分官员意识到了发展军工的重要性，洋务运动时期，大清的军备也得到了很大的提升，但相比于日军，清军的武器装备无论是在数量上还是质量上都明显落后。清军的武器装备不仅新式武器数量少，而且样式混乱，质量参差不齐。清军的武器装备由各省自办，中央并无统一的管理，购买来的武器来源于不同国家，自造枪炮又无统一标准，甚至粗制滥造，这使清军武器种类与规格各不相同，甚至同一营队的规格也不一样，由此严重影响了清陆军武器的使用效力和火力的发挥。清军的武器装备在质量上也得不到保证，走火、锈坏的现象可谓十分严重，大大影响了军队的实力。与清军相比，日军基本上都装备的是最新型的枪炮，虽然日本本身的军工行业并不发达，武器基本上需要进口，但日军也努力杜绝了军备样式不统一、质量差的问题。

清军军事素质低，战斗力低下。到甲午战争前夕，清军的训练方法还远远没有完成由旧到新的转变，内陆部队基本上沿袭传统的训练方法，沿海地区接受西法训练的军队也是零零星星，新式训练方法未曾全面推行。更为糟糕的是，参战部队中还有相当一部分是战争爆发后才仓促招募成军的，如旅顺、大连守军北调守卫鸭绿江防线之后，李鸿章令部将所招募的新军 22 营。据统计，在旅顺口守军 12 000 余人中，就有 9 000 余人为新募之军，“总未得空操过一日”“不足为制敌之用”。由此可见清军的战斗力之弱。

在指挥、战略战术方面缺乏经验。决定一场战斗胜负的不仅仅是武器装备、军队素质等因素，更重要的是军事战略的改进与调整。就拿我国的解放战争做比较，解放军的装备远远落后于国民党军，且解放军的士兵大多没有受过正规的军校训练，但由于有正确的战略决策，最终取得胜利。反观甲午战争时的清政府，依循老旧的经验，采用过时的战术，在指挥上、战略战术上有着颇多失误，最终导致甲午战争的失败。当时的清政府为适应战术的转变，曾采取了一些措施。如李鸿章曾两次派遣军官到德国培训，武备学堂和水陆师学堂两所学堂均聘请德国教官，教授最新的军事战术。但掌握了新式战术的学堂毕业生，人数较少，而且并未参加战争。仍有许多旧式将领参与指挥军队，他们大多不懂先进的军事战略理论，因循守旧，还在用他们已经习惯了的旧方法、老经验。即便是学习了近代军事战略的军官，指挥的军队仍然保持旧的形式，无法适应近代战争的需要，战术无用武之地，也无法挽回战局。懂得先进战略战术的人才少，军队未得到改进，最终导致了甲午战争的失败。

四、洋务运动失败对后世军工行业的教训

（一）地方各自为政

近代以来的军事工业建设，之所以没有取得良好的效果，最重要的原因就是没有在全国性范围内统一开展军工建设，各地方各自为政，导致投入数十年精力、花费约 6 000 万两白银的军事工业成效甚微，以致到了南京国民政府成立之前，竟然没有办法实现武器装备制式的统一，更不用说其他方面的成就。

晚清军事工业在中央层面没有统一的管理机构，大多依赖地方自主实施，而各地方之间在采购制造兵器的设备时，往往依靠自有途径。由于在经费等方面依靠自筹，因而各省

之间并不联络以求得制式统一，比如早期的江南机器制造总局在采购设备时，依靠的是留学生容闳的关系，通过他来采办主要的制造设备，因此该局美式机器占很大比重。而汉阳兵工厂，由张之洞主管，则主要通过驻德公使洪钧来联系，采购的当然是德式的生产设备。容闳、洪钧都不是专门的技术人才，对军事工业所需设备也不熟悉，自然很难买到合适的机器。

(二) 经费与审查制度

军事工业是关系国家国防安全的重要行业，然而它与国民经济领域内的其他行业的运作有很大的不同，其他行业既有投入，也有产出，能够自我支撑和循环。军工行业在一段时间内则只有投入，且在投资上有着与重工业一样的特点，投入大、周期长，除了国防效益外，短期内不能产生经济效益，甚至还要大量消耗国家财富。

清王朝是在财政困难的情况下创办军事工业的。但清王朝在军事工业的建设方面并不吝啬，前后累计投资白银约 6 000 万两，然而这么多的资金投入，却并没有换来军事工业的崛起，直至清朝灭亡，各大军工企业还没有办法生产出完全合格的枪炮，重要的原材料依然依赖进口，因此有些学者将这些企业称为帝国主义在华的武器装配厂。

晚清建立的军工企业，从一开始就采取了政府拨款的形式，其产品也由政府调拨给南北各军使用，并不进入市场领域流通，企业经营也就不需要按照市场规律来进行。清政府的财政收入有两个来源：一是海关的关税收入；二是地方的捐税收入，主要靠厘金和鸦片税收。所以各大依赖关税作为主要收入的军工企业，每年经费收入是不固定的。另外，除开清朝中央的款项，大多数兵工厂都不得不依靠地方筹款，在经费筹措上已经到了杀鸡取卵的地步。

由于经费筹措艰难，影响了建设事业的顺利进行，各兵工厂几乎都无法按计划来进行生产和经营，只能采取临时性的措施来推动生产，缺乏长远的目标，军工建设的成效不免大打折扣。晚清的军事工业，多为草创，没有前例可资借鉴，尤其是采购的机器设备等来自国外，难以核查其实际价格，这成为很多人获取利益的重要途径。经手官员非常热衷于从国外采购原材料和机器设备，不仅必要的设备购自国外，就连某些国内能生产的材料也从国外进口，包括木料等，而外国设备在采用过程中是不需要备案的，如此，此项费用则无可稽查，成为一大漏洞。

此外，浪费现象也非常严重，各兵工厂除了制造所需的开支之外，其附属机构的开支也由军工项目下开销，如吉林机器局所属的表正书院，吴大澂要求："所需经费无多，即在机器局领款项下开支。"更为荒唐的是，山西机器局的开支项目下竟然有祭品，每年用十三两五钱。晚清的财务核查制度是较为严格的。然而，由于清朝中央政府精通洋务的人才极为缺乏，并不能对具体的各项开销进行合理的估价，只能核对账目本身的数字，而无法对相应的漏洞进行核查。

(三) 发展路径的失误

晚清以来国人在军工行业的探索是东方落后国家实现富国强兵之梦的一种道路探索，只不过中国走的这条道路是崎岖的，其过程也充满了艰辛，然而这却是一个国家由中世纪走向近代化不可逾越的阶段，晚清和民国初年的中央与地方在发展军事工业时出现了诸多失误，尤其致命的是发展路径选择的错误，他们既不注重与军工相关的基础行业的发展，也不让民营资本参与经营，使得中国军工历时60多年也不能取得突破性的进展。

清王朝军事工业建设的目的，主要就是能够抵御外敌。由于中国的资本主义并非内生的模式，所以其现代化的范式也是与其他国家有很大不同的，美国著名的中国史专家费正清曾经将其概括为“冲击-反应”模式。正因为太平军广泛使用了洋枪、洋炮，加之在两次鸦片战争中与外国侵略者的交锋，具有危机意识的地主阶级改革派才意识到了中国的落后，为了维护其安全而开始了军工领域的建设。因此中国近代军工并非在中国土壤上自我生长，而是一种引进和移植来的产业。

在军事工业建设的初期，具有中世纪思维方式的当权者，没有办法认识到西方的军工行业是建设在其他行业的现代化基础之上的，因而采取了直接建设兵工厂的方式，对于与军工行业密切相关的钢铁、化工等行业并没有给予真正意义上的关注，尤其致命的是，那时的中国没有真正意义上的机器制造业，从晚清到民国几乎所有兵工厂生产机器的设备都购买自国外，无论是江南机器制造总局，还是太原兵工厂和沈阳兵工厂，都不能生产成套的军工制造设备。

中国近代军事工业没有实施产业的延伸，发展也就陷入恶性循环。日本与中国具有相似的国际环境，但是其军事工业的建设并不仅仅限于本行业，而是成为推动日本其他行业发展的强大动力，其国内所需的大批机械设备，有一部分是靠军工企业生产的；采矿、纺织等需要的一部分生产手段，是由军工企业提供的；中小民营工业企业的主要设备和技术，也是由军工企业供应的。日本军工企业规模大、实力强，兼有机械、冶炼和造船等一般重工业的职能，而清王朝和民国初年的军事工业只是关注自身的生产，而不注重相关行业的发展进步，直到1906年清政府才允许各省机器局在“制造军火之暇，兼造各种机器”，因此谈不上对其他行业的支持。军事工业的推进缺少强大的动力，其发展的步伐自然缓慢，且难以持久。

此外，晚清军事工业的落后与其经营和运作方式有很大关系。清朝军工企业全部为政府和军阀所有，采取的是公营的方式，因此总体上来看，企业的运作效率是相对较低的。清政府设计企业制度时，出于防范心理，排斥私人参与企业的建设，从而产生了官僚化的企业管理形式，各个兵工厂有总办、会办的名目，有道台、知府等官员级别，各厂根据各省督抚的行政命令来进行生产，并不太注重市场的要求，清政府对军工企业的投资，既不注重投资利益，也不进行严格的企业化成本核算，生产出来的产品通过调拨的形式，供给南洋、北洋各军使用，导致了企业的运作成本居高不下，国防效益降低。而民营企业恰恰可以有效地解决这些弊端，提高生产效率，私人募集资本，还可以有效缓解政府资金不足的问题。

实践心得

心得一

习近平总书记曾说："没有一个巩固的国防，没有一支强大的军队，和平发展就没有保障。"[①] 强大的军队是国家实力的象征，国防建设已成为中国走向繁荣富强的基础。我很高兴参加了关于"晚清兵器工业发展"的"中国近现代史纲要"课程实践活动。在进行总体内容的初步讨论时，我们小组之间出现了分歧。我与一名组员认为只进行晚清时期兵器工业发展的研究太过单调，应再加上民国时期的军工发展研究。最后，我们经过商讨决定，先进行晚清时期军工发展的研究，并撰写实践报告，最后根据内容的多少来决定是否加入民国时期的内容。

实践初期，我认为两次鸦片战争、洋务运动、甲午战争这些主要的研究内容在我们中学阶段就已经接触到了，并没什么吸引人的内容。但随着研究的深入，我逐渐被它们所吸引，并激发了不断探索的欲望。我了解了许多中学课本并不包含的内容，也对晚清时期军工发展有了许多新的认识。原先我认为：晚清时期清军落后，没打过一次胜仗；军工生产水平落后，武器粗制滥造，更比不上日军；北洋舰队全军覆没，许多军备工厂被毁，洋务运动为后世带来的积极影响甚微。但通过这次实践，我看到了一个不一样的晚清政府。原来，清政府在鸦片战争、甲午战争中都打过几场华丽的胜仗；洋务运动中生产的军备并非都十分落后，像毛瑟步枪、"致远"号穹甲巡洋舰等装备已是当时世界一流水平；洋务运动中，清政府仿制、自行研发了许多武器装备，为后世提供了宝贵的经验。人们通过总结洋务运动的失败教训，努力地改进中国军工发展的方式。实践报告撰写完毕，其内容的丰富程度远超我们的想象，不必再加民国时期的内容了。

在实践过程中，我们不仅对研究内容进行探讨，还进行中国军备发展的知识分享。虽然疫情将组员们分隔，但这并不能减少我们研讨的热情，在一次次的线上讨论中，我们逐渐完善实践内容，同时通过讨论了解他人的研究精华，丰富自身。我也明白了：进行实践活动，撰写实践报告，不只是为了完成形式上的任务。将自己的兴趣转化为研究课题，吸

---

① 中共中央党史和文献研究院. 习近平关于总体国家安全观论述摘编[M]. 北京：中央文献出版社，2018：52.

引志同道合的同学加入其中，在进行讨论、研究的同时，增长自己的知识，将自己的所学所感以文字的形式表达出来，分享给其他同学，在研究的过程中感到快乐，这才是本次实践的主要目的。一次成功的实践并不只是一位组员的成果，而是所有组员齐心协力、努力创造出来的。我很高兴能遇到这四位同伴，实践研究，一同探讨；遇到困难，一起解决。通过这次实践，我了解到了许多与军备有关的内容，丰富了自身的知识储备，更重要的是结识到了四位志同道合的朋友，与他们一同完成此次实践，我感到十分开心。

心得二

这个学期，我做了“近代军工发展”这个课题。经过调查研究，我深刻地感受到近代军工发展的艰辛与不易。同时，这次调查也开阔了我的视野，让我了解到了更多的知识。近代军工的发展和衰败是一个牵扯到多方面的社会问题。近代军工发展缓慢的原因非常多，根本原因是体制和当时中国人的卑懦。从历次战争中也能看出来清军将士自己的怯战软弱远比军工落后要严重，导致装备再好也没有用武之地。而这些问题、矛盾再进一步表现到社会上，就是阶级矛盾和斗争的问题了。

做完了军工企业的调查之后，我感慨良多，那是一段从零开始的奋斗历程：从完全靠自己的安庆内军械所、初作探索的江南机器制造总局、大放异彩的福州船政局，到几经波折的汉阳兵工厂，中国几千年都没有的军工企业在几十年间建立起了十几家，为中国最后的封建王朝注入了一点活力。这是一个时代的转折点，虽然只是少部分人的觉醒，但中国也确实开始注意到武器装备的重要性。幸运的是之后这些“种子”在战火中没有夭折，甚至存活到了今天，当然这也是后话。

站在后人的角度，我想对那些前辈说声感谢，如果不是他们在那个危急时刻认识到了中国与世界的差距，恐怕中国的军工还要再晚几十年起步，这对于我们来说是很不幸的。在这个方面，他们已经做出了很大的贡献。虽然他们只是意见的提出者，但在那个朝廷无能、百姓无力的时候，他们是唯一能够做出一些实事的人群。站在后人的角度，找出他们的不足，则具有更重要的意义。除了安庆内军械所，其他的兵工厂基本上都是全权委托给外聘人员，而且聘请的人员中有许多并无相关工作经验，可以说是“纸上谈兵”，这对于兵工厂的发展益处不大。此外，各个兵工厂大多属于仿制工厂，且仿制的装备来自不同的国家，规格也不同。这些军械到最后却装备到了同一个部队。非工业化的生产线对于军工这样要求极高的领域来说是伤害极大的，以至于到最后真正开战时，同一军队的士兵竟用着规格不同的武器，我想这也是战争失败的原因之一。总结下来，他们并没有太大的过错，因为在当时的背景下他们做的不是选择题而是填空题，不是选择哪一种方法好的问题，而是能够用什么的问题。先天不足，后天乏力，外部势力也根本不会真心提供帮助，加上时间紧迫，积累不足，不能自己创新，在这样的背景下发展军工，其艰难可想而知。我一直在想，如果清政府不是那么无能，他们能够发展到什么地步？有没有可能创造出一个新的强大的帝国？而且如果没有他们，清政府会不会更快灭亡？由于了解不够，这些问题也只停留在思考阶段。

就组内工作来说，我也有不小的收获。小组工作中，有分歧在所难免，重要的是在相互尊重的基础上协商解决，我们小组共进行了三次线上会议来讨论课题，虽然我的想法是探究民国时期兵器工业的发展，但是小组协商后选定了晚清时期，我也服从小组决定。具体实施过程中，从分工到整合等，大家做得都挺好的，虽然有些小插曲，但并无大碍，总体比较顺利。此外，此次实践也拓展了我的信息搜索能力，知网、道客巴巴、百度、知乎、网上图书馆、PaperPass 等都成了信息搜索的来源。

历史沉浮中的金陵机器制造局

清同治四年（1865），时任直隶总督的李鸿章顺应“中学为体，西学为用”的洋务运动之势，在英国人马格里主持下，于南京创办金陵机器制造局，聘英国工程师设计建造厂房。在之后的一百五十多年的岁月中，金陵机器制造局几更其名，几易其主，见证了中华民族由屈辱到腾飞的恢宏历史。

一、金陵机器制造局建立的背景

（一）国际背景

从15世纪开始，世界的大环境发生变化，西方资本主义开始萌芽。农民和手工业者经过长期劳动，积累经验，改进了生产工具，农业得到发展。纺织、冶金等工业中开始使用机器，不仅提高了产量，还改变了人与人的关系，分化出各种不同的阶层。在新航路的开辟、文艺复兴、宗教改革运动、资产阶级革命、产业革命的推动下，至洋务运动发生时，资本主义世界体系已初步形成，人类进入了一个新时期，这是历史发展的必然结果。

就外部而言，自工业革命以来，西方国家掀起了殖民战争的狂潮，特别是工业革命后的英国，在全球范围内打造自己的日不落帝国殖民体系，亚洲自然而然成了英国殖民扩张的目标，英国在成功地占领印度后将下一个目标瞄准了中国。1840年，英国发动鸦片战争，开始了对中国的殖民战争。1856年英国又挑起第二次鸦片战争。同时，北方的沙俄，西方的法国、美国等也开始侵略中国，中国一时间面临严重的外部安全威胁。

（二）国内背景

清政府在对外作战中接连失利。处于传统农业文明发展体系中的中国，在面对经历了资产阶级革命后而逐步进入工业文明的西方国家的挑战时丝毫没有还手之力，在列强的野蛮侵略下不堪一击。工业革命的发生使得英国军队的武器装备和军事思维发生了质的变化，在战场上，依然以大刀长矛和骑兵为主的清帝国的精锐部队尽管作战英勇，但面对强大的炮火时依然显得不堪一击。对外作战连连失败，特别是第二次鸦片战争，英法联军攻入北京，火烧圆明园，在政治和心理上对清帝国造成了严重的阴影。

农民起义威胁清廷在江南地区的统治。在英法等国侵略北京之际，晚清国内其他地区局势同样岌岌可危，如火如荼的太平天国农民起义在过往的十年时间里从西南地区蔓延到长江中下游地区，建立了农民政权；黄淮地区捻军不断四处进攻，加之地方官僚系统腐化严重，多种因素不断冲击着晚清腐朽的统治根基。

清朝官员感受到了富国强兵的迫切需要。在经历两次鸦片战争和太平天国的沉重打击后，清朝统治集团中的一些头脑比较清醒的当权者迫切地感受到了清政府统治的危机。曾国藩、李鸿章、左宗棠诸人虽因剿灭太平军而有功于清廷，但他们也在借助外国侵略者对太平天国的“华洋会剿”中，亲身感受到西方列强坚船利炮的强大威力。为了消除清政府当时所面临的各种内忧外患，同时实现富国强兵，最重要的是维护清政府的专制统治，他们意识到只有拥有西方列强的先进技术才有希望消除西方的巨大威胁，挽救清政府不断败落的局势。一场以学习西方先进技术与文化为目的、“师夷长技以制夷”的救亡图存运动——洋务运动应运而生，洋务派积极创办了多个近代军事企业，其中就有1862年李鸿章在上海创办的一个小型兵工厂，它后期迁移至苏州，更名为“苏州洋炮局”，规模越来越大，其中有两局后来迁移至上海并入了江南机器制造总局，而刘佐禹主持的一局从苏州迁往南京雨花台，就是后来的金陵机器制造局。

二、金陵机器制造局的发展历程

（一）金陵机器制造局的建立

1865年，李鸿章由江苏巡抚升任代理两江总督，在到南京就任时，将其先前在苏州创办的西洋炮局也迁至南京，在聚宝门（今中华门）外扫帚巷东首西天寺的废墟上兴建厂房，开办金陵机器制造局，亦称金陵机器局，简称宁局。据《续纂江宁府志》记载，金陵机器制造局的房屋都仿照外国式样建造，机器也从国外采购，初创时设机器厂、翻砂厂、熟铁厂和木作厂，制造开花炸弹、洋枪、抬枪、铜帽等军用产品，解决淮军及江苏省的留防勇营（防军）的武器使用问题，制造局还雇了洋匠师傅来督造。

（二）清政府时期的金陵机器制造局

当时的中国在清政府长期的腐败统治下，国力衰微，经济也不景气，要支撑大型的军事企业并不是一件容易的事。幸运的是，在刘佐禹等人的主持下，金陵机器制造局发展得很迅速，规模日益扩大，一直被李鸿章视为淮军的军械库和他个人在政治上的重要资本。

在后来军事企业被镇压的时候，正因为有李鸿章的重视，金陵机器制造局的规模和其他各省的机器制造局相比，始终处于领先地位。

金陵机器制造局于 1865 年开工，1866 年 8 月竣工，此后又建造了火箭分局、枪子机器厂、铁汽锤厂、拉铜机器木厂、洋火药局以及水雷局等。作为当时中国四大兵工厂之一，其设备工艺在初创时期十分先进，曾国荃曾称赞局里“制造各机器，皆用火力鼓动机轮，备极工巧。其中如造洋火铜帽，锯大木如切豆腐，二者尤为神奇”。《晚清碎影——约翰·汤姆逊眼中的中国》中，就有一张金陵机器制造局建设初期的珍贵照片，照片反映了 1868 年前后金陵机器制造局仿制加特林机枪的场景，据说这种机枪火力很强，可以和美国兵工厂生产的机枪相媲美。此前，当时的金陵机器制造局已经能制造多种口径前膛炮、炮弹及炮车和枪弹。1879 年，金陵机器制造局已经能制造火炮、水雷。1883 年中法战争爆发，金陵机器制造局的工匠们日夜赶造枪炮弹药，除了供应南洋、北洋各防营使用外，还接受各省防营订货，制造军备的规模得以发展，但当时的生产量满足不了激增的需求量，导致中法战争惨败。吸取了失败的教训后，曾国荃提出了扩充金陵机器制造局的意见：“臣等悉心酌度，窃以为欲收制造之利，首在添造厂屋，增购机器，其常年经费即须宽筹，然后纲举目张，乃有左右逢源之妙。现与该局员等再四熟商，择其制造枪炮子弹必不可少之机器，已分别定购五十余副，合之拓增厂屋经费，二共约需银十万两。其每年工料经费，约须添银，至多以五万两为率。此款拟先在洋药加增、税厘项下动拨，其不敷者，再由臣等于原拨续拨各关局库分别凑拨。”金陵机器制造局的规模因此再被扩充。1888 年，金陵机器制造局成功仿制的马克沁单管机枪（亦称赛电枪），为中国制成的第一代重机枪，声名远扬。1894 年，金陵机器制造局建立东子弹厂，采用无烟药装弹，这是制造技术上的一大进步。此时，员工发展到近千人，比初创时期增加近两倍。是年，甲午中日战争爆发，金陵机器制造局生产的后膛抬枪显示了威力，受到使用防营的赞赏。局中有工匠设计制造出一种威力较大的新式快炮，送大沽口炮台和沿海地区使用，杀伤力很强。

尽管在设备上很先进，金陵机器制造局在管理制度上却十分落后。因为它是代表清政府的洋务派管理的大型军工企业，所以带有较浓厚的封建性。封建等级森严，官场气息弥漫，封建官僚作风严重，致使企业管理不善，产品的废品率高，浪费现象惊人，种种腐败行为泛滥，结果是企业生产进展缓慢，效果差，注定无法达到清政府举办军事工业“制器自强”的目的。

（三）民国时期的金陵机器制造局

到了民国时期，金陵机器制造局被更名为金陵兵工厂，金陵兵工厂有员工四千人。淞沪抗战时期，日机屡次轰炸南京，兵工厂也被炸数次，器材、人员均有损失。1937 年 7 月抗日战争全面爆发，金陵兵工厂被迫西迁重庆，原址于当年 12 月被日军占领。1937 年 9

月中旬枪弹厂奉令西迁重庆与四川第一兵工厂合并（后改称 20 厂），11 月 15 日所余厂部又奉令一律西迁。在十余天中，五千余吨的物料、器材，由火车、汽车、轮船、木船分四路运往汉口。1937 年 12 月 1 日，厂长率领员工全部撤离南京。另有 60 余吨杂物当时来不及运出，12 月 6 日雇到木船，由姚志良押运出发。虽然主要机器和人员均已西迁，但厂房仍在，尤其是新建的三层楼单身宿舍尚未启用。因此，日军占领工厂后，利用其为驻军的兵营。

金陵兵工厂被日军占领后，先后改称为高桥部队、高森部队、贵志部队、稻田部队、松尾部队等，均以日军部队长官名字命名。抗日战争结束后金陵兵工厂又被迁回，不久更名为六〇兵工厂。到 1948 年淮海战役中期，国民党败局已定，将六〇兵工厂迁至台湾高雄，只留下少量无法搬走的旧机器设备以及整座厂房等。后又几经波折，最终演变成现在的南京晨光集团有限责任公司。

2018 年 1 月 27 日，由中国科协调研宣传部主办，中国科协创新战略研究院、中国城市规划学会承办的“中国工业遗产保护名录”发布会在中国科技会堂举行，金陵机器制造局入选该名录。是时，金陵机器制造局主要遗存 9 栋清代厂房和 19 栋民国时期厂房及办公用房。它能入选就是因为它是当时拥有最先进的设备、拥有工人近千、规模仅次于江南机器制造总局的近代化机器大生产的大型军工企业，所生产的新式枪炮的产量和质量均为当时全国之首。

金陵机器制造局拥有当时中国最先进的机器设备和近千名雇佣工人。作为中国四大兵工厂之一，金陵机器制造局在晚清时期与同年创办的上海江南机器制造总局、1866 年由左宗棠创办的福州船政局、1867 年创办的天津机器制造局齐名。在很长一段时间里，金陵机器制造局制造近代军工器械的水平仅次于曾国藩、李鸿章创办的江南机器制造总局，是南京的第一座近代机械化工厂，也是中国近代史上最早的近代军工企业之一，是中国民族工业的先驱。

三、金陵机器制造局的意义

(一) 金陵机器制造局在战争中的意义

金陵机器制造局为中法战争、甲午中日战争等多场战役提供了军备支持。金陵机器制造局生产的后膛枪炮作为一种步兵支援火力，被北洋陆军大批装备。光绪二十年（1894）十二月初四，时任四品京堂的盛宣怀为了让金陵机器制造局赶造后膛抬枪，致电两江总督张之洞：“此次打仗，惟抬枪制胜。金陵机器制造局所造后门抬枪能及远，较快枪得力，乞速饬局多多赶造。每日夜能造几杆？每杆需合价若干？”光绪二十年十二月二十三日，时任钦差大臣的刘坤一为了让金陵机器制造局交送后膛抬枪及枪药，又致电张之洞：“闻金陵制造局造成后膛抬枪二十杆，请饬交张国林带来，并请拨给枪药五万磅或三万磅，解交天津转运局验收为荷。”

除此之外，金陵机器制造局还成功仿制了马克沁单管机枪，制造出中国历史上第一代重机枪；建立东子弹厂，采用无烟药装弹，在制造技术上实现新的突破；设计制造杀伤力很强的新式快炮……尽管没能挽救清王朝的颓势，但这些武器在战争中所发挥的作用却不容忽视。

(二) 金陵机器制造局对中国近代化的意义

除了制造先进的武器，金陵机器制造局还采用了资本主义的生产方式，充当了追赶世界近代化潮流的不自觉的历史工具，它虽不是完全的资本主义性质企业，但由于工厂机械化程度高，生产规模大，为适应近代化生产技术的要求，生产管理也开始向资本主义方向改变，资本主义因素越来越多，带有了明显的资本主义性质。它把中国原始的手工生产方式推上了大机器生产的起跑线，对民族工业和民族资本主义的产生起到了刺激作用。从客观上来讲，金陵机器制造局为中国近代化注入了新的动力。

金陵机器制造局是中国最早采用近代化大机器生产的军工企业之一。在自给自足的自然经济占统治地位的中国，引进西方先进技术，使用大机器生产，是中国社会生产力发展过程中的一个进步。近代生产技术的运用，需要有近代化的生产管理和生产关系来适应，金陵机器制造局由清政府委派洋务派的官吏为总办（历任的总办是刘佐禹、段寿和、郭道直和吴炳祥等人），总办下设委员和司事，也聘洋监督（如马格里）进行管理。在生产上招聘、雇佣洋匠为匠目，如最早在上海、苏州设枪炮厂时就雇募外国匠人。在金陵机器制造局初创时，马格里从英国乌理治聘请几名训练有素的技师，1872 年委派马格里去欧洲购置设备时，也招募洋匠；刘坤一在增设洋火药局时也聘请英国技师波列士哥德设计和督造厂房。“金陵制造局监督向用西人，自英匠马利斯回国后，当局节省帑金，遂用华员监督，又恐制造新法未必深谙，故每岁即令上海机器局西人前往数次，指授机宜，本月初六有德人密蜡伊前抵金陵，赴机器局中验视所制各物，并将制造之法指授华人。”当时李鸿章鉴于当年由总税务司李泰国代表清政府组建阿思本舰队之教训，在雇佣洋匠时也有一定的节制，主张“雇佣洋匠，进退由我，不令领事、税务司各洋官经手，以免把持”。

雇佣劳动是近代资本主义生产的基本特征。从金陵机器制造局的劳动力性质来看，制造局的工人，包括中国的工匠和洋匠都是雇募来的，中国的工匠是从各地招募来的具有一定技术的熟练工人（其中有一部分是制造局创建时从军队转来的有技艺的士兵），亦招收艺童，注意工匠技术的学习和培养，如李鸿章主张“于华匠中留心物色，督令操习，如有技艺与洋人等者，即给以洋人工食，再能精通，则拔为匠目，以示鼓励”。甲午中日战争时，有巧匠自行设计制造了新式快炮。1877 年“委员招募艺童，学习洋文洋语”，挑留 8 名送赴天津水雷学堂学习，后因“洋教习期满回国，便撤回，隶机器局，名电学馆”。局内除洋监督外的洋匠大部分是资本主义国家在华洋厂中的无产者，雇佣他们时都订立正式契约，“洋匠则有合同年限，不论工作有无，仍须照给薪费”。工资的标准，也不是随意规定的，是按工匠的技术、劳动的熟练程度以及雇佣时间长短分为匠目和散匠。同时，随着中国逐渐沦为半殖民地半封建社会，劳动力也成为特殊的商品，所以也受到劳动力市场价值规律的影响。在苏州洋炮局时，“所用外国匠人四五名，每月工食多者三百元，少者一百数十元”“所用中国匠人五六十名，每月工食多者三十元，少者七八元不等”“至于内地泥炉……每炉约须工匠五六十名……工匠须三百余人，匠目工食每月三十元至二十元不等，散匠五六元至十余元不等”。金陵机器制造局也基本上按此标准。1865 年上海的耶松、祥生等船厂的普通工人最低工资，是每五工合银圆一元，每月六元左右，金陵机器制造局散匠的工资也和当时劳动力市场的最低工资水平相符合。当时报酬支付形式是货币工资，是以铜钱、银圆等流通货币，按时计算，按周或按旬发放。金陵机器制造局工人每日劳动 11 小时左右，每逢月之朔望歇息一天，如遇任务重则予革除，工人日工资最低是 0.233 元，而江南制造局工人每日劳动 9 小时，工匠日工资最低 0.344 元。据 1881 年 11 月 15 日《捷报》报道，在金陵机器制造局的七八百名工人中，有些人薪资每月三元，有的二元，有的一元，还有一些做学徒的幼童，每月只得几文钱。

金陵机器制造局颇有近代风味，早晚都有汽笛的鸣声，招呼人们上工下工。每次汽笛一响，出入工厂的总有七八百人。

金陵机器制造局的工人劳动强度大，待遇低，他们为改善自己的处境也展开了斗争。1895 年 3 月 28 日上海《申报》记载：“金陵制造局工匠向例二月十四日午后停工，以便十五日敬祀太上老君，盖俗传是日为老君诞辰也。今岁军务旁午，总办郭月楼方伯拟令十四日晚仍做夜工……不料是日竟有人在局前鼓噪。”工人包围了总办的洋楼，进行了罢工，后被官兵用武力驱散。这次罢工斗争和汉阳铁政局工人罢工发生在同一年，而同成为我国最早的工人斗争。当时工人阶级处在幼年时期，但已能初步团结起来进行斗争，体现了近代无产阶级的特色。

金陵机器制造局是由封建国家拨出经费建立的，却已初步建立了一套独立的近代资本主义性质的经济核算制度，所以在某种程度上，它确实推动了中国近代化的发展。

(三) 金陵机器制造局的人文价值

金陵机器制造局为中国近代洋务运动时期民族和兵器工业发展的历史见证，具有重要的历史人文价值；虽然洋务运动时期国人并没能及时认识到当时中国在国体上存在的巨大弊端，但是洋务运动的发起和以金陵机器制造局为代表的军工企业在这一运动中实现的各种成就也是当时中国人不愿被压迫、不愿被奴役的一种反抗精神的体现。

金陵机器制造局作为晚清时期的工业建筑，其形制、木梁架和铸铁张拉弦结构体系、构造节点和符号语言等均体现了中西建筑技术与艺术的完美结合，具有极高的历史技艺价值；作为近现代建筑风貌区的重要部分，其整体保存完好且结构坚固，在实物展示的同时亦可在使用中实现保护，具有重要的再利用价值。

四、金陵机器制造局的现状

21 世纪，是追求科学技术力量与艺术创意完美结合的时代，1865 科技・创意产业园即诞生于世纪初，以纪念 1865 年在这里建造的金陵机器制造局。现在的晨光 1865 科技・创意产业园，位于江苏省南京市秦淮区中华门外，秦淮河边，雨花台下，与明城墙隔秦淮河相望，毗邻大报恩寺遗址，环境优美，同时还具有十分丰富的历史文化资源，既有各式各样的民国建筑、街巷，又有很多配置十分完善的办公楼和小型酒吧，是国内目前最大的近现代工业建筑群。经历了晚清、民国、新中国三个阶段的金陵机器制造局，是中国近现代工业化的缩影。同时有了与现代建筑的结合，金陵机器制造局成了名副其实的中国工业建筑的陈列馆。这也是它能够入选中国工业遗产保护名录的重要原因。

金陵机器制造局是中国工业发展史上的一面旗帜，是中华民族勇于向他国学习，改变自己的落后状态的标志。尽管由于封建体制的腐败，未能完全成功，但是它燃起了国人的梦想，引来了无数前赴后继者，野火春风，绵绵不绝，开创了今天中华民族全新的复兴之路。

实践心得

这次的实践论文可以说是我第一次严谨地去写一篇论文，以前写的文章大多是基于自己的认识，其实质和作文差不多。这次我们选取金陵机器制造局为研究对象，这是我以前了解不多的地方，相关工作几乎可以说是从零开始。从翻阅相关书籍，到整理所得资料，再到撰写出我负责的部分内容，花费的时间比我想得要长得多，但收获也同样多得多。

在实践的过程中，我查阅了许多有关金陵机器制造局的资料。我们走近它，循着它一路走来的足迹，看到了它的兴衰，看到了一个时代的缩影。金陵机器制造局如今留下的不过一座空建筑罢了，但在那个时代它完成了自己的使命。我从未悲叹它后期的衰败，相反我看到的却是一种敢作敢为的时代精神的缩影——李鸿章等人在国家处于战火之中时，将他们体会到的、认识到的、寻找到的方法大胆地付诸实践。此次在查阅书籍的过程中，我也了解到很多有关恭亲王的事和自己之前从未听过的一些有意思的事，更加深刻体会到

“不可脱离当时的背景而言历史”这句话的含义；同时也明白——原来那些救国之士，发起过很多运动、变革的仁人志士，并不是一开始就坚定无疑的，他们也在成长，也在一次次的运动中，思考着自己的对与错，不断完善自己。

尽管在拟定实践题目和最终整合实践结果的过程中我们出现了一些分歧，但最终都很好地得到了解决。这次合作增加了我对金陵机器制造局、南京、中国近现代史的了解，也让我领略到了团队合作的魅力，以及组内成员如何分工才更加有意义、有效率。

从中日甲午战争看李鸿章

在相当长的时间内，李鸿章由于多次与列强签订丧权辱国的不平等条约而被认为是中华民族的罪人、卖国贼。许多历史事实表明，不能简单地将李鸿章如此脸谱化。在充分了解中日两国政治、经济、军事等多方面史实的基础上，本文以中日甲午战争为切入点研究李鸿章，将李鸿章放到和甲午战争有关的时间线上去分析评判，体会他在其中发挥的作用，并客观公正地评价他。

一、中日甲午战争的基本情况

（一）中日双方的战争准备

1894年7月，中日甲午战争爆发。然而，李鸿章一手创建的北洋舰队却在战争中覆灭，不敌日本。从两国的海军建设可以一探中日双方部分战争准备情况。日本明治政府于1872年开始雄心勃勃建设海军，1874年侵犯台湾并得到清政府50万两白银赔款。通过这次行动，日本试探到清政府软弱可欺，也看到了建设海军的重要性。此后日本加紧扩展海军，1875年即向英国订购了三艘大型军舰。日本同时运行着两套体系来建立本土的国家海军教育体系：一方面吸纳外国专家到日本，建立具有先进水平的教学研究机构；另一方面，他们派遣各类学生去海外留学，力求能学到世界上最先进的科学技术。19世纪80年代，面对清朝海军装备超过日本的情况，日本针对清朝巨舰“定远”和“镇远”制造了“三景舰”。至甲午中日战争爆发前期，日本海军拥有军舰31艘、鱼雷艇26艘，常备舰队也已经编成。甲午中日战争前夕，1893年明治天皇下令，在未来六年内，每年从内库中拨出30万日元，文武官员每月从各自薪俸中交十分之一，作为制造军舰的补助经费。而此时清朝政府每年从海军军费中挪用30万两白银建造颐和园，海军军官普遍生活奢侈，贪污受贿。

1874年日本侵犯台湾使得朝野震动。在奕䜣等人的推动下，清政府进行了“海防大筹议”，李鸿章坚决支持恭亲王整顿海防，提出“居今日而欲整顿海防，舍变法与用人，别无下手之方”。19世纪80年代，清朝海防建设全面展开，购军舰，建设海军基地，南洋和北洋陆续开设学堂培养海防人才。北洋海军筹建伊始，李鸿章便将目光投向了当时的海上霸主——英国，从英国购入了4艘“蚊子船”用于近岸防御，到甲午中日战争前夕，清政府共订购了军舰27艘。1885年，清政府成立总理海军事务衙门，管理海军的同时向西方学习，但是总理海军事务大臣醇亲王奕譞却将心思放在自己儿子光绪帝的掌权亲政上，因此，总理海军事务衙门这个总管中国近代化建设的重要机构，根本没有发挥它的职责。1887年，清政府成立了另一所“海军院校”——昆明湖水操学堂，驻地就在风景如画的颐和园。学堂宣称建校目的是在满族八旗子弟中培养海军人才，每当慈禧太后入住颐和园，学堂中的内学堂负责恭备轮船，外学堂则负责恭备颐和园电灯和西苑电灯，亭台楼阁是他们研习舰船的课堂，波澜不惊的湖面是他们操练海战的场地。1891年户部上奏：“因部库空虚，海疆无事，奏明将南、北洋购买枪炮、船只、机器，暂停二年，藉资弥补。”在世界海军发展日新月异，每两三年就更新换代的关键时刻，清朝海军却被迫停下了脚步。

俗话说，知己知彼，百战不殆。在战争前，为了解对手，敌情侦察是取得胜利的重要方面。日本早就想占领中国台湾、朝鲜、琉球，进而攻占中国大陆。日本对于自己的计划十分清楚，并且对于中国的地情也进行了一番详细了解。而此时的清朝很是缺乏这些细致的准备。李鸿章与外国打的交道多，对于政治发展有自己的判断，然而清朝廷并不重视李鸿章的判断。如1885年李鸿章和伊藤博文见面，交涉朝鲜甲申政变、中日两国冲突的问题。双方会面之后，李鸿章提醒总理衙门：“大约十年内外，日本富强必有可观，此中土之远患而非目前之近忧。”一些官员却认为李鸿章在危言耸听。

对于中日两国而言，朝鲜都是极为重要的战略要地。清朝首都在北京，缓冲之地就是朝鲜半岛，朝鲜绝不能丢；而日本，为了防止朝鲜成为自己在亚欧大陆扩张的威胁，也处心积虑地开始了征服朝鲜的行动。1876年日本与朝鲜签订《江华条约》，以平等国作为诱饵，建立与朝鲜独立的国与国之间的关系，隔断朝鲜与中国的藩属关系。1884年甲申政变爆发后，中日签订《天津会议专条》，约定：将来朝鲜国若有变乱重大事件，中日两国或一国要派兵，应先互行文知照。

中日甲午战争爆发之前，对于日本，中国的一切几乎没有秘密可言。1892年，《清国通商综览》在日本出版，这是日本人撰写的有关中国的大百科全书，分2个编目12个部分155个章节，这本书对于中国各省情况记录得极为详细。日本还在中国设立间谍培训机构，派遣专门人士采集信息。在清朝不曾察觉之时，有一批日本的年轻人深入他们的日常生活，扮成游学者、商贩、僧人、农民、渔夫、船夫、工役等各种身份的中国人，细细观察、记录、研究这个国家的一切，包括军事。1888年12月日本海军情报官关文炳，秘密前往威海卫胶州湾，调查兵备、地理及海岸地形。他回国后写成《关于威海卫及荣成湾之意见书》，指出荣成湾是袭击威海卫的最佳登陆地点。1894年的甲午战争，日军进攻威海卫之时，亦参考了此报告指挥作战。与之相对的是，1877年任清朝驻日本公使馆的参赞黄遵宪融注十年心血写成《日本国志》，上交李鸿章、张之洞，由他们向总理衙门推荐出版。但总理衙门迫于之前出版郭嵩焘《使西纪程》遭唾骂、严惩的压力，未能将此书及时出版。此时的中国，犹如一个耳聋眼瞎的老者，而即将与他搏击的对手却处心积虑、耳聪目明。

朝鲜冲突后，清政府秉承祖制“高丽属国几千年，何人不知”，出兵朝鲜。一直在寻找开战理由的日本趁此时机，以保护日本侨民为由，于1894年6月出兵朝鲜。此时的清政府正忙于准备慈禧的六十大寿，日本的出兵让清廷措手不及。1894年夏天，朝廷上下“清流”成了坚定的主战派（注：“清流”是中国封建时代士大夫阶层的一种特殊产物，早在汉朝即有所谓清流士大夫的小集团出现，不同时代具有不同内涵。一般来讲，清流官员是指那些在一定阶段内士大夫中负有名望或在学术道德上享有较高声誉的人。他们不愿与污浊的政治势力同流合污，批评不良社会风气，抨击腐败现象和官僚体制中的弊病），但这时的清流并没有发挥好的作用，一部分人干事，言官却一直找碴，讽刺的是这些言官并不了解真相。朝廷命令李鸿章立刻开战，但主管北洋海军的李鸿章却在竭力避免交战，他认为中国的军力“平内乱有余，御外侮不足”。李鸿章意识到，日本视中国为敌还是为友，取决于双方的强弱关系。早在1871年，中日签订《中日修好条规》，急于联合中国对抗西方列强，亲历签约过程的李鸿章便认为日本日后必为中国肘腋之患。签订《天津条约》后，李鸿章也密奏：“大约十年内外，日本富强必有可观。”然而，朝中无人知道中日真正军事力量对比，也无人体会他避免交战的苦衷。主战者的怒火投向几十年的洋务运动，认为“尚未不肯出而一试，然则向之竭数十年之力，费数百兆之赀财，不几等于虚掷也哉”，几乎所有人都认为，中国此战必胜日本。

（二）战争结果

日本设置大本营后，李鸿章联系各国公使，想要通过英国和俄国的调停来逼迫日本撤兵，令清军待命。但各国无发兵之意，清军失去先机。李鸿章仍然主张讲和，以为军力难堪此战，清廷一意主战，命李鸿章不可意存畏惧，不可示弱。光绪二十年（1894）七月，中日开战。李鸿章言，前线仅一万四五千人，“添足三万人，步步稳慎，乃可图功”。结果，添五千人尚短万人，军费也不足。

1894年9月17日，北洋海军主力舰队在大东沟海域遭遇日本联合舰队，黄海海战爆发。双方共有24艘军舰参战，这是世界海军进入钢铁蒸汽化时代后第一场大规模海战。清军引以为豪的两艘一级铁甲舰“定远”号、“镇远”号建造于19世纪80年代。甲午中日战争爆发前一年，日本购买了代表当时世界海军舰船最新技术的巡洋舰“吉野”号。日军指挥处置有方，战术运用得当，充分发挥了第一游击队航速高和舰炮射速快的优势，运用灵活的战术，始终掌握了战场主动权，损失较少，只有5艘战舰受伤，伤亡仅290余人。北洋舰队的战场指挥严重失误，丁汝昌采取了极其不利于发挥机动与火力优势的阵法与战法，且交战不久即失去了对全舰队的统一战场指挥，加之弹药不充足，舰队损失惨重。此外，“济远”率先逃跑，也影响了斗志，“经远”“致远”“超勇”“扬威”“广甲”被击沉击毁，“靖远”和“来远”受重伤，伤亡官兵千余人。

此外，日本还进行了大量的舆论宣传。借口维护朝鲜独立与清朝开战，单方面宣称这是为朝鲜独立打的正义之战。日本熟练运用国际公法、媒体宣传，通过各种新闻、文学、艺术的方式，进行国民总动员，宣传日本所谓的“文明圣战”。朝鲜事件初期，包括光绪帝在内的朝廷中多数人将日本看成是蕞尔小邦。当前线节节败退的消息传来，士大夫大为不满，清议汹涌，力主惩办李鸿章和北洋水师提督丁汝昌。李鸿章在给丁汝昌等前敌将领的信中写道：“汝等稍有天良，须争一口气，舍一条命，于死中求生，荣莫大焉。”威海卫失陷后，刘公岛危如累卵，北洋舰队被困直至覆灭。荒唐的是，据 1895 年出版的日本战时杂志《日清战争实记》报道，威海卫水陆营务处提督牛昶昞给日本联合舰队司令长官伊东祐亨写信，请求归还被日军俘获的广东军舰“广丙”，宣称“广丙舰原属广东舰队，今回战争原与广东不干，倘使广东一军全没，殊对广东总督不住，恳阁下俯察细情，将广丙一舰留还程管带，驶回广东，不再干此次战事”。如此荒唐的请求印证了李鸿章的感慨：“以北洋一隅之力，搏倭人全国之师。”战败后，中日进行谈判，双方代表仍是李鸿章和伊藤博文。伊藤博文问道：“十年前我在津时，已与中堂谈及，何至今一无变更，本大臣深为抱歉。”李鸿章回答：“当时贵大臣相劝，云中国地广人众，变革诸政，应由渐而来。今转瞬十年，依然如故，本大臣更为抱歉，自惭心有余力不足而已。”

二、李鸿章的功与过——从他者的角度

(一) 时人评价

1. 梁启超评价

1901 年，在李鸿章去世后不久，梁启超写就《李鸿章传》，对李鸿章一生做了较为详尽的叙述，并发出了“吾敬李鸿章之才，吾惜李鸿章之识，吾悲李鸿章之遇”的慨叹。但梁启超的评价却远不止这一“敬”、一“惜”、一“悲”这么简单。在甲午中日战争的时间线上，他对于李鸿章和他领导的洋务运动有着清醒的认识：“何以他国以洋务兴，而吾国以洋务衰也？吾一言以断之，则李鸿章坐知有洋务，而不知有国务。”“知有兵事而不知有民政，知有外交而不知有内治，知有朝廷而不知有国民。”“不知国家之为何物，不知国家与政府有若何之关系，不知政府与人民有若何之权限，不知大臣当尽之责任。”“及其败然后知其所以败之由，是愚人也；乃或及其败而犹不知其致败之由，是死人也。”这几句话可谓戳中要害，洋务运动中的李鸿章，“忠纯”“明察”“久居要津，柄持大权”，虽一心发

展各类军事、创办学堂、购置舰船，却不重民政、内治，缺少更多的“无名之人”的支持，忽略了国家、国民、民政三者之间的关系，未能将洋务运动深入国家的各个方面，在全国范围内推而广之，所做洋务改革之事仍沾染旧习，致使洋务运动在根本上依然是为了维护腐朽、堕落的清王朝，缺乏更长远的目的——近代化。

但是，梁启超并没有将所有责任全部推到李鸿章的头上，这与当时许多人的态度形成了鲜明对比。据梁启超记录，“中国俗儒骂李鸿章为秦桧者最多焉”“国人皆曰可杀，万口一词”。伴随着国人的唾骂，李鸿章半生的事业随着其在《马关条约》上签字而灰飞烟灭。梁启超对此深感同情，认为李鸿章为“时势所造之英雄，非造时势之英雄也”，最终成就也只能到这样，“李固可责”，但是那四万万还活在“天朝上国”的梦里的人，“又岂能责李之人哉?”纵观近代史，“四十年来，中国大事，几无一不与李鸿章有关系”，而“李鸿章必为十九世纪世界史上一人物”。

梁启超也对国民的态度做了自己的解释：“他们既不敢正视腐朽的封建制度是万恶之源，又不敢抨攻真正的罪魁祸首慈禧一伙。他们对李鸿章的口诛笔伐，虽然有时意气多于冷静的分析，难于对其做出全面而切合实际的估价，但却反映了朝野上下的思想动向，表现了人们对战败乞和的愤慨和国运垂危的关注。”梁启超认为，《马关条约》的赔款割地，使清政府在洋务运动中的努力成为泡影，中国半殖民地半封建化的程度进一步加深，清政府也彻底沦为列强的傀儡，人们对于国家命运和民族尊严的担忧，促使他们对李鸿章这个签订条约的人做出并非完全客观的评价。

以当时的背景来看，梁启超的评价确实足够公正、客观了。但从现今视角看，依然存在有失公允之处，例如梁启超所言：“吾欲以两言论之曰：不学无术、不敢破格，是其所短也；不避劳苦、不畏谤言，是其所长也。”所谓“不学无术”“不敢破格”，这对李鸿章来说实在是有苦难言，毕竟李鸿章不是清朝的最高权力中心，他的所作所为都要受到慈禧、光绪等人的约束，而朝廷上下又极为迂腐、固执，对于任何夸赞西方国家的行为都要进行抨击，即便是驻外公使郭嵩焘客观介绍出使见闻的《使西纪程》出版都会被群起而攻之，“嵩焘之为此言，诚不知是何肺腑”，直至该书被禁止发行并毁版才罢休。这种政治环境对于李鸿章来说并不是特别有利，更不用说“破格”了。此外，对比中日两国的变革，之所以日本更加彻底，就是因为日本的改革是积极主动的，通过倒幕运动减少了改革阻力，后又不断派遣留学生、使团，聘请专家，将日本的改革深入到民间；反观中国，腐朽的清朝政权，被动改革，改革不彻底，大多停留在器物层面，未触及封建制度本身。李鸿章一人又怎能破格？怎敢破格？

2. 伊藤博文等外国人评价

同为一国改革的领军人物伊藤博文，也是李鸿章的老对手，他懂得李鸿章为改革所做出的努力。他曾说：“李鸿章的任务比起今天人们所能想象到的要艰巨得多……（清政府从整体上看，给李鸿章增加了许多障碍）：它充满官僚主义陋习、地方主义观念和派系的明争暗斗。”在甲午中日战争前，伊藤博文便劝告李鸿章改革内政，李鸿章也颇为心动。但不同于日本明治维新的军民同心，垂老的清王朝还沉浸在天朝上国的幻想当中。就像海军事业，1888 年北洋海军正式建立之后，此后的数年未添一舰，指挥方面也是“事无定章，权不专属”。而这期间恰好是日本军舰增添最多、发展最快的时期。此时的李鸿章也迫于清廷和清流派的压力，放任北洋舰队成了清王朝的一个用来安心的“纸老虎”。最后李鸿章也只能无奈地说：“大清自有国情在。”甲午战争中国战败，伊藤博文却评价李鸿章是“大清帝国中唯一有能耐可和世界列强一争长短之人”。

此外，西方报纸也有评价：“日本非与中国战，实与李鸿章一人战耳！”美国总统格兰特称李鸿章为当时世界上四大伟人之首，与当时英国首相本杰明·迪斯雷利、法国总理甘必大、德国首相俾斯麦齐名，可见其影响力之大。

（二）不同时期史学界的评价

新中国成立后的很长一段时间内，许多学者一直对李鸿章持批判态度，称其反动、卖国。例如 1955 年出版的胡滨所著《卖国贼李鸿章》，描写了李鸿章残酷镇压太平天国的暴行、签订丧权辱国条约的卖国行为、晚年的卖国主张等 8 个方面，最后在结束语中盖棺定论：“李鸿章一生的历史，是一部对内镇压人民起义、对外出卖民族利益的反动历史。”

20 世纪 60 年代，有人对“李鸿章是不折不扣的卖国贼”“洋务运动是反动的”等说法提出质疑，认为洋务运动是有积极进步的方面的，不能以偏概全只看其消极方面，李鸿章是卖国贼的说法也有待商榷。但是，这种声音一飘而过，随即便被十年浩劫的呼喊所掩盖。

20 世纪 70 年代，全国近 20 所高校选用的教材，无一不是将李鸿章列为反动派，认为以李鸿章为首的一批官僚与外国资本家和侵略势力狼狈为奸，出卖民族利益，以此来维护自己腐朽、没落的封建统治，镇压中国革命，遏制中国资本主义和近代化的发展。此类观点明显存在许多偏颇、不公之处。

“文化大革命”结束后，许多学者开始重新打量李鸿章，以唯物辩证法来详细考察李鸿章的功过得失。1980 年 12 月，“洋务运动”学术研讨会在长春举办。会上，陆方在其论文《试论李鸿章的洋务运动》中指出：“如果肯定洋务运动在中国近代史上发生过某些积极作用，也就应该肯定李鸿章在洋务运动中的功绩……历时三十年的洋务运动的破产，说明它是一幕历史悲剧，李鸿章则是这幕历史悲剧中的主角……是由于腐朽的社会制度和经济技术落后的条件促成的，李鸿章无能为力改变洋务运动的状况。”

(三) 网络声音

反面评价。李鸿章在甲午海战指挥无方，其儿资敌。李鸿章一生最大的“功业”是办洋务，组建北洋水师，装备了当时亚洲最大的铁甲舰，结果却一败涂地。李鸿章花费上亿两白银，买的却是过时的废物，黄海海战中日舰平均中弹 11.17 发，而北洋各舰平均中弹 107.71 发，北洋舰队火炮命中率不及日本联合舰队九分之一。此外，李鸿章居然“避战保船”躲进威海港，妄想用这种方式保住战舰，结果被日军全歼，愚蠢到极点。李鸿章之子李经方，年仅 35 岁就加二品顶戴，而在甲午战争中，李经方甚至还向日本在华部队出售大米，令人不齿。1894 年 1 月，日本短时间大量增兵朝鲜，中日战争一触即发。而手握国家外交军事大权的李鸿章却一直幻想利用外国的势力来平衡内在势力，贻误了战机。1894 年 7 月，清军驻朝将领纷纷请求清廷增兵备战，李鸿章仍不认真备战。

正面评价。在近代中国，李鸿章首创北洋海军，推动洋务运动发展，在中国近代化方面的贡献实属无人可比。对于封闭了近几百年的中国来说，李鸿章对于世界大势的把握也远超同时代的为臣者，但时运不济，成也萧何，败也萧何。北洋舰队虽然曾是亚洲第一的舰队，但是创立之后未增添其他战斗力，所以总体性能还是差于日本舰队。当时全国处于大国崛起的幻觉中，慈禧挪用军费修建颐和园，光绪仍是少年天子，在大臣的诱导下，一味催促李鸿章开战，其实不了解军队实情。陆军方面，八旗兵、绿营兵还有李鸿章依靠的淮军都是夕阳西下，并无多少实力。多年的战争创伤和赔款，以及政府的挥霍无度，导致国库空虚。为了解决资金问题，李鸿章以“海防捐”的手段敛财，清流和民间一片骂声。他明白，战争的代价太大，如果战败，不但一手建立起来的北洋海军可能就此葬送，清王朝也会付出惨痛的代价。他认为能通过和平方式解决的问题就不要因一时愤恨和冲动而轻易使用武力。因此，在甲午海战前，李鸿章为力保和局，进行积极的外交活动。为避免中日开战，李鸿章先后寻求于西方列强，尤其是俄国和英国的斡旋调停。李鸿章深知俄国和英国在远东和中国有着巨大的利益，并且两国之间矛盾重重，俄国不希望中国舍俄而求英，致使英国有插手朝鲜问题的机会，当然英国也不希望如此。因此，当李鸿章请求俄国公使喀西尼出面调停时，俄国政府表示同意调停，并指派希特罗渥会见日本外相陆奥宗光，进行调停。与此同时，李鸿章也请求英国公使欧格讷出面调停中日争端。在英俄的调停下，日本曾一度出现议和姿态。但最终，李鸿章所希望的调停失败。

三、李鸿章的功与过——从实践小组的角度

综合以上资料，小组认为，李鸿章的确应该为甲午海战的失败负很大责任，但也不能将其全盘否定，不能脸谱化地将李定为“汉奸”“卖国贼”。作为一个功过参半的老臣，李

鸿章身上有着太多时代的烙印，在甲午战争的时间线上尤为如此。分析如下。

（一）过失

1. 对日本的狼子野心估计不足

1872 年后，日本明治政府大力发展海军，同时不顾财力紧张从国外订购先进舰船。1874 年日本侵台，由此试探到清政府的软弱可欺。李鸿章对此深感忧虑，在同年“海防大筹议”上坚决支持发展海军、巩固海防。1880 年，李鸿章再次上书请求购置铁甲舰巩固海防。李鸿章虽然大力发展了海军，却未能洞悉日本的狼子野心，对日本不断的挑衅、蚕食估计不足，缺乏相关应对措施，所建海军也未曾及时出动，以对日本起到一定威慑、遏制作用。此外，与伊藤博文签订的《天津会议专条》，也是李鸿章外交的重大失误，这导致日本取得了和中国对等的出兵朝鲜的权力，为日后甲午战争埋下了隐患。这些都是李鸿章对于日本险恶用心估计不足的体现，致使中国一步步被日本拉进战争的陷阱。作为甲午战争时期最重要的外交官和政治家，李鸿章对此应该负有很大责任。

2. 战争初期准备不足，判断失误，消极待命

日本出兵朝鲜后，李鸿章错误地认为日军不敢首先开战，电令前线消极待命：“我不先与开仗，彼谅不动手，此万国公例，谁先开战，即谁理诎，切记勿忘。”而他却不知此时日本国内战争叫嚣狂烈，加之伊藤博文勾结了英国，对出兵朝鲜更是有恃无恐、势在必得。敌人有备而来、势在必得，李鸿章却下令不先开战、被动防守，抱着“谁先开战即谁理诎”的迂腐思想，这不能不说是李鸿章的一大过失。

3. 在日本不断武力进攻朝鲜之时，李鸿章未曾积极迎战，转而寄希望于英、俄等国的调停

这又是一大过失。面对日本不断的武力进攻，李鸿章将希望寄托于列强，希望国际出面调停，这本来就是非常渺茫的。英、俄等国各怀鬼胎，调停之时又不断互相猜忌，唯恐自己的利益被别国侵占。最终，俄国对英国持怀疑态度，未曾对日出兵，并同意日本占领中国台湾、朝鲜，这更加助长了日本的嚣张气焰，也使清军在朝鲜不断延误战机，被动挨打，节节败退。

4. 指挥不当，用人失误

任何一场战争，若出现指挥、用人方面的错误，几乎可以宣告这场战争的失败。李鸿章对此也要负主要责任。甲午战争中，李鸿章任命叶志超为陆军统帅，奔赴朝鲜与日对抗，最后叶志超却弃城而逃，令人不齿。黄海海战时，李鸿章任命丁汝昌为北洋水师提督，但后者未曾接受太多海军作战指导，几乎对海军指挥作战一窍不通。海战时丁汝昌采取了极其不利于发挥战场机动与火力优势的阵法与战法，且交战不久即失去了对全舰队的统一战场指挥，加之弹药不充足，因此舰队损失重大，最终被困刘公岛，自杀殉国，令人慨叹。李鸿章本身的指挥和判断也存在问题，战争打响之后，在清军未曾处于太大劣势的情况下，李鸿章下令退兵，丢失了黄海制海权，而黄海的战略地位非常重要，关系到朝鲜半岛、辽东半岛、山东半岛的海上交通，丢了黄海制海权基本已经奠定了败局，后面的战役也基本是倾颓之势。

（二）功劳

1. 大力发展新式海军，巩固海防

在日本侵台后不久，朝廷进行了“海防大筹议”，李鸿章便作出了“数千年来未有之变局”与“数千年来未有之强敌”的著名论断，虽然无法明说，李鸿章却能隐隐感受到这种变化——近代化。他坚决支持恭亲王整顿海防，提出“居今日而欲整顿海防，舍变法与用人，别无下手之方”，这些论断在当时的清廷可谓绝无仅有。李鸿章的锐意进取，与当时许多虚伪、狂妄、迂腐的官员形成了鲜明的对比。随后，李鸿章便不断从国外购置军舰，推动了近代中国海军事业的发展。有人说，如果把彼时中国的近代化比作一辆缓慢行驶的火车，那么李鸿章大力创办的北洋海军就是火车头，它不仅肩负着巩固海防、维护国家安全的使命，也推动着中国的近代化。

2. 具有现实眼光和政治手段，有一定的变通能力，为中国近代的外交事业做出了不可磨灭的贡献

在全民处于麻木的状态时，李鸿章还是比较清醒的，他没有停滞不前，在日本斥巨资购买大型军舰的情况下，李鸿章多次上书表明自己的主张，并对朝廷在购置铁甲舰上毫无举措感到痛心，“彼既挟所有以相陵侮，我亦当觅所无以求自强”，最终，在李鸿章的极力主张和外界压力下，清政府购入了“镇远”和“定远”两艘庞大的铁甲舰，大大加强了清朝海军的实力。此外，李鸿章也无数次与外国人交涉，例如在天津会晤日本驻华公使森有礼，讨论日本的维新变革。总理海军事务衙门成立同年，李鸿章在天津第一次和伊藤博文见面，交涉朝鲜甲申政变、中日两国冲突，李鸿章十分强硬：“朝鲜事，中国并未办错，其错处全在竹添；若因此决裂，我惟预备打仗耳!”会面后，李鸿章也对日本做出预言：“大约十年内外，日本富强必有可观。”只可惜李鸿章的预言被视为危言耸听，在中国掀不起任何波澜。李鸿章的战略眼光远超同时代的人，也是清廷中少数做实事的人。当同时代的士大夫还“沉浸于章句小楷之积习”，李鸿章便已经提出废除科举，培养时代所需要的人才，只可惜时代所迫，许多建议都未被采纳。

（三）无能为力的时代烙印

1. 中国本身

变革不彻底，丝毫不触及封建制度本身。中国近代变革的实施者依然是封建势力，他们根本不会触及自己的利益，所做的一切也是为了维护自己的封建统治。相比于日本先推翻幕府再自上而下、大刀阔斧的改革，中国的变革可谓迟缓、不彻底，思想上也更加保守，对学习洋人、派遣使团和留学生也是极为被动消极。当时的国人仍抱着“天朝上国”美梦，丝毫不清楚新世界的游戏规则。

清政府腐败无能，软弱无力。1891 年，北洋舰队 6 艘军舰访日，上海《申报》报道：“问：为什么对于日本占据琉球一事中国不加诘问？答：非中国之不能诘，实以为因区区琉球一事而失日本之亲为可惜耳。”如此荒唐可笑的理由，也是当朝统治者唯唯诺诺、软弱无能、对日本抱有不切实际幻想的写照。1885 年，清政府成立总理海军事务衙门，在管理海军的同时向西方学习，但是总理大臣醇亲王奕譞却将心思放在自己儿子光绪帝的掌权亲政上，因此，总理海军事务衙门这个总管中国近代化建设的重要机构，根本没有尽到它的职责。更为讽刺的是，1887 年，清政府成立了另一所“海军院校”——昆明湖水操学堂，驻地就在风景如画的颐和园。学堂宣称建校目的是在满族八旗子弟中培养海军人才，实际则是借机挪用海军经费重修清漪园。此外，为了建造颐和园、庆祝慈禧六十大寿，朝廷甚至多次挪用军费，甲午海战时竟然还存在许多舰船缺乏弹药、弹药质量不合格而无法爆炸的情况。1891 年清政府批准了户部停购海军军火二年的奏请。在世界海军发展日新月异、每两三年就更新换代的关键时刻，清朝政府却停下了脚步，他们幻想的亚洲最强之北洋海军，早已被日本海军悄悄赶上。

海军缺乏统一管理，事无定章，权不专属。池仲祐在《七省海军议》中说，中国海军历时十年而成效不彰，症结在于“事无定章，权不专属，沿海七省，不能一气相通”，这位年轻的官员直击清朝海防建设的要害，只是这样的良言却未曾引起朝廷的注意，令人惋惜。马江海战之时，福建海军孤军奋战，别的几支舰队却隔岸观火，没有出兵援助，致使福建海军几乎全军覆没。后来成立的总理海军事务衙门，也因当朝统治者的私心，丝毫没有起到应有的统一管理作用。马江海战时荒唐的行为也出现在了甲午海战中，据 1895 年出版的日本战时杂志《日清战争实记》报道，威海卫水陆营务处提督牛昶昞给日本联合舰队司令长官伊东祐亨写信，请求归还被日军俘获的广东军舰“广丙”，宣称“广丙舰原属广东舰队，今回战争原与广东不干，倘使广东一军全没，殊对广东总督不住，恳阁下俯察细情，将广丙一舰留还程管带，驶回广东，不再干此次战事”。如此荒唐的请求也印证了李鸿章的感慨：“以北洋一隅之力，搏倭人全国之师。”

国民思想因循守旧，缺乏变通。1874 年，英国海军军官寿尔来到中国福州马尾，描写他见到的中国海军学生：“他们面色苍白，身材单薄，十六七岁却不苟言笑，明显缺乏运动，上课能用流利的英语同老师交流，下课只是无聊地晒太阳或四处走走，他们明显缺乏一种精神，与其将他们称作海军军官，还不如将他们放在佛龛里供着。”作为文人，通过科举考试成为官员，才是受人尊敬的，与文人的官阶相比，海军学生感觉自己比文人低一等，对进入海军服役，难以有荣誉感和忠诚感。这也导致许多海军学堂被迫以升官、任职等说法来吸引学生，难以从根本上让许多人主动学习海军技术、发展海防。

2. 日本的角度

日本在明治维新后逐渐走上军国主义的道路。在海军发展上，日本同时运行着两套体系：一方面吸纳外国专家到日本，建立具有先进水平的教学研究机构；另一方面，他们派遣各类学生去海外留学，力求能学到世界上最先进的科学技术。1893 年，明治天皇下令，在未来六年内，每年从内库中拨出 30 万日元，文武官员每月从各自薪俸中交十分之一，作为制造军舰补助之费，其中从内库拨出的 30 万日元超过了皇室经费的十分之一。在不断学习、发展的同时，日本的军国化倾向日益严重，最终发展成全民热战，从而发动对别国的侵略，在给别国带来巨大伤害的同时，也给本国带来了深重的灾难。甲午战争便是日本的一步大棋，通过侵台试水，紧接着与清政府签订条约，不断取得对朝鲜出兵的权力，最后以保护侨民为借口出兵朝鲜，发动战争，并通过甲午战争的胜利获得更大的利益。

日本在甲午战争前蓄谋已久，准备得十分充分，对中国的一切了如指掌。1892 年，《清国通商综览》在日本出版，这是日本人撰写的有关中国的大百科全书，分 2 个编目 12 个部分 155 个章节，例如在商业地理目录下，对中国的位置、面积、人口、人种、疆界、山脉、地势、江河、海岸、岛屿做分条叙述后，又分别介绍了中国 18 个省的情况，其详尽程度令人瞠目。在清朝还没有把自己了解如此详细之时，他们浑然不知一个叫“日清贸易研究所”的间谍培训机构，已经开设了两年，一批日本的年轻人深入国人的日常生活，扮成游学者、商贩、僧人、农民、渔夫、船夫、工役等各种身份的中国人，细细观察、记录、研究这个国家的一切，包括军事。而早在 1880 年，日本参谋本部出版了一本叫《邻邦兵备略》的书，细数中国的军事力量，包括各处将领职务、姓名、籍贯、所辖区域、各官阶人数。1888 年 12 月日本海军情报官关文炳，秘密前往威海卫胶州湾，调查兵备、地理及海岸地形，除此之外，关文炳还发现，山东半岛东南角的荣成湾及其南面的石岛湾与威海卫唇齿相依，认为了解彼此关系才算完成任务，于是自行前往调查。他回国后写成《关于威海卫及荣成湾之意见书》，指出荣成湾是袭击威海卫的最佳登陆地点。1894 年的甲午战争，日军进攻威海卫之时，亦参考了此报告指挥作战。

1910 年东北鼠疫——100 多年前的政府防疫

1910 年 10 月至 1911 年 3 月，在清政府灭亡前的冬季里，东北地区暴发了大规模的鼠疫。尽管清政府不堪一击，但在抗击鼠疫的战场上难得地表现出了大国气概。清政府不仅抗疫成功，在短短的六个月内有效控制住鼠疫，而且拉开了中国“第一次卫生革命”的序幕，奠定了近代中国防疫体系的雏形，其防疫措施有着重大意义。基于此，本文主要阐述 1910 年东北鼠疫时清政府在防疫过程中实施的应对措施，并简要地分析和反思清政府在 1910 年东北鼠疫防控中实施措施的进步性和局限性。

一、东北鼠疫的暴发

(一) 鼠疫的暴发与蔓延

1910 年的东北鼠疫最早从沙俄西伯利亚地区开始传播，1910 年农历九月，在沙俄境内大乌拉站的工棚里发现七位死亡的中国木匠，他们是文献记载的最早一批死于鼠疫的感染者。“工人张万寿者，向在俄境大乌拉站以招工为业。宣统二年九月初，工棚内暴毙七人。俄人闻之知为疫也，焚其棚屋，逐其工人，并将工人所有衣服行李等件，尽行烧毁，以为断绝疫根之计。”

鼠疫逐渐由沙俄境内沿中东铁路向我国境内传播。1910 年 10 月，鼠疫在满洲里出现，后经由满洲里传向哈尔滨，之后鼠疫逐渐蔓延至东北三省乃至北京。

鼠疫的传播速度极快，宣统二年九月初六（1910 年 10 月 8 日）传播至满洲里后，宣统二年十月初七（1910 年 11 月 8 日）就传播到哈尔滨，宣统二年十二月初二（1911 年 1 月 2 日）已经到了奉天（今沈阳），当月，更是在京城发现了死亡病例。鼠疫的传播给东北三省的百姓带来了巨大灾难，《东三省疫事报告书》记载：“军机处钧鉴：窃东三省疫染情形，前经电奏。现在哈尔滨一埠，疫毙者已二千六百余人，蔓延及其附近之双城、长春、新城、宾州、阿城、呼兰、绥化，亦已死一千数百人。以上各地方，每日疫死百余人，或数十人。双城至哈埠之道路间，死亡相继，前颠后仆，惨状殆不忍言。”

此次鼠疫，由 1910 年 10 月在我国境内发现，至 1911 年 3 月在我国被消灭，共历时 6 个月，波及半个中国，死亡 6 万余人。

(二) 鼠疫在我国暴发的原因

鼠疫，属于烈性传染病，曾在中世纪横扫欧洲，导致数千万人死亡，因此被称为“黑死病”。鼠疫由鼠疫杆菌引起，老鼠、旱獭及其他啮齿动物都可能是鼠疫杆菌的宿主。1910 年席卷东北的鼠疫，传染源是旱獭。旱獭俗称土拨鼠，亚洲最常见的旱獭是“蒙古旱獭”，国人俗称“旱獭”，它们生活在中亚地区、蒙古、俄罗斯和乌克兰，以及我国东三省西北部等地区。

时人大肆捕猎旱獭又未能做好消毒等工作是鼠疫暴发的一个重要原因。20 世纪初，世界毛皮市场兴盛。由于旱獭皮经过染色后很像昂贵的黑貂皮，市场上旱獭皮供不应求，捕杀、售卖旱獭成为一个巨大的产业链。1910 年，东北的旱獭皮毛出口量就高达 250 万张，一年之内就可以给清政府创造 310 万两白银的收入。在巨额利益的驱使之下，中俄两国的商人开始雇佣大量的华工捕杀旱獭。这些被雇佣捕杀旱獭的中国苦力多为在“闯关东”移民潮中来到东北的工人，他们没有狩猎经验，对鼠疫闻所未闻，即使是病獭、死獭也一律捕捉，捕猎时直接以旱獭为食。许多猎人挤在简陋客栈里，睡在大通铺炕上，生旱獭皮到处堆积，门窗紧闭，环境十分简陋。

鼠疫在中国之所以能够迅速传播，除其本身的强传染性外，清政府早期的不作为也是原因之一。鼠疫开始传播的前几个月，清政府对疫情置之不理，直到 1910 年 12 月才开始有所行动。同时，鼠疫借铁路交通迅速传播开来，满洲里是俄国铁路进入中国境内的首站，旱獭皮就是通过满洲里口岸出口到俄罗斯，往返于两国的列车使鼠疫的传播范围变得更广、传播速度更快。

对旱獭的大量捕杀、卫生条件和消毒条件的落后与不重视、交通条件的便利（中东铁路通车）和清政府在疫情前期的不作为，都客观上造成了鼠疫在我国境内的暴发。

二、清政府的防疫措施

疫情愈来愈严重，清政府在各个方面开始采取行动，其中在防疫法律法规的制定、具体措施的实行、防疫行政机关的建立以及实行与事态相关的外交政策等几个方面较为突出。

(一) 制定防疫法律法规

清末东北鼠疫防疫工作，是中国历史上第一次具有近代意义的防疫实践。为应对突如其来的鼠疫灾情，清政府进行了大规模的防疫法制建设，直接催生出了中国近代第一部防疫法规——《民政部拟定防疫章程》，为后世防疫法制建设提供了借鉴。

清政府出台了数量众多、类型全面、内容广泛的防疫法规，力图为防疫实践提供法律依据。本次防疫法规建设既从传统文化中汲取养分，又充分利用西方国家的防疫法规资源，以法规形式明确人员隔离、处理病原体、注重公共卫生、灾后救济等相关防疫规则。

清政府在各方面都制定了较为详细的防疫法规，下面就各方面的具体防疫规定进行阐述。

1. 公共卫生防疫规定

本次疫情的大规模暴发，与恶劣的公共卫生环境脱不开干系。

针对疫情的情况，清政府拟定法规，要求住户每天对住宅周围清理打扫，对日用品以及饮食衣物消毒处理；商贩则分类处理，戏园、妓馆、烟楼等娱乐场所限制营业，工厂、商店、客栈等需严加防范，肉铺禁卖不洁鸡鸭鱼肉，水果店禁售腐烂水果；警局亦规定派遣巡警定期检查，筛查人员混杂的市场及暗沟地窟等鼠类经常出没地带，交通要所与人员往来关卡则设置检疫所，对过往行人检疫消毒；病人的衣服、生活用具等，按规定由政府集中统一处理，发生疫情的房屋也多予以烧毁。

2. 居民个人防疫规定

清政府的防疫章程不仅对公共卫生有所要求，也把居民个人卫生纳入公共卫生防疫范畴，并做出相关规定。《天津卫生局紧急告示》[①] 从住所、饮食、捕鼠三方面规范居民，要求居民保持住所卫生清洁，用石灰铺撒潮湿的地方；注意饮食卫生，不饮用未煮熟生水，不食腐烂果蔬与病死牲畜；养猫捕鼠，死鼠不得随意丢弃。《奉天省城警务局关于防疾之告示》[②]《奉省各区防疫规章》[③] 也从以上诸方面，强调居民个人卫生。

3. 行业防疫法规

人群集聚是鼠疫传播的重要因素，防疫工作需要限制人群集聚。然而一些行业的人群集聚在所难免，因此针对人群集聚性行业产业，政府出台了大量行业防疫法规。

针对军队。各地军队在鼠疫蔓延初期就各自设法防范。奉天各镇要求军官“凡营兵所用饮食务须格外干净以重卫生，并饬各营中医官随时调查，以免时疫传染”。新民陆军防疫严格，其统一要求各营单位暂时禁止购买肉食，士兵同样不得擅自出营，并保持营房洁净。1911 年 2 月，陆军部命令军医司制定军人防疫准则，并制定惩罚措施 20 余则，电令各省军队统一执行。

针对官府。官府防疫法则由各官府独立拟定。奉天交涉司的《本司署内防疫简章》共

---

① 天津卫生局紧急告示[N]. 大公报，1910-12-16.

② 奉天省城警务局关于防疾之告示[N]. 盛京时报，1910-12-11（2）.

③ 奉省各区防疫规章[N]. 大公报，1911-02-09.

10条，从垃圾清理、人员出入、清洁消毒、个人卫生等方面设立防疫规范①；吉林交涉司的防疫要求十分严格，在1911年3月疫情大大减退之时，仍要求所属人员执行疫时防控标准；某些官署为防疫起见，暂时停止办公，如奉天省（辽宁省旧称）审判厅、双城衙署等。

针对学校。学校作为人员聚集地，采取各地方政府制定的防疫措施。长春制定防疫办法传示各学堂，重申各通用防范规定；《大公报》则刊登文章，全面介绍学校的防疫办法；在鼠疫流行的地方，很多学堂暂时停课并拖延开学日期，并在开课后仍实行严密防控办法。

针对营业性场所。官方界定了三类“不洁营业”：一为产业本身不干净，如屠宰场、皮毛市场；二为与不干净的人或物接触的地方，如理发店、剧院、澡堂、客栈等；三为临近不干净场所或有不干净的人出入的地方，如菜市场、饭店。上述三类场所均为疫情高发地带，政府从消毒清洁要求、从业人员健康要求、客户健康要求、经营产品卫生要求、疫情流行时期和地区的停业处理五个方面，对其进行了全面规定。颁布规定后，官府切实调查各经营场所的实际执行情况，并对不符合标准的场所严加整改。

4. 规定对疫尸的处理程序及方法

对疫尸的处理，是抑制疫情扩散的重要环节。清政府大力推行火葬措施，但由于火葬与中国传统习俗相冲突，所以实行火葬与深度土葬相结合的疫尸处理方案。同时规范埋葬队，增加专门消毒环节，并做好应急备案。

5. 消毒队执行消毒规则

当局出台《消毒队服务原则》，详细规定消毒队工作职责、消毒方法等；使用强制的手段，实行消毒措施。消毒队每天必须定期执勤，执勤时应保持与居民的积极沟通。消毒人员应具备消毒常识，对工作敬业认真，同时也要负责向群众普及消毒知识。《消毒队服务原则》详细介绍了焚烧、蒸汽、煮沸、药物等不同的消毒方法与其适用范围，体现了当时防疫工作的科学性。各地区还对消毒队人员进行培训，吉林巡警学生实地练习卫生消毒法，长春则特聘日医为中国消毒员讲解消毒常识。

（二）建立防疫善后制度

1. 防止疫情复发的善后规定

在疫情得到控制后，清政府总结经验教训，征集防疫善后措施，防止疫情再度暴发。东三省总督锡良提出，要各级行政单位设置一处防疫隔离所，未来疫情若复发则能及时得到控制；每处警署设立至少8人的消毒队，消毒队人员应具备消毒防疫经验，每支消毒队配备消毒喷雾器以及消毒药品若干；各地官府组织人员进行宣讲，为民众及巡警普及防疫

① 奉天交涉司全宗：JB16—3287号[A]. 辽宁省档案馆馆藏档案.

知识。吉林省防疫总局在扑灭疫情后，留设诸多防疫相关机构，省城设立卫生局，各地区设立医学堂，保留检疫、诊疫机关，并长期保留收留所。

2. 疫亡者遗产处理规定

此次疫情使人们充分意识到灾难死亡人口的遗产处理规定应制度化、规范化，否则灾难发生后将会措手不及，因此政府开始着手制定疫亡者财产处理规定。吉林省防疫总局出台相关章程，明确规定疫亡人财产处理办法，其中包含财产清查、财产继承、监督管理等诸多方面。

3. 疫情损失赔偿规定

开展防疫工作，不可避免地会让部分百姓遭受损失，后期对积极配合防疫工作而遭受损失的居民予以补偿，成为清政府善后处理的重要工作。

许多地方出于防疫需要而弃置、烧毁的房子，清政府予以房主一定的经济补偿，补偿金额等于或超出原房价。同时清政府着手结算征用民房的租金并逐步发放。对于因防疫而损失的物品，清政府给予原价赔偿，或者提供等价物。

4. 灾民安置与救济规定

疫病使大量家庭破产、百姓流亡，对疫区灾民的安置和救济是必不可少的，各地方政府对其辖区灾民都做出相关救济规定，构成了当时的救济制度。奉天采取的救济方法有：政府分发柴米，建立灾民安置点，为灾民发放身份证明，灾民可凭证明领取生活必需品，每户人家按月发放救济银等；吉林在省城设立庇寒所，收容流民，发放衣物食物，在庇寒所裁撤后引导灾民就业；黑龙江对因疫归国华侨，规定29条具体方法，安置大批由俄归国华侨，但因经费不足，无法解决回国人员生存问题。

(三) 疫情信息的收集和公开

疫情信息的收集和通报，在防疫工作中起到重要作用。只有收集到真实可靠的疫情信息，才能保证防疫工作的顺利开展。这项工作是通过疫情报告来实现的，疫情报告包括下级防疫组织对上级的报告，以及任何个人对防疫组织的报告两方面。

官府高度重视信息收集，信息的收集通常由自下而上的报告来实现。奉天警务署命令各区查明感染者信息，将“治愈若干、住址门牌、姓名或由中医西医以及服何项药物”详细调查后呈报。长春各署及防疫局奉命清查该地鼠疫“自何日发生，至何日盛行，何日轻减，何日息灭，所死人数多少，死者以何等人为最多，逐一详细具报”①。官府对呈报信息的准确度有较高要求，磐石县（今磐石市）发生了呈报给不同上司单位死亡人数不同的事故，上级立刻要求彻查发生原因与真实数据，并追究县令责任。官方信息收集还与民间报

---

① 传饬各区调查染疫者之有无治愈[N]. 盛京时报，1911-03-22 (5).

告相结合，个体对防疫组织进行报告，任何人发现患者都有向政府报告的义务。

官府在收集信息的同时还通过报纸向外公开疫情信息，《盛京时报》发布哈尔滨患病人数的消息，之后更开辟专栏《新疫报告》逐日刊登死者的详细信息。官方对外进行信息报告，增加了防疫工作的透明度，对疫情报告制度同样是一种监督促进。

(四) 筹集抗疫资金

清末东北鼠疫使清政府本就脆弱的财政雪上加霜，为了弥补防疫经费的空缺，清政府采取多种措施筹措经费。

1. 中央政府划拨防疫经费

中央财政支出防疫经费是早期防疫款项的主要来源。疫情发生之初，负责清政府财政的载泽便高度重视，面对地方财政捉襟见肘，急需中央财政支持的情形，他致电时任东三省总督锡良，划拨现银 10 万两急用。当时清政府实际统治者摄政王载沣后续拨款白银 15 万两，后又因疫情传播蔓延，再次拨款白银 20 万两。针对清政府统治核心地带的京师，中央政府在疫情发生后一次性拨款 10 万两，后续持续拨款，支持疫情防控。

2. 关税款账目下划拨经费

由于中央政府财力有限，且现银周转烦琐漫长，清政府允许各地方关税系统截留关税用以灭灾防疫。东三省总督锡良奏请动用大连关税银 15 万两，后又动用多地税银，以设立灾民收容所、疫情检测站。旱獭贸易是疫情成因，满洲里疫情大暴发后，胪滨府张鹤岩太守申请从呼伦贝尔税局旱獭税下征集 1 000 万卢布防疫款项。

无独有偶，远离疫情中心的地区政府也深感财政紧张，通过截留款项的方式筹措防疫经费。直隶总督陈制军申请津海关关税下拨 10 万两用以防控，上海作为商业中心、贸易重镇，八方求助，动用江海关税银、镇江关洋税、金陵关洋税共计 15 万两。

地方政府动用关税，满足了大量建设性项目的财政需求，关税款项成为清政府防疫资金的重要来源，但疫情造成的交通、贸易停摆使得税源锐减，清政府在疫情中后期面临无税可收的窘境，税款防疫解决了一时之需，但无法作为疫情经费的治本之策。

3. 银行贷款筹资

中央政府财力不足以应对难关，各地区关税又消耗殆尽，而清政府的疫情防控经费仍面临巨大缺口，无奈之下清政府选择向中外银行、钱庄贷款筹资。锡良向中央政府请求再度拨款 30 万两无果后，转向银行借款。他先向本国大清、交通两银行借款 30 万两，后又向外国道胜、正金两银行借款 60 万两，最大一笔借款来自四国银行团，高达一千万英镑的借款以东三省各项税收为抵押。银行借款作为疫情防控后期的主要资金来源，极大地缓解了财政压力，促进了疫情善后工作有序开展，为灾后重建注入资金，促进了灾后产业复苏、经济重回正轨。

4. 吸纳民间募捐

疫情发生后，通过清政府官方组织的形式，民间力量也贡献出数额可观的防疫捐款，为清政府疫情防控提供了宝贵的资金援助。

民间募捐涵盖面广泛，人数众多。全国各地官员响应捐款号召，苏抚程中丞捐款三千金；疫区官员在捐助现金的同时，也多捐助药品、防疫手册等实物。商贾士绅也解囊相助。

各外国势力出于各种目的，也对华捐款援助。鼠疫肆虐，危及在华外国人生命财产安全，同时也危害列强在华既得利益及对华进出口贸易，因此列强在对华疫情援助方面也表现积极。但也不可忽视一些国际友人的人道主义精神，如美国红十字会在对上海调查后将物资迅速送往疫区，在华因疫殉职英医查克逊之母将逝子抚恤金捐出并用于奉天省疫情防控等。

(五) 推动习俗改良

东北鼠疫的迅速蔓延，与中国人封建落后的社会陋习紧密相关，如面对疫病不遵守科学防控规定，迷信灵药鬼神，拒绝就医隔离；视春节返乡过年为必须，不顾疫情期间的封锁隔离措施；传统的殡葬风俗，对火化的极度抗拒，大葬、停尸、祭奠的送葬方法，阻碍了疫情防控，加剧了疫情传播。一场社会风俗改良运动迫在眉睫。

1. 火葬的推行

中国封建社会传承数千年的土葬传统导致瘟疫进一步扩散，给防疫工作带来严峻挑战，火葬习俗的强制实施势在必行。哈尔滨作为疫情重灾区，以伍连德为代表的医疗团队致电当局，要求当地数千具尸体一律火化。东三省总督锡良致电各部，要求把火化作为疫情防控的统一措施，在全东北境内强制推行。在长春，政府修建大量火葬场，集中火化尸体，以防遗留；黑龙江防疫会自成立后，着手搜集野外抛弃的无主尸体进行火化，并在验疫所修建化尸场。火葬风俗的推行，主要依靠政府的强制实施，但客观上对习惯于土葬的中国人起到了移风易俗的作用。

2. 规范饮食和卫生习惯

各地区运用多种多样的措施，规范饮食和卫生习惯。吉林省在各检疫关口发放消毒药水，见人就消毒；铁岭屠宰行业出台规定，每日对屠宰场、肉铺杀菌消毒，动物内脏必须装在专用储存箱内，不得暴露在外；天津卫生局出台 10 条预防措施①，包含喝开水，吃熟食，注意生活卫生等；北京建立严格罚款制度，惩罚随地大小便等破坏公共卫生的个人；在黑龙江，防疫会与巡警共同挨户清查房屋，勒令不洁之家及时打扫清理。

---

① 病疫者之调查[N]. 盛京时报，1910-10-15 (5).

(六) 防疫机构的建立

鼠疫于1910年10月在满洲里被发现后，清政府逐渐开始在原有的民政部和地方行政机关的基础上，设立从中央到地方的防疫行政机构；同时增设了众多的隔离所、医院等机构。

1. 防疫行政机构的建立

1911年1月12日，北京出现了第一例鼠疫死者，这引发了清政府对防疫工作的高度重视，清政府开始派人对京师的防疫工作进行安排。除原有的掌管卫生的民政部之外，清政府先是设立了中央卫生会，希望通过改善环境卫生来抑制鼠疫的蔓延。在由汪荣宝等人草拟了《京师临时防疫局章程》之后，清政府又于1911年1月28日设立京师临时防疫局，它“归民政部监督，掌握内外城，预防鼠疫事务”，“专司检菌、捕鼠、诊断、检验、清洁、消毒、注射等”。这些防疫机关的建立为后来鼠疫能够在两个月内在京城消失做出了贡献，并于万国鼠疫研究会后由临时机构转为常驻机构。

东北三省各省也都建立了地方防疫行政机关。每个省的防疫机关都分为对全省防疫工作进行指挥的机关和负责具体地区的其他防疫机关。如吉林省的防疫总局，奉天省的奉天防疫会，黑龙江省的全省防疫总会，它们都是全省抗疫工作的总指挥处，相当于今天的各省卫健委。其他机关则负责省内具体地区的抗疫工作，如奉天省的奉天防疫事务所，负责的是省城的防疫工作；哈尔滨防疫局由伍连德牵头，负责哈尔滨城内的防疫事宜。从省、府到最低级的县都有分设的防疫机关，它们“为总局之一机体”。

2. 其他机构的建立

除了建立从中央到地方的行政机构之外，中央和地方政府还出资建立了众多的医院、诊所、隔离所、防疫执行处、避寒所、救济队、消毒队等。吉林防疫总局成立后，地方当局就在哈尔滨、牛庄等8处设立了防疫处和防疫医院；在京城各处也设置了消毒队、隔离所、检疫处等。

(七) 从外交渠道寻求国际合作

1. 寻求国际合作的必要性

1910年秋冬之交，疫情从中俄边境逐渐向南传播至哈尔滨、长春、鸡西等地，席卷了整个东三省。东三省地理位置特殊，北邻沙俄，东至朝鲜，与日本跨海相望；而且疫情的重灾区哈尔滨居住着来自30多个国家的上万名侨民，还有19个国家的大使馆设立于此。因此，要想有效控制住鼠疫的肆虐与蔓延，清政府必须在外交方面有所作为。

1910年12月，距离最初出现病例已经过去将近两个月，面对愈发难以遏制的防疫形势，公共卫生系统落后的清政府难以遏制疫情的发展，但当清外务部右丞施肇基听说日俄希望主持东三省防疫工作时，清政府拒绝了日俄两国的提议。因为这并不只是将公共卫生事务托于他国，更重要的是与之相关的交通、贸易、行政等权力的转让，这将严重削弱清政府对东三省地区的管控；在晚清国力日益衰竭的背景下，此时让出主权，很可能再也无法收回，而且东北被视作清朝的“龙兴之地”，清政府自然不会轻易让出主权。

2. 外交方面的具体举措

聘请伍连德为防疫总医官。清政府拒绝了日俄的提议后，施肇基着手寻找合适的抗疫人选，多次遭到拒绝。之后，曾经在海外留学、对传染病防控有一定经验的伍连德答应了他的请求，前往哈尔滨。伍连德被清政府任命为钦差大臣和东三省鼠疫防治全权总医官，后来也因防治有功被提名诺贝尔奖。为了与日本、俄国合作遏制疫情，他着手创建了东三省防疫事务总处。北部疫情扩散后，伍连德同日本军队和中东铁路局的官员等合作抗疫。

聘请外医。东三省地方政府纷纷聘请外国医生进行防疫工作。如清政府民政部先后委派来自法国的北洋医学堂梅耶士、北洋医学堂医官全君等多名著名医学专家前往疫情重灾区哈尔滨辅助完成抗疫工作。在国际关系紧张的局势下，清政府聘用外医的举措在缓和关系、协力抗疫方面发挥了积极作用。据当时《申报》报道，吉长道尹蔡运升在建设防疫机关时占用了“日本势力极大”的地带，引发了日本势力的不满，蔡运升请日本医生相助，缓解了这场争端，使得抗疫工作能够有序进行。

召开国际会议。为了更好地抗疫，清政府还同日俄等国召开会议，共同商讨抗疫方案。1910 年末，防治传染病的国际委员会成立，委员为各国领事、清朝官员等。由此至次年 5 月期间，该委员会先后举办了将近 20 场大会。其中最为著名、国际影响力最大的一次会议，是 1911 年 4 月召开的万国鼠疫研究会。参与会议的有以防役大巨施肇基为代表的一批清政府官员、日俄外务人员以及各国医学专家。这次会议采用汉语、英语、俄语、法语等多种语言，总结出了《奉天国际鼠疫会议报告》。会议探讨了鼠疫的病因、症状、防疫措施等，整理归纳了清政府在防治鼠疫时的经验与教训，各国专家共同总结出一系列防治鼠疫的举措，为后世恶性传染病的防治提供了范例，各国医学界、政界、商界的代表一起商讨防疫方案，加强了各相关国家在抗疫活动方面的协同性。在与会各方的共同努力下，会议取得了较好的成效。

限制交通。由于疫情重灾区哈尔滨是一个人口密集、铁路四通八达、人员流动性大的重要城市；而且疫情暴发正赶上农历新年前的一段时间，东北地区大量“闯关东”的人口将会迁回关内过年，因此加强铁路交通的管制对防止疫情扩散尤其重要。由于近代以来列强通过不平等条约侵占对铁路的控制权，东北地区的铁路大多被俄国、日本控制，清政府决定与两国就铁路问题进行合作。在万国鼠疫研究会上，经与会国商讨决定限制交通。“由马日起满海间火车停售三等客票，一二等车非经医官验过发照，仍不卖票”，同时在水路交通方面，清政府也派出医生对船只上的船员进行检查。

与各国商讨抗疫费用。在抗疫费用方面，经过和与会各国商讨后，清政府决定用海关进出口贸易税收支付收治传染病患的医院的日常运营开支。但由于当时中国海关税因种种不平等条约已被抵押作为赔款，海关的税务受外国官员操控。经商定，列强同意在海关税中拨出一部分作为抗疫开支，但前提是需要先偿还战争赔款。由此看来，在当时的历史背景下，清政府抗疫举措的实施受到了赔款造成的经费限制，一定程度上对抗疫产生了不利的影响。列强同意清政府用海关税费进行抗疫建设，也是考虑到本国侨民的安危和占领地区的稳定。

三、清政府防疫措施的积极意义

在应对1910—1911年东北鼠疫的过程中，清政府采取的各项防疫措施，都有其积极意义。下面将结合第二部分简要分析清政府防疫措施的积极意义。

（一）法律法规的制定

在疫情期间，清政府从各个方面制定了与防疫工作相关的法律法规，数量众多，仅哈尔滨地区就实施了30部以上的法律法规；且这些法律法规分类较细，内容较为全面，如哈尔滨地区执行的法律法规中，包含有卫生行政方面的《民政部拟定防疫章程》《吉林全省防疫总局章程》等，防疫治疫方面的《消毒规则》《检疫规则》，奖惩条例方面的《为疫捐躯者之报酬》《民政部饬下扑鼠令》《札设医官出勤簿》《检疫规则附后罚则》，还有善后章程等方面的内容。这些法律法规的出台为防疫的工作指定了方向，为疫情的防控做出了贡献。值得一提的是，民政部借鉴日本防疫章程出台的《民政部拟定防疫章程》，是中国近代第一部全国性防疫法规。这些法律法规的出台也为后世的防疫法制建设提供了经验和参考。

（二）防疫机构的建立

清政府出资建立了京师和各省的防疫行政机构，并在这些机构下建立分所。这些机构对全省的防疫工作进行指挥，负责颁布规章制度，监督各地方分局和其他机构做好防疫工作，收集各地的疫情相关信息并进行上报、公开，它们是整个省或城市抗疫工作的中枢。

除此之外，中央和各地方政府还出资在各地建立了许多医院、诊所、隔离所等机构，毫无疑问，对疫情的扩散起到了抑制作用。

（三）寻求广泛帮助

政府花费重金聘请专业人才指导鼠疫工作。清政府联系各国专家，最终伍连德同意前往东北指导抗疫工作，并于1910年12月前往重灾区吉林进行实地考察。他的到来是鼠疫能够在六个月之内在我国境内消失殆尽的关键因素之一。清政府广泛聘请外医，他们在缓和关系和协助抗疫上起到了相当重要的作用。

清政府注重国际合作和交流，并从中收获经验。1911 年 4 月，清政府和各国召开了万国鼠疫研究会，各国分享交流了防治鼠疫的经验，此后清政府将原本的京师防疫局、吉林防疫总局等由临时机构变为常设机构，并且将许多临时章程变为正式法律。因此当 1920 年东北再度暴发鼠疫时，这些机构再次发挥了作用，这些法律条文再次为抗疫者提供参考。

此外，清政府经过与他国沟通，对国与国之间的交通加以限制，与列强就抗疫费用一事进行商讨，也对抗疫工作有着较大的贡献。

四、清政府防疫措施的局限性

清政府在采取防疫措施上既有其进步性，也有其局限性，下面将对其局限性进行简要分析。

（一）鼠疫流行初期，清政府没有对疫情的蔓延加以重视

鼠疫一开始在东北地区暴发，由于缺乏经验，清政府并没有对这次鼠疫予以重视。在出现病例的前几个月内，清政府并没有采取措施，商讨解决方案，而是听之任之，只有一些地方官员将病号隔离，补给丧葬费；仅于 1910 年 12 月派遣了伍连德前往吉林进行疫情考察。一直到 1911 年 1 月，鼠疫沿着铁路逐渐蔓延到了关内，北京已经出现了第一例病例，清政府才开始对疫情加以重视。可以说，政府在初期的不重视在一定程度上导致了鼠疫迅速大面积蔓延。

（二）由于资金短缺、物资匮乏，清政府对每个方面的干预都不深入

疫情初期，各地的防疫经费由政府划拨，但是到中期后，清政府的财政力量严重不足，又因为疫情原因无法收取关税，地方政府开始向各中外银行借钱。由于资金的短缺和物资的匮乏，清政府制定的各项法规、制度并未实施到位。比如清政府下令建立各级防疫机关、隔离所以及对受害民众进行社会救济，但实际实施时却有心无力。

（三）没有应对鼠疫的实践经验，清政府在开始重视疫情后一段时间内无法拿出可行的措施

1911 年 1 月 12 日在北京出现第一例病例之后，清政府开始重视疫情的防控，开始安排京师防疫事务，但由于缺乏应对类似疫情的经验，一直到 1 月底，防疫事务的展开还是极为不顺利，直到《民政部拟定防疫章程》出台，防疫工作才有所进展。可以说清政府决策速度的缓慢和防疫经验的缺乏造成了很大的损失。

(四) 清政府在借鉴他国实践经验时产生了诸多问题

民政部借鉴他国实践经验撰写了《民政部拟定防疫章程》，虽然这个章程有应急的作用，也在一定程度上帮助清政府度过危机，但由于没有实际经验，即使是有国外留学经验的人才也只能将措施停留在制度层面，而且其中很多内容都没有结合中国当时的实际情况，许多借鉴的规定显得冗杂，不符合本土的实际情况。且在章程制定后许多条文未能加以实行，许多规定只是“一纸空文”而已，或在危机稍缓解的时候就被舍弃。

(五) 疫情信息科普不足和不及时

清政府对疫情信息的科普是较为不足、不及时的。即使后期各大报纸补足了这个缺陷，也仍然造成了一些负面的影响。清政府未对民众进行广泛的抗疫措施的科普，只是“严令”，而没有“解释”。当时中国民众普遍缺乏医疗常识，不知道“隔离”是什么，以为送进隔离所是要被解剖，由此产生了巨大恐慌。此外，要抑制疫情的传播，较为关键的一点就是疫尸的处理。清末民众将土葬视作传统的安葬方式，因此清政府制定的一系列火葬的制度引起了群众的不满，史料中甚至记载有死者亲属将即将火化的疫尸带回家安葬，导致被鼠疫传染。春节大量人员大面积流动，使疫情进一步扩散。清政府急于控制疫情，在出台数量众多、与传统观念不相符的制度的同时，不重视疫情信息的科普，引发了民众的抵触情绪，对疫情的防控工作有所阻碍。

(六) 部分疫区情况信息失真，传递信息不及时

疫情期间汇报工作方面，地方官员为了保住自身官职而隐瞒不报，导致疫情延误的情况时有发生。同时由于交通封锁，地方向中央传递信息的效率大大降低，中央也很难对地方抗疫做出指挥、指导。很多时候地方官员只能自行做出判断，疫区的情况也无法及时上报。信息的失真和传递消息效率的低下，给抗疫行动造成了不小的困难。

总而言之，清政府在采取防疫措施上确实存在着诸多局限性，给抗疫工作也带来很大困难。为了克服这些困难，民间也采取了许多补救性的措施，如积极捐款、筹建医院、积极宣传防疫知识、志愿帮助防疫前线工作等，较为有效地弥补了清政府工作中的不足，在此不做赘述。

实践心得

心得一

开展本次调查研究时，国内正处于全面阻击新冠疫情期间，之所以选择1910—1911年

东三省鼠疫问题进行研究，主要是：一为呼应当时新冠疫情热点问题；二为探索社会变革时期，社会对大型灾难的应急反应；三为纵向对比古今两次疫情，体会社会发展与时代进步。通过这次对东北鼠疫的研究，我对晚清传染病防治的历史有了一定了解，感受到传染病防治的不易和当时中华民族面临内忧外患仍合力抗疫的信念。

在研究过程中我也总结出一些研究历史问题的普遍方法，如：将问题放入时代背景、世界格局中探讨；结合地理学、生物学等其他学科的知识探讨；以科学的历史观为指导；注意搜寻整理不同角度的史料作为依据等。正如钱穆先生所说，如果历史脱离了我们生活的现实，那么一些史实都将是毫无意义的。虽世殊时异，然人心一也。历史虽然不会重复出现，但其中蕴含的道理却能对后世有所启发。在应对东北鼠疫的过程中，伍连德不怕牺牲，临危受命，科学严谨，敢于担当，学习他的抗疫精神有助于我们在疫情防控中贡献力量；清政府的各项防疫措施以及经验教训也能对今天的防疫工作有所启发。

在了解东北鼠疫的相关资料后，我深深为中国一百多年来的全面进步而骄傲。在1910年，乡土心理、安葬习俗等阻碍了防疫工作的进行，物资问题也阻碍了防疫。那个时候没有口罩的概念，也没有隔离的概念；在今天的新冠疫情防控中，我们有足够的设备与物资，保障防疫工作科学、高效、有序、平稳进行。

心得二

我其实在这次研究之前就了解过东北鼠疫的一些信息，因此选择这个题目作为实践主题。鼠疫可以说是比较深远地改变、影响了人类的历史。我们都知道在中世纪，欧洲暴发了大规模的鼠疫，这次鼠疫大大削减了教会在人们心中的威望，甚至可以说为后来文艺复兴的开始做了铺垫。鼠疫发生在世界各地，1910年在东北暴发的鼠疫也有其深远的历史意义。在这场防疫战争中，清政府第一次直面了这样大规模、高死亡率的疫情，交出了较好的答卷——让鼠疫在六个月内从我国消失，同时也给后来的抗疫活动积累了经验，比如1920年东北再次暴发鼠疫，1911年保留的吉林防疫总局等机关就再次发挥了用处。我想这样的历史是很值得研究的，因为我们在当前的疫情防控中仍会遇到类似的情形。例如新冠疫情中火葬的全面推行、政府的抗疫组织、医生的前线支援、人民的齐心抗疫，和那场东北鼠疫多少有些相似之处。了解这样的历史，我们就能更好地了解现在，认识世界，看到人类的、民族的进步，看到人类对历史的反思。在这一次的实践中，我作为组长，和另外6位组员一起合作、讨论。每个同学在这一次的实践中都很努力，也很辛苦，我相信我和我的组员们通过这一次的实践都能收获很多。我也更好地认识了这段历史，自己的沟通能力和协调能力也有所提升。总而言之，这是一次很有意义的实践活动。

太平天国统治下的南京[①]

——从社会经济、文化教育、外交政策以及治安管理角度的考察

太平天国是农民政权，也是旧式农民战争的最高峰。1853 年，太平天国定都南京后，清军尾随而至，展开围剿。以南京为中心的南部中国成为双方争斗的主要地区。为应对危机，太平天国在南京实行战时军事体制，并采取各种措施，巩固了新生政权。但天京事变后，随着清军加强围困，南京逐渐陷入混乱无序状态，太平天国危机日益加深。太平天国的统治对南京的社会经济、文化教育、外交政策以及治安管理等方面产生巨大影响。

一、太平天国统治下南京的社会经济

太平军占领前的南京不同于以政治为中心的城市，而是当时的八大工商业城市之一，工商业十分繁荣。南京缎业发达，销往全国各地，年产值可达白银一千二百万两以上。为此，清政府特设官员管理缎业。丝织业的发达带动了其他有关工商业的发展，例如纺织工具的铁作、木作和竹作，以及用来包装绸缎成品的纸业也得以发展。随着工商业的发展，各地商人云集南京，一方面促进文化交流，丰富了城市文化的内涵；另一方面，商人之间的激烈竞争也促使商人的商业意识增强。同时，城市商品经济的发展也推动了民众消费意识的变化，使人们对市场的依赖性增大。地方志载：“金陵人家素无三日之储，故每晨必有市。”

1853 年 3 月，太平天国定都南京，随即改名为“天京”。定都后，太平天国开始大兴土木，修建天朝宫殿、东王府等。杨秀清几易住宅，有人估计东王府“周围几及十里”。大规模修建诸王府和宫殿，必然使原来的建筑和城市格局遭到破坏。太平天国在实行军事化管理、取消家庭组织的同时，废除商业，推行圣库制度，规定作为战利品的一切金银财物全都归缴圣库。圣库制度是太平天国创立的第一个经济制度。它的产生既与洪秀全的理想有关，也与战争的形势有关。除总圣库以外，还有专门存放粮米、绸缎、布匹、油盐等

① 1853 年，太平军攻克江宁，易名为天京，定为首都。本文为便于理解，称“南京”。

的货栈。另外也设置了各类工艺组织，统一生产各种物资。关于实物的分配，太平天国规定全体军民的生活物品全部由圣库统一供应，从而废除了私有财产，取消了一切私营工商业活动。

太平天国也对民众进行了严格的思想控制，定都后就掀起了一场规模巨大的焚禁古书运动。焚禁一切孔孟诸子百家书籍，抛在厕所里，用火烧，用水浇，读者、买卖者一同问斩。在这样的状况下，太平天国是很难招揽那些深受儒学浸染的知识分子的。而南京的古籍经典在这次运动中遭到了大面积甚至是毁灭性的破坏。为了推崇上帝形象，且要确立上帝独尊的局面，太平天国进行了毁灭偶像运动，焚烧、拆除庙宇。同时，太平天国通过拆庙获取大量建材，用以修建、扩建府邸。太平天国将烟酒、娼赌视为恶习，严禁军民染指。在头发衣服方面，太平天国禁止剃发，同时禁止男子戴毡帽，女子穿裙。禁止穿裙这一举措的主要目的和禁止裹脚是类似的，都是让女子更方便地从事劳动。在历法方面，太平天国废除旧历，颁行天历，而且强制推行。许多天历的时令节日和传统旧历的时令节日在时间上不一致，这给民众带来了极大的不便。

南京人口一直处于流动状态，人口总数时有变化，包括军队的调进调出，因各种原因死亡者、外逃者、外地人口迁入者，两相抵消，南京人口总体上呈递减趋势，大体每半年递减四五万人。民心不稳，出逃人数多于从外地补充入城的人数，是造成这种现象的主要原因。天京事变使人口进一步减少，先是导致两万多将士丧生，后来翼王石达开负气出走又带走不少精锐。这场内讧的影响是全局性的，使太平天国元气大伤，旧的领导中枢宣告解体，军事上日趋被动。

虽然人口锐减，但由于商业停顿以及两极分化加剧、圣库制度形同虚设，缺粮问题并未缓解；太平天国严判上下尊卑，圣库制度也不例外，它虽然规定全体军民的生活物品一律由圣库供应，但人们在具体待遇上并不相同，而是按照身份、资历有所区分。及至湘军围城、粮道逐渐被切断，则陷入断粮危机。为应对粮荒，洪秀全率先食野草团，号召军民仿效。忠王李秀成体恤下情，特意放大批百姓出城逃生。其实城中一些王府仍藏有大量粮食，但统治者们各怀私念，不愿充饷。据《李秀成自述》记载，城破前夕，城内不过三万人，除居民外，太平军仅万余人，能守城者三四千人，已是强弩之末。

定都初期，太平天国对南京实行了有效掌控，社会秩序相对安定，一切较有章法。但以天京事变为转折点，南京每况愈下，人口萎缩，物资匮乏，粮食紧张，贫富不均，纪律松弛，环境恶化，一切显得暮气沉沉。当然，这种局面的形成有其客观因素。当时南京处于战争状态，一直处在清军的封锁围困之中，实际上已变成一座军营，这与和平时期对城市的治理不能相提并论。但是，太平天国在南京定都后的 11 年中，南京的社会状况却日益恶化，这与太平天国措施失当不无关系。例如，太平天国始终在南京推行禁商政策，其物资供应主要依赖京外据点，一旦局势恶化，极易导致粮饷短缺，局面失控。再如，在烽火连天、强敌环伺的背景下，太平天国领导层一直不间歇地大兴土木，修建王府，其费用完全不属于正常的军需，无形中加重了人民的负担。至于一些高级将领大肆敛财，骄奢淫逸，漠视民生，其负面影响更是不言而喻。此外，在激进文化政策的驱使下，太平天国在建都初期掀起了一场狂飙式的查禁古书运动，致使南京无数的珍贵图书典籍毁于一旦；而大规模的毁灭偶像之举，又使南京的名胜古迹遭到了毁灭性的破坏。总体上说，太平天国对南京的治理是失败的。现今人们通常描述南京是“千年古城，十朝京畿”，所谓“十朝”便包括太平天国在内。事实上，太平天国在南京建都主要具有一种政治层面的象征意义，单就城市发展而论，太平天国治理南京的 11 年可谓建设不足，破坏有余。

二、太平天国统治下南京的文化教育

（一）太平天国首义六王文化背景

洪秀全生于耕读世家，7 岁起在村中书塾上学，熟读四书五经及其他一些古籍，然而三次都在童生试中的广州院试失败落选，第三次在广州落选时他已经 25 岁了，受此打击，他回家后便重病了一场，一度昏迷。在 6 年后的 1843 年春天，他再次参加了广州院试，结果还是以落选告终。一个受传统文化教育的读书人，在多次尝试之后依旧没法走上仕途，于是一气之下抛开了孔孟之书，不再做一名儒生，转而投向基督教的怀抱。

其他首义五王要么完全没有上过私塾，要么和洪秀全一样，都是落魄书生。于是在整个太平天国的高层都有一种默契，就是不重用读书人。忠王李秀成更是直接在供词中指出“天王不用读书人”。当然，原本就没有文化的杨秀清更甚。所以我们不难发现，在整个太平天国运动中，有文化的人很少加入。

（二）太平天国时期文化的特点

教育充满宗教色彩。太平天国具有浓厚的宗教色彩。其宗教以独尊上帝为中心，后世学者称之为上帝教或拜上帝教。上帝教是洪秀全在接触了西方基督教以后创立的。

反儒转向容儒。太平天国起义后，采取了坚决反儒政策，宣布孔孟之书都是“妖书”，要“一概毁化”。在这种方针下，凡太平军所到之处，便毁掉孔庙、圣物，推倒孔子像及“从祀木主”，一些寺院、学宫，甚至书院也全都拆毁，将四书、五经、朱子全集等皆付之一炬，出现了“敢将孔孟横称妖，经史文章尽日烧”的局面。1853 年，太平天国定都南京后，由坚决反儒的政策，变为改造的政策，他们曾改定四书五经，删鬼神祭祀吉礼之类，将一切鬼话、怪话、妖话、邪话一概删除。对孔孟的书，也认为不必废，其中亦有很多内容合乎天性道理。太平天国由反儒向容儒转变是必然的。首先，太平天国的革命目标是铲除"清妖"，并未明确提出废除封建制度，因此不能够从与封建制度的关系上来否定儒学。它反孔的目的在于剥夺孔子文化权威和精神偶像的地位，以确立"拜上帝教"中"上帝"的唯一至尊地位，这决定了它反孔是形式上的而非实质上的。其次，儒家文化作为中国封建社会的主流文化和教育的核心内容，有几千年的发展历史，已深入人们的内心和社会生活的不同层面，不是简单的禁止和焚书所能摧毁的。

（三）太平天国运动在南京教育上的作为及影响分析

1853年太平天国定都南京后由洪秀全颁布的《天朝田亩制度》，是太平天国的纲领性文件，其中关于文化教育方面的政策则明确提出了对辖区内的儿童和成年人不分男女、不分长幼进行普遍的、平等的政治教育、宗教教育和社会教育。

重视女子教育。太平天国在一定程度上实施了男女平等的教育，使女子走出家庭到学校接受教育，而且给了女子许多的权利和自由。太平天国开女科考试；《天朝田亩制度》规定了女性与男性有同等到礼拜堂"讲听道理"的"女学"权利。

实施平等的儿童教育政策。在京城天京设立书院，专门教育儿童；在各地开办义学；在太平天国各级官员中推行"带徒弟"的教育措施。

在太平天国内，受教育的对象是全民性的，凡天国平民，不论男女，不分年龄，不分民族，都享有平等的受教育权利。虽然太平天国的平等教育缺乏系统性，粗糙而不完善，但它却富于民主和革命的精神，它充分地反映了广大农民反对封建特权、追求平等平均的愿望。

（四）太平天国运动对科举制度的改革及其影响

由于参加科举考试的人有严格的出身限制，所以在表面的平等竞争之下掩盖着事实上的不平等。太平天国把一些限制掩盖取消，"不论门第出身"，不分本地流寓，一律准予考试。太平天国对考试内容、对象作了重大改革。在考试内容上，废除从四书、五经出题，而根据太平天国所颁布的《旧遗诏圣书》、《新遗诏圣书》和《真命诏旨书》，并突出"策论"，以选择能经邦济世的人才。在考试对象上，废除门第、出身、籍贯等方面的限制，"无虑布衣、绅士、倡优、隶卒"，均准许应考。特别是1853年还曾开设女科，专门选拔女子人才，突破了中国古代科举考试对女性的限制。

太平天国科举制度考试改革，不仅为自身争取到一批人才，有利于自身政权的巩固，而且对于清政府的科举制度也产生了一定的影响。太平天国的科举制度是在战争中逐渐形成的，是和它的人才政策紧密结合在一起的，是太平天国人才选拔机制的重要组成部分。通过举行科举考试，太平天国确实网罗了一批人才。清政府对太平天国的改革也不能无动于衷。太平天国的学校教育内容有军事教育、各种手工技术教育等，避免了学校重新沦为科举的附庸的命运，为以后清廷废除科举、广兴学堂提供了借鉴。同时迫使清政府在收复的曾被太平军攻克的地方，也增加了科举考试的次数，扩大了录取名额的比例和数量。

三、太平天国统治下南京的外交政策

(一) 以同拜上帝为兄弟

太平天国领导人对外国侵略者的本质缺乏认识。他们没有看透外国侵略者的险恶用心，而将他们当作亲爱的朋友，“视天下为一家”。由于类似的宗教形式，太平天国领导人对西方列强存在某种幻想：“既系同拜上帝，皆系兄弟。”

1853 年，英法公使访问天京，先后见了一些太平天国要人，比如北王韦昌辉、翼王石达开、燕王秦日纲。双方第一次正式接触时，当了解到侵略者也信奉基督教，韦昌辉就对英国翻译密迪乐说：“同我们的一样！同我们的一样！”“吾等今后不特彼此相安无事，而且还可以成为亲密的朋友。”一些太平天国官员则对洋人不帮他们打“清妖”有些不满，对洋人贩卖鸦片也有微词。但是，这些“不和谐”的声音并没有影响到领导人“以同拜上帝为兄弟”的结论，他们甚至幻想西方列强帮助太平天国攻打清朝，与太平天国“兄弟团圆”。

在太平天国后期，西方列强在对太平天国实行外交讹诈未逞转而策划武装干涉的时候，太平天国对西方列强的面目已经有了初步的认识。但在太平天国里，不仅那些对西方抱有幻想的领导人，比如李秀成、谭绍光，就连洪秀全自己，也并没有跟西方人闹翻。西方于太平天国，始终是一个友善的存在。

(二) 封建大国主义思想

洪秀全在起义前曾说，“如果上帝助吾恢复祖国，我当教各国各自保管其自有之产业，而不侵害别人之所有；我们将要彼此有交谊，互通真理及知识，而各以礼相接”，主张各国之间平等友好。杨秀清在《答复英国人三十一条并责问五十条诰谕》中说过，“我主天王，奉行天道，凡事秉乎至公，视天下为一家，胞与为怀，万国一体，情同手足”，又说，“天下之内兄弟也”，反映了太平天国领导人追求新的平等的国际关系的理想。

但是，太平天国领导人有时特别在前期，用对待“夷狄”的态度对待西方资本主义国家。他们在争取西方的合作时，也没有放弃自己是天朝上国、天下中心的成见。在太平天国定都天京之后，英国公使文翰、法国公使布尔布隆和美国公使麦莲，都曾先后访问天京。他们都遭遇了“万国来朝”式的困窘，甚至被当作来朝贡的。

杨秀清在《答复英国人三十一条并责问五十条诰谕》中述及，外国应向太平天国纳贡，天王是各国之主，等等。

(三) 抵制西方宗教思想文化

外国传教士认为太平军信仰的不是基督教，想用“正统基督教”取代拜上帝教。西方人实际上是想通过在信仰方面否定洪秀全的领导权威，进而操纵太平天国政权。但是，太平天国领导人坚持反对外来侵略与干涉的原则，对于外国传教士所传的西方宗教文化思想采取拒绝态度，坚持自己的信仰主张，维护拜上帝教的独立自尊的地位，以服务于太平天国的政治目的。

1860 年 10 月，罗孝全抱着要太平天国“开放门户，使福音得普遍传播于全国”的幻想抵达天京，他的西方宗教思想，遭到了洪秀全的坚决抵制。

1861 年 2 月，英国传教士慕维廉到达天京，欲进行自由传教。洪仁玕回答：拜上帝教的宣传工作，“天王不欲依赖外援”，他认为中国人可以自己来做这件事，因为中国人有自己的骄傲，“不欲从外国人的手上接受福音”。

1861 年 3 月，英国传教士艾约瑟又抵天京，他向洪秀全上书宣传基督教的教义，同样受到批驳。

可以看出，太平天国领导人对于西方的传教自由主张和宗教文化思想保持警惕甚至抵制，以维护自己的信仰和国家的尊严，以免自己的国家受到危害。

(四) 通商自由

杨秀清在《答复英国人三十一条并责问五十条诰谕》中宣布：“平定时，不惟英国通商，万国皆通商。”但是，他们严正指出，“通商者务要凛遵天令”，“害人之物为禁”（即不准贩卖鸦片）。又说，“准尔英酋带尔人民自由出入，随意进退……照常经营商业”，即允许外商自由出入贸易。但是，在当时，侵略者所要求的“立埠”就是对他们开放港口；侵略者所要求的“自由出入”“照常经营商业”，就是“自由掠夺”。这些情况反映出太平天国革命者维护人民利益，捍卫国家主权，但对于外国资本主义的真实面目认识不清。

(五) 拒绝承认和接受不平等条约

利用中国内战的时机，资本主义国家趁火打劫，要求太平天国承认和接受与清政府签署的不平等条约。

1853 年 4 月 27 日，英国驻清王朝公使文翰派出密迪乐拜见北王和翼王。当密迪乐谈到英国政府对中国农民战争的态度时，太平军领袖“以充满自信心之冷静态度答曰：‘尔等如帮助满人，真是大错，但即令助之，亦是无用的。’”这个态度表达了太平军的爱国立场。

4 月 28 日，文翰把清政府和英国政府签订的不平等条约的中文本赠送给太平军，目的在于使太平军“各首领明了英政府与现时中国政府订有条约及该成约之详细条款”，幻想太平天国承认这些屈辱条约。文翰还进一步恫吓说：“敝国与中国政府曾签订条约，有在广州、福州、厦门、宁波、上海五口岸经商之权利，如贵军或其他人等在任何形式之下对于英侨生命财产有所侵害，英国亦必采取与十年前抵拒各种侵害之同样手段，施以抵拒；彼时曾将镇江、南京及其附近各城占据，并签订和约。”

4 月 29 日，太平军赖检点会见了文翰，约好次日会见北王和东王。但是，30 日一早，文翰却托言“风雨大作，天气不佳”，不肯上岸。他命令翻译密迪乐交给赖检点一封照会，照会的主要内容是打听太平军是否决定进攻上海。照会说：“敝国在上海建筑有住宅、礼拜堂、货栈等，且有许多英船常来上海口岸。贵军既已到南京，现距上海不远，吾闻贵军将有进展到苏州、松江及其附近各地之企图。在此情势之下，吾等急欲明了若贵军果进抵上海，则对于与英侨有关之行动、所抱之精神为何如耳。”

5 月 1 日，太平天国以东王杨秀清和西王萧朝贵的名义发出了复照。复照没有理会英国侵略者的恫吓，也没有回答是否进攻上海。文翰来照会要求太平天国承认不平等条约，太平天国复照时也没有理睬。

1854 年 6 月 15 日，新一任英国驻清王朝公使包令派遣麦华陀和卢因·包令造访天京，却吃了闭门羹。太平天国领导人吸取了前几次斗争的经验教训，拒绝和侵略者会面。卢因·包令等给东王杨秀清写了一封信，要求买煤，也遭到拒绝。他们企图把兵舰开到太平军储煤的地方附近，太平天国战士整装以待。舰长麦勒西向太平天国提出 31 个问题，请求答复。东王杨秀清等人“闭户三日”，起草了《答复英国人三十一条并责问五十条诰谕》，回复了一些具体问题，比如没法提供煤炭，但通商没有问题。这个照会涉及太平天国的各项制度，集中地阐述了太平天国的外交政策，表明太平天国独立自主、反对侵略的外交政策。

1854 年 5 月 25 日，美国驻清王朝公使麦莲经过镇江，太平天国江防部队开炮制止其前进。太平军殿左五检点吴如孝要美舰停泊镇江，俟禀告东王，再去天京。27 日美舰擅自开往天京。31 日又侵入芜湖。6 月 2 日返回上海。麦莲根据他自己的调查结果，认为“太平天国不会履行现有的清政府对英、法、美三国签订的条约”，“太平天国比清政府更难控制，他们对外国不会有象（像）现在的清政府做过的那种让步”。

1858 年 11 月，为刺探太平天国动向，英国侵华军司令额尔金率舰队自上海沿江西上，在天京江面，太平军开炮轰击，双方交火。

四、太平天国时期南京的治安管理

1853 年 3 月，太平天国占领南京，就此定都，改名天京。一个新生政权基本就算站稳了脚跟，太平天国也开始有了“国”的模样。

太平天国建政初期的京城治安关乎政权的稳定，因为当时天下还没有太平，湘军仍在对太平军虎视眈眈，双方仍在激烈交锋中。太平天国稳，首先要京城稳。因此，京城的治安管理有几点非常特殊，比如军事化、严防奸细等。

（一）天京内部军民管理的门牌制度

在此背景下，太平天国对天京军民实行严格的门牌制度，湘军方面的《洪杨纪事》记载，“贼中初无门牌之设，癸丑六月，讹言有官兵混入江宁城，举国若狂，韦贼始倡议设立门牌”。韦贼，即北王韦昌辉。也就是说，设立门牌，主要是防止敌军奸细混入并制造混乱。所谓门牌，不是木牌、铁牌，而是纸牌。“以尺许白纸，先书伪官名姓，次列给役之散贼，后列伪年月，钤盖韦贼伪印，印旁编号，以‘天父鸿恩广大无边’八字，每字千号，每贼馆各一张。”

天京城内每家每户门口都要挂门牌，门牌贴于门板的里面，随时准备检查。每个月都要将姓名造册，统一进行核实。当时的天京城内分为若干个“馆”，本辖区的门牌由本馆的官员负责管理。当需要大检查时，各官员就要带着所有门牌挨家核查，一旦发现人牌不符，官员就要受到责打，严重者还要杀头。据说韦昌辉喜欢搞“运动式执法”，往往半夜时，突然一声令下，命各馆官员集合，进行门牌突击检查。

设立门牌的初衷是便于有效统计辖区的人口、兵力等资源。但后期成了一些官员的敛财工具，门牌发放不是免费的，部分地区一块门牌便宜的 300 文，贵的高达 4 银圆。要命的是，门牌还会不定期更换，更换一次就收一次费。对此，百姓无不怨声载道。

（二）出入境的关凭、口令的出现

统治者们对于出入天京城的百姓更是严加防范，于是产生了关凭。关凭，顾名思义，就是出关凭证。《洪杨纪事》记载：“用白洋布一条，长八寸，宽四寸，墨笔写关凭二字，上盖巡查伪印。贼踞城池，于各城门皆设巡查，惟开一门准其出入，所盖伪印即系此门巡查之印，印旁别有暗号，背面有粉笔花押，衙中有底簿可稽，其暗号数日一换。凡未及缴换者，即系真关凭，但与现换之式不合，亦指为妖，执而杀之。”暗号，就是最好的防伪功能。随时更换暗号，就是要杜绝混进来的奸细，让人摸不清更换的规律。也有说法管这种关凭叫“挥子”。另外，路凭与路引也是常用的出行凭证。不过，这种凭证使用期比较短，就是一种临时通行证，需定期频繁更换。

1854 年 5 月，美国公使麦莲来到天京。他从西北城门进入天京城，他发现，“任何人如不留下通行证及记录着姓名、身世等的登记卡，都不得出城门，未经许可也不得进城。对于返回的人，只须答出他们的姓名，并申请和领回带有编号的出入证，即可进城”。当时的天京城有 9 座城门，太平军对守城官员进行了高配，配备有巡守将军 18 人，每座城门分配 2 名将军巡守，专职负责巡查出入城人员。

真正具有太平天国管理特色的则是口令。《苏台麋鹿记》一书记载：“然每夜听令，暗传口号，或一字、二字、三字，总不出二十八句中，故做长毛者必熟于赞美，即官兵所发侦探，亦不可不知赞美之词。”也就是说，每夜传达新口令，通常一两字为主，大都出自赞美太平天国的诗句。

“如两司马必至卒长馆，卒长必至旅帅衙，递而上之。如伪国宗之踞一城，所辖总制、监军、军帅，每晚必齐集于伪署，无敢旷误。”口令由正级官员听取后，回去向下属传达。由于都是口授形式，保密性很强。湘军方面也曾想混入天京城内，但因为口令这项制度，始终无法成功。就是重赏也没人愿意去。因为口令一旦说不出，或是说错，就会遭到杀头。

(三) 治安管理严格程度及影响分析

严格的检查确实是有必要的。《金陵杂记》记载：“城中被掳男女，无时不思逃窜，特是贼于城门稽查甚严，非有贼之伪凭不能出入。其在城外者，尚可设法奔窜，若在城内者，必须借重贼凭。其凭系伪夏官丞相所发，按数月间忽然更换，上盖伪戳，难于假造……”既要防止城内百姓出逃，也要防止奸细混进城，太平天国的统治者可谓费尽心思。

天京城内严格的治安管理，还有一项说不出口的理由，那就是严防军民出逃。出城不是一般人可以出的，关凭也不是普通人就能获得的。出逃不了，在城内就会消耗资源，加上日益臃肿的统治集团，资源的矛盾会愈加突出。统治者们也有损招，据《洪杨纪事》记载，韦昌辉曾以割稻子为名，骗上千名女人出城，然后紧闭城门，将她们彻底赶出城市。

实行军事化管理有几个好处：一是扩军的需要，战时兵源需求大，将百姓编入军制，就是预备役，随时可以变成正规军，拿枪上战场。二是易于执行新政策。太平天国作为新政权，自然有诸多新政策需要颁布、实施，军事化管理的特点就是执行速度快，执行彻底。三是防止奸细。在与湘军对峙的情况下，京城难免会混入对方的奸细，他们搜集情报或是试图搞破坏。四是镇压城内的反对势力。新政权要对旧势力形成碾压之势，一些试图反抗新政权的地痞、流氓、士绅都被视为对新政权的威胁。

治安军事化管理在建政初期确实有必要，但长期下去就会诱发各种矛盾，尤其是这种军事化管理，并不是以维护社会秩序、造福百姓为前提，而是方便掠夺百姓、奴役百姓。防止奸细混入，或许是一种理由，也或许就是一种阴谋论。在统治者的意识里，总有一股敌对势力企图推翻新政权。只有制造假想敌，才能让百姓与自己保持一致。在这种思想指导下，这种政权早晚是不得人心的。

实践心得

经过本次实践活动，我们对太平天国农民政权有了更加全面、深入和客观的了解，对太平天国统治下的南京有了较为深入的认识。在考察和研究课题的过程中，在搜集、摘录和整理资料的过程中，我们积累了更多关于历史和政治方面的信息，拓宽了知识领域。

对于个人而言，在本次对“太平天国时期南京的治安管理”的研究中，我掌握了许多获取可靠信息的方法。从查阅古籍文献到拜读名家近代史研究成果，我学会多角度地审视历史，从而有了许多综合性的新看法。不仅如此，纵观太平天国运动的发展线，深入研究其统治阶级及军民的思想状况，也让我在宏观上体会到了牵一发而动全身的蝴蝶效应。对于太平天国运动，我们并不能以单一的成败盖棺定论，它的曲折发展有一定复杂性。比如军事化管理的出现或许饱受诟病，但它在政权建立初期的背景下也有其必要性。正如新事物的出现总有其正反面，我们要做的恰恰是分析其正反面，再研究出改良方案，将利益最大化。

负责考察社会经济这一块的张丽婷同学表示，透过南京城的兴衰，她看到了一百多年前中国的动荡。千年古城南京在太平天国的统治下风雨飘摇，南京的兴衰历程也揭示着太平天国的命运。定都初期，太平天国对南京实行了有效掌控，社会秩序相对安定，一切较有章法。但以天京事变为转折点，南京每况愈下，人口萎缩，物资匮乏，粮食紧张，贫富不均，纪律松弛，环境恶化，一切显得暮气沉沉。对于太平天国统治与管理上的失败，后人应从中得到警醒，并总结教训。

负责南京文化教育这一块的薛梦茹同学认为，一个地区的多元化少不了前期多元文化的交汇甚至碰撞，而真正历久弥新的瑰宝是能以具象或抽象的形式留存下来的。比如现如今仍在浦口区流传的江浦手狮舞，为当时驻守在江浦永宁地区的太平军战士健体、强身及与民同乐时所用，在太平天国失败以后，此舞便保留下来，为当地百姓在节日、庆典、娱乐时所用。与此同时，那些摧残优秀典籍、文化的受人诟病的行为，其结果及影响也足以令后人哀之鉴之。这就是研究近代史论题的意义所在。

在小组分工合作的过程中，我们通过亲身实践，学习了如何组织开展活动，如何处理人际关系，如何与组员沟通交流，如何认真完成本职工作。经历了本次实践活动，我们小组的成员真正成了紧密的团体，领悟了团队合作的真谛。以史为鉴，由太平天国统治下南京的发展，我深切认识到，只有紧跟时代潮流，才能建设好一座城，才能治理好一个国。如果一个政权的思想是腐朽落后的，对自身国情理解不透，对世界局势认识不清，那么虽有心建设国家，却无力达成目标。所以，作为新时代青年，我们应该紧密关注国际形势，勇敢站立于时代前沿，争做时代弄潮儿，才能更好地维护国家权益，建设强大祖国。

梁氏家风

家风是一个家族代代相传的价值准则和道德规范。家风体现着家庭成员的道德品质、修养追求。家风是一种无声的教育，它潜移默化地影响着个人成长。良好的家风对今天和谐社会建设、社会主义核心价值观的培育有着促进作用。梁启超一家出现了许多优秀人物，为中国的近代化发展做出了重要贡献。因此，讨论梁氏家风的内涵，对于家庭教育是很有意义的。

一、梁氏家风——为人之本

（一）忠——一代人有一代人的忠

梁氏一族，以忠为本。中国近代史是一部社会动荡史，那梁氏一族忠的对象又是什么呢？在梁启超小时候，祖父梁维清就经常给他讲爱国故事，梁启超深受熏陶。我们通过梁维清对梁启超早期的教育可以看出，梁维清所代表的忠，侧重点不是封建的愚忠，而是忠国，体现出一种家国情怀。而由于时代的变化，梁启超的忠则多了一个侧重点——忠民。这点我们从梁启超成年以后一直奔波在探索救国救民的道路上可以看出。他参与公车上书、戊戌变法，后举兵勤王，研究君主立宪，成为民主、共和两党幕后指挥，拥袁、拥段，向巴黎和会请愿并将巴黎和会消息带回国内，是五四运动的间接点火人。他也是我国最早研究社会主义的人，但可惜的是，因时代限制，他觉得社会主义无法帮助当时的中国，便没有深入探索。从梁启超一生所为，我们可以看出梁启超的“善变”，他也曾因理念不同而与自己的老师康有为发生分歧，因为康有为一直感念光绪帝的知遇之恩，没有跳出皇权的限制，而梁启超却很明白，他所做的一切不是为君，而是为救国救民于危难之中。所以我觉得梁启超又并不“善变”，他一生探索，跨越多段历史，但他的最终目的是找到一条救亡图存的道路，他为国为民、救国救民的初心也一直没有变。同时，他的一生也是悲剧的，因为时代限制，他探索一生，却没能探索出真正救国救民的方法。梁氏一族，老一代给了他们忠的内核，而梁氏的新一代则有了忠的方向，并为此献出自己的一份力。三子梁思忠成了国民党炮兵校官，在“一·二八”事变日军入侵上海时率领自己的部队奋起反抗；四女梁思宁参加新四军投身革命；五子梁思礼成为火箭系统控制专家。他们所行之事不论大小，都体现了一个“忠”字。

(二) 孝——父慈子孝

忠孝的本质不是礼制，而是大义。我们反对封建糟粕，但不能丢了传统美德。孝与慈相通，梁氏一族可谓孝与慈的典范。梁启超之父梁宝瑛照顾病父 20 余年；梁启超 12 岁参加童试时便知道为疼爱自己的祖父讨一份祝寿文；梁启超的长女梁思顺，在外国留学期间替父亲照顾四个弟弟妹妹，在梁家家庭拮据时，依靠丈夫做证券生意减轻家庭负担。孝的根源其实是慈，梁氏的慈就是祖父和父亲对梁启超学问与做人上共同的教育，就是梁启超对子女寄予了千思万绪的 400 余封家书。当然，慈并不能一味地慈，这样反而误读了慈的本意。其实慈与责并不矛盾，所以梁氏的慈还有梁宝瑛对梁启超的那一句“汝自视乃如常儿乎?”以及梁启超的母亲由于梁启超说谎而对他的那一顿鞭打。这便是梁氏一族为人所称道的慈与孝。当然，慈，并不是不明智的慈。

二、梁氏家风——修身

(一) 善——淑身济物

忠孝皆为家国情怀，而淑身济物看似较为细微，却往往是根本，并且古语有云：“勿以善小而不为。”梁氏一族，很多作为都源于此，因为与身边人善，就是爱民，与国人善，就是爱国。梁维清医人修路，在太平天国运动期间，为了安定一方，他在当地倡导组织“保良会”，维护治安，“以故一乡无乱民”。而梁宝瑛则携儿带头拜访祖上有过节的邻乡人，以此平息乡里械斗，同时他也经常冒雨劝乡里人不要赌，消除了乡里赌博的氛围，不过自己却也因此落下一身的病。陈寅恪在外留学，不为功名，未获得任何学位，回到国内在清华面试时被问及学位，梁启超替其解围说，“我著作算是等身了，但总共还不如陈先生寥寥数百字的价值”，从而帮陈寅恪获得了在清华任教的资格。梁氏一族的善，从身边做起，从小事做起，但每一件都很深刻地体现了这个“善”字。

(二) 学——不为功名而读书

梁氏一族从梁维清这一辈开始便没有为了考取功名而读书，那他们读书是为了什么呢？他们是为了更深层、更本质的东西。

1. 立志与做人

梁维清、梁宝瑛以及梁启超的母亲赵夫人，在教梁启超读书时便重点教授他读书的本意——立志与做人。梁维清经常用“四书”中以儒家思想为代表的忠孝仁义来教导梁启超，经常带其追寻烈士足迹，并给梁启超讲忠孝图，这也是后期梁启超家国情怀形成的重要原因。梁宝瑛则教梁启超读《中国略史》与“五经”，并教他淑身济物，这也是梁启超后期与人为善的重要原因。赵夫人教梁启超读书写字、唐诗宋词，还教他不说谎。梁启超从小所接受的教育便是这样，读书读其内涵，并以此为基础学会立志与做人。

2. 知识与贡献

到了梁启超的子女们这一代，科举制度已经废除，并且也是西学东渐的时候，所以他们不仅通过学习来立志与做人，还以自己所学的知识为基础，为社会做贡献。梁思成、梁思永、梁思礼分别成了建筑学家、考古学家、火箭系统控制专家，并最后分别当选为中央研究院院士或中国科学院院士，在各自的领域发挥着自己的作用。梁思忠学习政治、军事，成为炮兵上校，在外敌入侵时奋起抵抗；梁思庄研究图书馆学，开创“东方目录学”，做到了他的父亲没有做到的事，青出于蓝而胜于蓝。梁启超的子女们，都用自己所学到的知识，在国家的不同领域，为国家做出了不同的贡献。他们所做的贡献虽然不同于父亲梁启超的一生探索，但在已经初步探索出救国救民方针的当时，各司其职，不也同样是对国家的巨大贡献吗？

三、梁氏家风——中西贯通

梁启超成年以后，西学东渐之风盛行，而梁氏一族的家风也在原来以儒家思想为根基的基础上融入了西方先进的思想。

1. 平等

从梁维清开始，梁氏一族就有了较为先进的平等思想。在梁维清的父亲去世以后，兄弟分家产，有人说嫡子可以多分一点，身为嫡子的梁维清却不以为然，坚持与所有兄弟平分家产。梁启超很早便开始反对“女子无才便是德”的思想，一方面他觉得母亲是家庭中主要负责孩子家庭教育的人，而另一方面更有深远意义，梁启超认为男女平等。这一点从他对每个子女一视同仁，让他们接受高等教育，并在每一个子女出国留学时都十分乐意给他们寄家书，同时他也在林徽因的父亲去世后将林徽因视如己出上可以看出。梁启超的平等思想也不仅仅停留在家庭层面，从他一生救亡图存可以看出，他的平等思想也扩及国家、人民层面。

2. 自由、民主

梁启超对于子女们的教育，已经开始有了自由、民主的影子。他的每一个子女所学都是他们自己所感兴趣的。当然，梁启超可能有些时候也会因为出国等事宜而与子女产生分歧，但当有分歧时，他并不是拿父亲的身份来压子女，而是与子女商量，这其实才是最恰当的自由与民主。他的子女就是在这种引导式、商讨式的教育下成长起来的，这也是他们皆为才俊的重要原因。

四、梁氏家风的传承

我们研究家风的同时，也应研究与其息息相关的家风传承。家风传承，从本质上来说就是家庭教育，而家庭教育说到底就是言传与身教两种方式。梁氏一族，便有许多值得我们学习的家庭教育理念。

（一）言传

1. 升华儒家思想

在梁启超的长辈对梁启超早期的教育中，提得最多的便是儒家经典中的“四书”“五经”，而梁启超的忠孝仁义思想，最根本的就是源于长辈对他进行的儒家思想的教导。其实在我国古代的教育中，一直占据最高地位的也正是儒家思想，因为儒家思想中包含了忠君思想，所以统治者利用儒家思想来巩固自己的地位。但梁启超的长辈在对梁启超进行儒家思想教育时，似乎默默地将忠君思想升华到了忠国忠民的层面上，最为明显的便是梁启超的祖父教给梁启超的不是为君而死的愚，而是同国共存亡的忠。由此可以看出，梁氏一族一生所遵守、所传递的忠孝仁义，已经剔除了最该被丢弃的封建元素，已经发展到了大义的范畴，而不再属于封建礼制的范畴。

2. 读“无用”之书

梁氏一族对于读书教育，从未完全抱着考取功名的目的。梁维清给梁启超从小传授“四书”，最根本的原因不是当时的科举主流为“四书”，而是想通过“四书”，教会梁启超儒家内核的忠孝仁义。梁启超在成年以后也表明，“祸首”只是科举考试，而不是“四书”。他表明了反封建科举最根本的原因——封建考试荼毒知识分子，不是因为它让他们学的东西，而是因为科举的考查方式使很多知识分子并没有学到中华思想的内核，而只是为了单纯应付考试，从而导致了读书无用，而不是读“无用”之书。实际上“四书”蕴含了儒家思想的核心内容，也是儒家思想认识论与方法论的体现，是中华思想的结晶，研读“四书”的合理内核仍然具有教育意义和启迪价值。

3. 相对的慈

父母对子女无原则的慈爱，反而更容易害了子女，只有在慈爱的基础上加上适当的要求与适度的严厉，才能更好地培养孩子。因为适当的要求与适度的严厉能让孩子遵守道德规范，形成正确的是非观与价值观，并且能从最开始就让孩子拥有一颗强大的心，以应对以后的种种挫折。而梁宝瑛与赵夫人对梁启超的教育也正是体现了这一点。

（二）身教

其实身教阐述起来十分简单，就是以身作则，但想要做好却十分困难。而梁氏一族，真正成了身教的典范。他们对于子孙的身教，在前文家风部分已有涉及，此处不再赘述。

五、梁氏家风的当代价值

《兰亭集序》中有一言——“后之视今，亦犹今之视昔”。所以我们学习历史，其实也是在探索未来，但我们看历史时要带着辩证的眼光去看。

（一）启迪教育

我们探究梁启超家族家风家教的最初目的，就是想通过这次探索来找寻现代教育的方向。

现代社会是一个趋于浮躁化、快餐化的社会，年轻人所接受的价值观是新的价值观，但却不是未来的价值观，这也导致了很多问题。从以前的娱乐化、键盘化到最近出现的有些孩子因家长说了几句而自杀，人们不禁追问：我们的教育到底怎么了？造成这些现象的原因是什么呢？当然我们当前的教育不是一种完全错误的教育，因为它培养了许许多多非常优秀的年轻人，但素质教育是不是就一定适合未来的教育？未来的教育将更侧重于教育本身，教育不能是目的，只能是方式，考试只能作为检测手段，而不能作为完全的评价标准。当然，教育的问题不是最近才被提出的，而它的解决也不是一蹴而就的，它需要一个循序渐进的过程，从近期的改革中考、改革高考，我们可以看出，教育改革的必要性已逐步被明确，教育改革正在实施，这也正是好的一面。希望未来教育可以回归本位，赋予学习真正的意义，而考试也发挥它真正的作用。

（二）契合社会主义核心价值观

在梁氏家风的研究中我们发现，梁氏家风中出现了许多与社会主义核心价值观相关的要素。深入研究后，我们发现，这些要素正是中国古代优秀传统文化与西方先进思想相结合的产物。梁氏家风中的“爱国忧民”情怀、平等的思想，以及“自由”“民主”的氛围，都与社会主义核心价值观相契合。

实践心得

心得一

浅析家风

一、家风：治学

不得不说，梁公的教育理念领先于那个时代，甚至在如今也具有借鉴意义。他曾说“做官实易损人格，易习于懒惰与巧滑，终非安身立命之所”，在世人皆追名逐利，以功利为本位的年代，他却不奉之为圭臬，而是主张“求学问不是求文凭”。放眼如今，整个社会日益浮躁，又有多少人能如梁任公般弃利禄于脑后？梁启超曾应苏州学界之邀作了一场演讲。他向在座者提出了一个问题：“为什么进学校？”而后，任公自己给出的答案是：求学问为的是学做人。他自始至终希望子女通过学而成人，并非学而成官。

他曾教导子女们求学要“莫问收获，但问耕耘”，也时常告诫“汝辈学业切宜勿荒”。他也曾在女儿无法适应国外学习时鼓励，“至于未能立进大学，这有什么要紧”。在指点孩子如何做学问上，梁启超反复强调学习要“求理解”，不要“强记”，且要劳逸结合，“多游戏运动”，尤其注重心性的养成，“总要常常保持着元气淋漓的气象，才有前途事业之可言”。梁家 9 个子女的成才，离不开梁公的督促，也离不开他的鼓励。

梁公对子女在治学方面的影响，更见于他的身体力行。“‘学问是生活，生活是学问’，彼宜从实际上日用饮食求学问，非专恃书本也。”他长于思考，博闻强识，善于观察周边事物并从中思考。他常因讲学和著述废寝忘食，甚至影响健康；民国七年春夏间，他曾摒弃百事，专心于中国通史的著述，数月之间写成 10 余万字，以致患病吐血多时，通史的著述因此停顿。他到了晚年，仍然致力于著书，毫不懈怠。可以说，梁公是子女的榜样，也是子女求学的动力所在。

作为父亲，其教育极为成功，最关键的是他对每个孩子的特点都会用心揣摩、体察，因材施教，对他们的前途做出周到的考虑和安排。然后，还会反复征求孩子的意见，直到他们满意为止。次子梁思永性格沉着稳重，非常适合考古这种需要耐心的专业，于是他建议梁思永学习考古，考入哈佛大学攻读考古学和人类学。又以次女梁思庄为例，她遵从父亲的意见选取生物学但毫无兴趣，知道此事的梁公心中大悔，为自己的引导而不安，赶紧写信给梁思庄让她改学自己所喜欢的专业。

梁启超付出极大心血精心教子，最终换来 9 个子女个个成才的硕果。

二、家风：心系家国

梁公一生为国家的存亡操碎了心。虽然身处政治争斗的旋涡之中，不胜困顿烦恼，但是，他始终不忘天下，忧国忧民，以治国平天下为己任。

政治方面，他从戊戌年的变法开始，到庚子勤王，再到创办《新民丛报》，宣传“新民”思想，为开启民智鼓呼。辛亥革命后，他回国参与政治，两次讨伐复辟，再造共和。他继承了晚清思想中儒家经世致用的传统，并将这一传统转变成新的人格和社会理想，在不断的“变”里，其宗旨和目的始终不变，“其方法虽变，然其所以爱国者未尝变也”。

教育方面，他认为在科举制度影响下的文学难以教育出真正的人才，既浪费了学子的时间和精力，又阻碍了他们智力的发展和精神的健康，最终导致国家的衰弱，所以他后来极力支持新文化运动，希望中国的少年进步崛起。他晚年多次应邀演讲，宣传自己的理念。他曾写下《少年中国说》，这篇文章处处都体现着他对青年寄予的厚望，希望他们可以进步，希望这些青年为国家强大而奋斗。在梁启超看来，著书和教育才是他的“天职”，既然不能改变中国的政界，那么，就通过社会教育来唤起中国青年的自觉。

在给孩子的家书中，梁启超也不断提到自己的政治立场和理想，其间所透露的忧国忧民的社会责任感，也深深地感染着他的孩子，而这些，最终内化为他们自身对个人、对家庭、对社会的责任意识。梁启超看到有五千年文明史的中国却少有从事考古工作的人，他对友人说：“以中国地方这样大，历史这样久，蕴藏的古物这样丰富，努力往下做去，一定能于全世界的考古学上，占极高的位置。”于是他建议次子梁思永学习考古。早年从政的失败，让他看到了救中国还需要军力，于是他让三子梁思忠进入军校。梁启超考虑到现代生物学在当时的中国还是空白，希望次女梁思庄学这门专业。可以说，梁公希望自己的子女，“总要在社会上常常尽力，才不愧为我之爱儿”。而他的子女也实现了他的愿望，继承了他的爱国，皆为国家尽心尽力。

在梁家，“报效祖国”从来不是一句好听的空话。

三、家风：乐观

梁启超是一个心态非常乐观积极的人，他曾说：“我以为，凡人必常常生活于趣味之中，生活才有价值。”他的生活，充满了“趣味”。

梁启超的政途，多有坎坷。戊戌变法百余日便宣告破产，梁启超被迫流亡日本十四年。他拥护袁世凯却只得到“币制局总裁”这个没多少实权的职位。他参加护国运动以反袁，又深陷北洋军阀的内部纠纷。他的政治主张因时而异，不断变化，屡受挫折。但他在家书中写道，“处忧患最是人生幸事，能使人精神振奋，志气强立”，“人生惟常常受苦乃不觉苦，不致为苦所窘耳”。他并没有意志消沉，反而愈发充满动力。

在平时生活中，他给子女们起了多个外号，如“大宝贝”“老白鼻”“司马懿”“达达”“忠忠”“六六”等，甚至他在病重住院时，依旧“快活顽皮”。他曾四处演讲，主张趣味教育，要趁儿童或青年趣味正浓而方向未决定的时候，给他们一种可以终身受用的趣味。梁公的一生，向我们诠释了趣味是生活的原动力，趣味丧失掉，生活便无意义。

在家书中，他曾对梁思成说：“我怕你因所学太专门之故，把生活也弄成近于单调，太单调的生活，容易厌倦，厌倦即为苦恼，乃至堕落之根源。”可见梁启超让他的孩子从事自己专业工作的时候能够保持活力，能够保持一种无止境的探索精神。或许是受梁公的影响，梁思宁才能在蒙冤的三十五载中燃起生活的信念，梁思忠才甘愿在炮火中为国捐躯，梁思永才能在枯燥的考古生涯中坚持探索，梁思礼才能义无反顾回到祖国投入导弹事业。他们不以苦为苦，反而在生活中寻找趣味，汲取动力。

乐观的心境极具重要性，乐观是心灵的力量，也是思想的力量。梁家人有极通达、极伟大的人生观，无论身处何种境遇，常常是乐观的。

心得二

浅析梁启超家庭教育

一、爱国主义教育

梁启超9个子女中7个子女留学国外，在国外接受高等教育，并且还成了各领域的专家，享受着丰厚的待遇，但无一例外都回国发展、报效祖国，体现了爱国家风的良好传承。梁启超注重把自己的爱国情怀传递给子女们。

1. 国家兴亡，匹夫有责

在梁启超看来，爱国首先要考虑如何救国，国家兴亡，匹夫有责。爱国之心的淡薄是国家实力积弱的根源，所以他时时刻刻用自己的爱国情怀和实践行动感染着孩子们，做他们行动上的榜样。在流亡日本时期，梁启超在空闲时间就会和孩子们聚在一起，天南地北地讲，尤其喜欢讲爱国英雄的故事，比如南宋忠臣陆秀夫为忠于大宋，保护幼主奋战元兵，最后被元兵逼到广州，走投无路之际就在梁启超的老家新会沿海的悬崖上先将妻子推下海，然后背着幼主一起投海就义。辛亥革命成功之后，梁启超于1912年启程回国，并在家书中写道“吾无论如何险难，必入都”，体现了对国家的深厚感情。他在家书中也时常同孩子们论及时事政治，抒发自己的爱国情感。他在1925年9月3日《与顺儿书》中提及当前局势，称自己实在不愿意复活政治生涯，但全国水深火热，又岂能坐视不理？表达了他对祖国的深深担忧以及舍我其谁的牺牲精神。梁启超对于政治上的责任一直没有放弃，虽然他大多数时间在讲学，但是关于政治上的论文和演说也不少。虽然复活政治的时机未到，但是他一直在做准备，希望在国家危难之际，可以贡献自己的一份力量。他的这种强烈的爱国情怀影响着他的子女，他也用实际行动鼓舞子女们尽一己之力来报效祖国。

2. 个人责任，社会贡献

“爱国乃天下之盛德大业”，梁启超指出，国人应当首先明白个人小我对于国家大我的责任，同时，在对子女进行教育时，也注重培养他们的责任感和奉献精神。1898年至1928年共31年间，梁启超共给子女们写了400多封家书，他在家书中教育孩子们把个人努力和对社会的贡献紧密联系在一起，并强调个人成就的高低要看对社会的贡献大小，鼓励孩子们对社会常怀感恩之心，不计较得失，凡事尽力而为即可。1912年12月在《致梁思顺》中写道：

“吾若稍自贬损，月入万金不难，然吾不欲尔。”1919年12月2日在《致梁思顺》中写道：“得十月二十一日禀，甚喜，总要在社会上常常尽力，才不愧为我之爱儿。人生在世，常要思报社会之恩。”1927年2月16日在《给孩子们书》中写道：“莫问收获，但问耕耘……尽自己能力做去，做到哪里是哪里，如此则可以无入而不自得，而于社会亦总有多少贡献。”

二、道德教育

1. 坚强意志，良好心态

梁启超教育孩子们要有坚强的意志，不论是在舒适的环境中还是在贫困的环境中都不能迷失，要有坚定的信念和意志。他在1926年2月18日《给孩子们书》中开解林徽因：“‘人之生也，与忧患俱来，知其无可奈何，而安之若命’，是立身第一要诀。”梁思成对于自己的工作感到迷茫和困惑，觉得埋没了自己的“天才之能”，梁启超教育他“读万卷书，行万里路”，不断地累积，扩大自己的眼界和胸襟，到那时候天才就会爆发出来，切不可心生厌倦，要有坚定的意志才行。正是父亲对他们的这种教育，使得梁启超的子女在学业和生活上都能自如地应对各种困难，并且能保持良好的心态。

2. 艰苦朴素，热爱生活

梁启超教育孩子们生在乱世，要吃得了苦，才能够站得住，一个人在物质上面的享受，只要能够维持基本的生存就可以了，至于生活得快乐与否，全不是物质可以支配的。相反，能在困苦中求出快活，才是会打算盘。一个人若总是生活在舒适的环境中，这样下去会逐渐地消磨意志，那么在困苦的环境中也一定会消磨志气。他用自己的实际行动告诉孩子们，困苦日子和舒服日子都经历过了，但是意志一直没有消磨，希望他们能够像自己一样，不会因为环境或舒服或困苦而堕落。

3. 正直品格，立身之本

梁启超幼时家教便是：“我家之教，凡百罪过，皆可饶恕，惟说谎话，斯不饶恕。”六岁时也因说了一句谎话，而使得温良贤德的母亲盛怒并严厉责罚于他。所以梁启超在教育子女时，也教导他们要做一个正直的人，不允许说谎话。

三、启示

1. 借鉴中国传统文化和西方优秀文化

在全球化进程加快的当今社会，世界各国的联系越来越密切，西方先进的技术、管理经验等传播进来，我们要充分借鉴西方先进的教育思想来教育孩子，同时，还要吸收中国优秀的传统文化，培养孩子坚强、勤奋、勇敢等可贵的品质。

2. 创造和谐的家庭氛围

和谐的家庭氛围是家庭教育中一个非常重要的因素，它为孩子的健康成长营造了良好的环境，在无形之中感染着孩子。现代教育中也要尤其注重和谐家庭氛围的营造，和睦的家庭更能有助于孩子快乐地成长和积极地面对生活。

第二篇

怎样才能争得民族独立、人民解放？近代中国历史说明，必须首先进行反帝反封建的民主革命。只有通过革命赢得民族独立、人民解放，中国人民才有可能集中力量建设国家，实现国家富强、人民幸福。

以孙中山先生为代表的爱国志士和革命先驱为了拯救民族危亡、实现振兴中华的伟大梦想，进行了前赴后继的奔走呐喊、百折不挠的努力奋斗，终于建立了亚洲第一个资产阶级民主共和国，推翻了在中国延续了两千多年的封建帝制。中华民国建立后，孙中山等人为了把中国建成“世界上顶富强的国家”，为了让中国人民成为“世界上顶幸福的人民”继续东奔西走。但由于中国封建顽固势力的强大、资产阶级的软弱和帝国主义的侵略干涉，中华民国并未让中国成为一个真正的资产阶级共和国。中华民国的胜利成果落到了投机者和阴谋家的手中，最终被人民所抛弃。

孙中山的水利思想

水利思想是孙中山民生主义思想的重要组成部分。他重视水利事业的规划与发展，并形成一套宏伟的战略构想。水利思想的形成离不开民生主义的指导，而民生主义随着水利思想的发展而愈加丰富。从孙中山对灵渠所作的批示可以看出，他对传统水利工程十分重视，同时也注意到水电站等新式水利工程对民生的重要意义。在河流规划上，孙中山坚持防治结合、开发利用水能。孙中山十分重视水利人才的培养，为此，他支持创办专门的学校。本文从孙中山先生三民主义的起源展开，简述民生主义与孙中山先生水利思想的关系，而后分别讨论孙中山先生对传统水利工程和新式水利工程的重视，着重研究孙中山先生对中国河流的规划，最后简要介绍孙中山先生对水利人才的培养，意在以更全面的角度总结孙中山先生的水利思想，给当代青年人以启迪。

一、民生主义与水利思想

中国的近代史是从英国人用鸦片战争打开中国国门开始的。中国闭关锁国的政策被坚船利炮所破坏，中国开始从封建社会逐步沦为半殖民地半封建社会。历经洋务运动、百日维新两次社会改良运动的失败，清政府面临一系列内忧外患，社会矛盾加剧，孙中山在革命实践中形成的反帝反封建的民主革命思想，也就逐渐成了孙中山倡导“三民主义”的根源。

三民主义由“民族主义”、“民权主义”和“民生主义”组成。民族主义的主要目的为推翻清朝封建专制与列强侵略；民权主义的主要目的为实行为一般平民共有的民主政治；民生主义，最重要的原则有两个，一为平均地权，二为节制资本。早在光绪二十年（1894），年轻的孙中山就已经奋笔疾书，写下《上李鸿章书》，在表达自己的报国之志的同时，叙述了自己在外国游学的见识，其中就有西方的“水力生电”技术，他提出“格致之学明，则电风水火皆为我用，以风动轮而代人工，以水冲机而省煤力，压力相吸而升水，电性相感而生光……用之不竭者也”的想法，然而，他的远见卓识没有得到朝廷的重视，最终石沉大海。

水利思想的形成离不开民生主义，民生主义又在孙中山的具体实践中得以完善。在几十年的革命生涯中，孙中山考察了国内许多传统水利工程与国际上一些新式的水利工程，并在多次的游历中对国内多条大江大河进行了批示与规划。1919 年，孙中山总结三十余年的革命经验，结合当时我国的实际情况，制订了建设中国现代化的第一份宏伟蓝图——《实业计划》。《实业计划》阐述了开发中国实业的途径、原则和计划，集中体现了孙中山关于全面发展中国国民经济，迅速赶超世界先进水平的理想。

在当时的历史背景下，这份《实业计划》中关于水利建设的规划与设想过于超前，孙中山的水利思想也与现实过于脱离，在当时难以实现。但其中的美好设想能为当代人所借鉴，给世人以启迪。

二、孙中山与传统水利

桂林市是世界著名的风景游览城市和中国历史文化名城，桂林山水是中国山水的代表，千百年来享有“桂林山水甲天下”的美誉。桂林不仅拥有世界自然遗产——桂林山水，更拥有两千年智慧结晶——水利遗产灵渠。

灵渠，古称秦凿渠、零渠、陡河、兴安运河、湘桂运河，是古代中国劳动人民创造的一项伟大工程。灵渠位于广西兴安县境内，于公元前 214 年凿成通航。灵渠由东向西流，将长江的支流湘江和珠江的支流漓江相连，是世界上最古老的运河之一，有着“世界古代水利建筑明珠”的美誉。

1921 年 12 月 4 日，孙中山以中华民国大总统兼海陆军大元帅的身份，亲率粤、桂、滇、黔、赣等军部队，抵达桂林，准备督师北伐。抵桂当天，孙中山受到了桂林各界人士盛况空前的欢迎。时任广西省立第三中学校长的李任仁在日后的文章里回忆说：“当年桂林各界人士欢迎孙中山先生的盛况，现在我还历历在目。孙中山先生是乘小电船溯抚河而上的，当时已届冬令，抚河水浅，小电船不能直驶桂林市区，到柘木圩停泊，孙中山先生在柘木圩登岸，换乘汽车来桂林。”

在桂林准备督师北伐期间，孙中山多次发表演讲以激励北伐军，其在演讲中更是多次提及灵渠。1921 年 11 月 15 日，孙中山从梧州乘轮船溯桂江而上前往桂林期间，途经昭平、平乐、阳朔等地。到达阳朔时，他作了《实行三民主义及开发阳朔富源方法》的演讲，并于次日在兴坪渔村稍作停留。11 月 30 日下午，孙中山一行到达阳朔兴坪。除了宣传革命思想，他还在胡汉民、张猛等人的陪同下，登上了兴坪渔村后山的天水寨，对漓江的秀丽风景赞叹不已，并停舟在村前江中夜宿。这一天晚上，在与胡汉民等人的交谈中，孙中山对阳朔风光赞誉有加，于是他向胡汉民提问道：“桂江往上，叫漓江。漓江上游有什么？”胡汉民答道：“这谁都知道，有灵渠。先生与我同为两粤人，就更清楚啰。”孙中山说道：“对，漓江上游是灵渠，这是秦朝的三大水利工程之一，好像也是长江以南留存的最古老的建筑吧。当初秦始皇为统一六国，他的军队在漓江上游修建了这条著名的灵渠，沟通了航运，使其军队的战略物资得以由漓江向南。战争过后，灵渠又用于灌溉，对农业发展的帮助很大。我们是革命军，今天我们反其道而行之，由漓江向北。他修渠，我们则要修路。革命结束后，我们的路同样要有助于促进实业的发展。”

孙中山先生对灵渠作出重要指示，其目的不仅仅在于充分利用灵渠的水利功能，更在于利用灵渠的历史价值以鼓励中国人民对发展中国做进一步的努力。

三、孙中山与新式水利

新式水利主要指利用水能进行发电的工程设施。人类最早创新性地使用水能资源可追溯至东汉年间。但由于科学技术的落后，新式水利的发展远远落后于化学、医学等其他技术的发展，真正利用水能发电，只有短短几百年历史。1771 年在英格兰德文特河出现了世界上第一个以水电驱动的棉纺织工厂系统。时至今日，该系统也成了世界遗产之一。开启英国工业革命序幕的是水电，而在世界许多地区，水电在促进发展和变革中发挥着同样重要的作用。

水电站的发展更是只有一百多年的历史。据可考史料，世界历史上的第一座水电站，由美国于 1882 年 9 月 30 日在威斯康星州的福克斯河上建立，装机容量只有 25 千瓦。3 年后，欧洲的第一座水电站由意大利建成，即著名的特沃利水电站，装机容量仅 65 千瓦。此后，1895 年，美国在与加拿大交界的尼亚加拉瀑布建造了堪称当时全世界最大的水电站，装机容量 3 750 千瓦。中国的水力发电工业要落后西方国家很多。1905 年，位于台北附近的新店溪建成装机 500 千瓦的水力发电站；大陆地区第一座水电站——位于云南螳螂川的石龙坝水电站，于 1910 年 7 月动工，1912 年开始发电，但装机容量只有 480 千瓦。

孙中山十分关心新式水利的发展。他在《农功》中说：“伊里岛田卑湿，嗣用机器竭其水，土脉遂肥。”在《上李鸿章书》中，孙中山也多次提及发展农业水利以提高生产效能的观点。20 世纪以来各国兴修水电站以发展和利用水力能源，此举更是对孙中山产生了巨大的影响，以至于在后来的《实业计划》中，孙中山提出利用三峡发电这一极具前瞻性的构思，他甚至还与美国工程人员就建设三峡工程进行了早期讨论，由此可见他对新式水利的重视。

四、孙中山的河流规划

(一) 黄河治理与水害防治

黄河，全长约 5 464 公里，是位于中国北方地区的大河，中国第二长河，世界长河之一。其发源于青海巴颜喀拉山北麓，自西向东分别流经中国北方 9 个省（自治区），最后流入渤海。黄河中上游以山地为主，中下游以平原、丘陵为主。由于河流中段流经中国黄土高原地区，因此夹带了大量的泥沙，所以它也被称为世界上含沙量最大的河流。在中国历史上，黄河下游的改道给人类文明带来了巨大的影响。黄河流域的水害不容小觑，黄河流域不仅有严重的旱灾，下游的洪水泛滥更为瞩目。对于黄河的治理，史料上有多次记载。东汉时有王景治河；清朝咸丰黄河改道是自公元前602年以来的黄河第26次大改道，也是距当代最近的一次大改道，它形成今天的黄河流向。但从咸丰改道时起，河患反而日趋严重，那次黄河改道给两岸尤其是下游山东境内的民众带来巨大的损失。

作为中国民主革命的伟大先行者，孙中山对黄河治理十分重视，并切实提出了一些具体规划和设想。他在1894年的《上李鸿章书》中写道：“水道河渠，昔之所以利农田者……年中失时伤稼，通国计之，其数不知几千亿兆，此其耗于水者，固如此其多矣。”另外，他还主张政府内应设置专管农业和水利的机构，以平定水患。

孙中山对水害给予了极大关注，并对水害成因进行探索和思考。他在《实业计划》中提出了治黄计划。他认为，中国的水患主要是一些人为的社会因素导致的。首先是森林植被的破坏导致生态失衡，“农民只知斩伐，而不知种植，此安得其不胜用耶”，农民砍伐而不知道补种，所以森林变少，这是水患愈发频繁的重要原因之一。其次是政治腐败致使国家贫弱，“一切政权，仍在腐败官僚、专横武人之手”，他深刻地指出，国家没有统一，灾害频至，祸患没有止境。最后是帝国主义的侵略和掠夺加剧民众灾难，严重削弱了民众对于水害的抵御能力。孙中山对水害原因的分析可谓透彻，触及中国贫穷落后和灾害频发的根本所在。

孙中山对于水害的治理方法也颇有研究。在管理方面，首先他认为河道要由国家机关经营管理，兴修水利这类大型事务必须由政府操办，并建议投入人力、财力、物力综合治理水患。在河道治理方法方面，他还提出“筑堤浚河”的想法，使水量大的时候也不容易发生水害。在生态保护方面，他提出植树造林等生态治水的措施，因为他认识到植被的覆盖是防治水害的根本方法，同时这也需要靠国家经营。而治水的同时要兼及航运和水资源开发，将河道治理的优势充分发挥出来，实现防洪和航运的统筹兼顾，提高水资源的利用率。

孙中山对黄河治理的看法是很具有前瞻性的。他的方案很科学，具有开放性，体现出浓厚的民生思想，对于后世治理黄河有所启发。习近平总书记强调“治理黄河，重在保护，要在治理”，要求就黄河流域生态保护和高质量发展进行研究，推动黄河流域高质量发展，让黄河成为造福人民的幸福河。

（二）长江开发与水电工程

长江三峡位于中国的腹地，是瞿塘峡、巫峡和西陵峡三段峡谷的总称。西起重庆市奉节县的白帝城，东迄湖北宜昌市的南津关，跨重庆奉节县、重庆巫山县、湖北巴东县、湖北秭归县、湖北宜昌市，长 193 公里。长江由西向东奔流入海，横跨我国三级阶梯，流经 11 个省（自治区、直辖市），不仅连接南北交通，而且沟通西部地区与华东地区。长江上下游间的巨大落差产生了巨大水力势能。

18 世纪英国工业革命中出现了以水车为动力带动的大规模机器生产。19 世纪 40 年代，英国首次出现水力发电的思想，法拉第于 1831 年发现并总结的电磁感应定律于 1880 年前后首次在美国的水力发电领域得到应用，西方水力发电的序幕被逐步拉开。中国国内对长江的开发一直有争论，囿于清朝衰败的状况，此事一直搁置。《实业计划》对整治、开发、建设长江流域画出了第一张蓝图。孙中山认为长江是内河交通的主动脉，因此长江是整治、开发、建设的重点。孙中山先生重点关注长江上游丰富的水力资源，他着重提到了建设三峡大坝，以水力发电，同时推进通航和防洪的观点：“自宜昌而上，入峡行，约一百英里而达四川之低地，即地学家所谓红盆地也。此宜昌以上迄于江源一部分河流，两岸岩石束江，使窄且深，平均深有六寻（三十六英尺），最深有至三十寻者。急流与滩石，沿流皆是。”“改良此上游一段，当以水闸堰其水，使舟得溯流以行，而又可资其水力。其滩石应行爆开除去，于是水深十尺之航路，下起汉口，上达重庆，可得而致。”

1924 年 8 月 17 日，孙中山在广州国立高等师范学校作了题为《民生主义》的演讲。在这次演讲中，他又讲到三峡的水力问题，再次提及：“像扬子江上游夔峡的水力，更是很大。有人考察由宜昌到万县一带的水力，可以发生三千余万匹马力的电力，像这样大的电力，比现在各国所发生的电力都要大得多。”“让这么大的电力来替代我们做工，那便是很大的生产，中国一定是可以变贫为富的。”此次论述更加明确地提出，应当在三峡地区建坝发电。这是目前所见关于开发三峡水力资源的最早计划，充分显示出孙中山在国家经济建设上的高瞻远瞩。但是，为当时的认识水平所限，孙中山只能从航运、水电方面设想，没有考虑三峡建坝的防洪功效。同时由于政府的资金、技术等也不足以支撑这样一项巨大的工程，这些思想只能作为未来的蓝图罢了。

其实，在孙中山提出开发利用三峡丰富水力资源的伟大构想时，水力发电作为一种可再生、重复利用的清洁能源还是一个新生事物，还处于初步发展阶段，世界各发达国家的水力发电工程规模都还不大。进入 20 世纪，由于长距离输电技术不断发展，边远地区的水力资源得到开发利用，水力发电事业才开始蓬勃兴起。孙中山正是抓住了这一新生事物，充分认识到它强大的综合效益和广阔的发展前景，提出了开发三峡水力资源的伟大构想，并把它作为振兴中国经济、富国兴邦的重要举措。由此，我们不仅可以洞见他救国救民的一片赤诚之心，而且也不得不佩服他对世界科学技术进步，对科学技术振兴经济、促进社会发展的密切关注和深刻敏锐的把握。这对一个政治家、革命家来说，是十分难能可贵的。这也是孙中山能够与洪秀全等一批农民起义的领袖区别开来的原因之一。

尽管孙中山很早就提出了利用三峡水力发电的想法，但是实施起来的种种困难和复杂的国际社会环境使这项工程建设一度延后或中断，直到1994年才正式动工。

(三) 淮河改良与资源利用

淮河，古称淮水，与长江、黄河和济水并称"四渎"，位于中国东部，介于长江与黄河之间，是中国七大江河之一。淮河发源于河南省南阳市桐柏山，流经多个省份，于扬州三江营入长江，全长约为1 000公里。历史上黄河曾夺淮入海，因而淮河分为淮河水系及沂沭泗水系，以废黄河为界，废黄河以南为淮河水系，以北为沂沭泗水系。

淮河自古以来便拥有着丰富的水利资源以及矿产资源，只是清政府不懂得利用，导致人民生活资源匮乏。辛亥革命成功，中华民国建立后，人们就开始了对中国资源的利用，其中就包含了对淮河水域资源的开采以及利用。

孙中山的《建国方略》中体现了其对于治理国家、发展国家经济的看法，其中就表述了如何对淮河进行改良与开发。孙中山提出改造淮河，以此来促进上海被建造成一个国际性的大都市。上海在孙中山的整个《建国方略》中有着特殊地位。在上海建造东方大港的最大问题是长江的泥沙淤塞问题。如能妥善解决这一问题，上海就能被建造成为国际性的大都市。因此，对长江水系的改良以及在上海外围开河疏沙，最为关键。至于如何整治长江，孙中山提出了周详的计划。江南属于水乡，因地制宜开发水路交通十分重要。因此在这一计划中，孙中山提出了对包括北运河、淮河、江南水路系统的开发计划，经过大量研究之后，他提出了"修浚淮河，为今日中国刻不容缓之问题"。在导淮方案上，他肯定了"江海分疏"的原则，在有关具体导淮路线上，他赞成美国红十字会技师詹美生的通海通江意见，但对其在入海循黄河旧槽、入江经扬州西面一节，表示异议。在入海路线上，他采纳了柏文蔚的建议，主张"淮河北支已达黄河旧槽之后，吾将导以横行入于盐河，循盐河而下，至其北折一处，复离盐河过河边狭地，直入灌河"，从灌河口入海；南支在扬州入江之处，"使运河经过扬州城东"，"则淮河流水，刚在镇江下面新曲线，以同一方向与大江会流矣"。他还主张对长江上游水路系统等在内的水路系统进行改良，使江南商埠相互贯通，联为一体。

淮河流域有着丰富的矿产资源，对于上海的开发也有着极大的好处。因此，孙中山特别提出在淮河流域建造一批大型水泥厂，以满足建设的需要。这同时也促进了淮河流域经济的发展。他还提出要对水路进行改善，其目的在于防止水灾、便利航行。淮河流域地处我国东中部，土壤肥沃，尤其适合农作物的种植。孙中山《建国方略》中的物质建设方略，其《实业计划》的第五个计划就是对与百姓的日常生活息息相关的物资的大力发展，就包括了农作物方面。长江中下游自古便是中国的粮食基地，而开发淮河一带不仅能对长江一带的农业生产进行补充，更能对淮河一带的经济进行进一步的开发，对东部经济的发展具有重要意义。

孙中山的导淮路线的设想，虽不尽符合淮河实际，但他首次把导淮治淮提到“刻不容缓”的高度，摆在重要议事日程上来，以及他肯定的江海分疏、水利与航运结合、利用水力发电等原则，对后世治淮影响深远。1929 年国民政府导淮委员会在南京成立，蒋介石还兼任导淮委员会委员长，把导淮工程放在全国水利建设的首位。但由于国民党政府内政腐败，财政困难，导淮工作收效甚微，淮河灾害有增无减。治理淮河这个艰巨任务就落在中国共产党人的肩上。中华人民共和国成立不久，毛泽东主席很快就做出治理淮河的决策，党和国家把淮河列为新中国第一条全面系统治理的大河。经过 70 多年的综合治理，淮河流域面貌发生了翻天覆地的变化，实现了孙中山生前勾画的蓝图，并在许多方面已远远超过他生前所追求的理想。

五、孙中山对水利人才的培养

人才是建设水利工程的储备力量，人才的培养是发展水利事业的保障。孙中山十分支持张謇兴办水利学校，培养水利人才。近代实业家张謇不仅实业救国，更重视水利建设。一方面他曾多次聘请美国、荷兰等国的水利专家来华指导水利建设，另一方面他也十分重视教育，并于 1915 年在南京创办了我国第一所水利高等院校——河海工程专门学校（今河海大学），该校为我国近现代水利事业的发展培养了大批优秀的工程师与技术专家。

孙中山个人也十分重视教育事业，他曾于 1924 年创立国立广东大学（今中山大学），并亲笔题写校训。但是，基于水利工程浩大的投资，中山先生主张由政府主持水利工程的兴修，而教育也应由政府承办，其对民间资本参与水利建设的重视尚有不足。

六、结语

作为中国革命的先行者，孙中山为中国的革命事业做出了巨大贡献；作为中国改革的先锋人物，孙中山对中国民生事业的发展做出了重要的规划。通过对孙中山人生经历与对水利事业发展规划的了解，我们更能深入地理解民生主义的内涵和孙中山报国的赤诚之心。今日之中国，早已不是落后的旧中国，在中国共产党的领导下，中国的水利事业蓬勃发展，黄河治理已有成效，三峡工程已经竣工，南水北调工程有序运转，在孙中山先生离世近一个世纪后，他的理想也终于得以实现。

实践心得

通过这次实践，我对于孙中山有了更加深入的了解，更加明白了孙中山对于中国的贡献之大。其实很多人对于孙中山先生的认识仅仅止于历史书，只是单纯地认为他是一个革命家，认为他对于历史、对于国人的所有贡献仅止于“推翻了清朝的统治”“去除了清朝的恶习”，或是“驱除鞑虏，恢复中华，创立民国，平均地权”十六个字。事实上，孙中山先生还在民族、民权、民生三个方面努力探索，这三个词只是对其贡献的高度概括。孙中山先生的功绩远比这六个字丰富具体，我们探索了他的水利思想，也不过是发现了他的另一个侧面罢了。孙中山先生还有很多很多这样的侧面，正是这些侧面，使他成为一个真正值得被时代铭记的伟人。

孙中山在民生水利方面有着诸多想法和举措，这对于当时的中国而言有着深刻的进步意义。中国近代史的起点是鸦片战争，中国水利近代化发展却远远要晚于这个时候。通过资产阶级民主革命，孙中山先生终于推翻清朝统治，建立中华民国，也拉开了中国水利发展的大幕。孙中山是中国革命的先行者，更是中国水利的先锋人物。在实践中，我们团队成员彼此合作，讨论了孙中山先生在水利思想各方面的具体措施，有许多可以借鉴和应用之处。我们对相关案例进行考究，充分发挥团队合作的力量，形成一份有价值的报告。实践锻炼了我们成员之间的团队协作能力，对我们今后的学习和工作意义非凡，令我获益匪浅。学习孙中山先生的水利思想，我们需要做的就是把他为中国民生事业发展的赤诚之心传承下去，以期实现中华民族的伟大复兴。

蔡元培教育思想的影响

蔡元培是我国著名的革命家、教育家、政治家，曾任北京大学校长，革新北大“学术”与“自由”之风。他早年参加反清朝帝制的斗争，民国初年主持制定了中国近代高等教育的第一个通令——《大学令》。北伐时期，国民政府定都南京后，他主导教育及学术体制改革。蔡元培为发展中国新文化教育事业做出了重大贡献，堪称“学界泰斗、人世楷模”。蔡元培的一生，是改革创新的一生，是教育救国的一生。

一、蔡元培教育思想的内容

蔡元培的教育思想至今仍然是指导高等教育和基础教育的重要方针。其教育思想包含以下内容。

(1) 重新定义教育。蔡元培任北大校长一职后，立马着手改革，招聘新教师，教授世界语。他改变了旧时人们对教育的定义，教育不再是为了做官，而是为了学有所得，大力改变当时的腐败教学风气。

(2) 开放教育。他主张打开北大校门，给每个渴望到北大学习的人一个机会。蔡元培提出了“五育并举”的教育方针，其中包括军国民教育、实利主义教育、公民道德教育、世界观教育和美感教育。

(3)“思想自由，兼容并包”的办学原则。大学的宗旨是研究高深学问，但并不是研究某一家或者某一派的学问，更不是研究某些人指定的学问。高等教育应因人而异，使个人选择出最适合自己的未来道路。

(4) 教育独立。蔡元培将教育与政治独立开来，他指出教育经费应该由专门的部门管辖，让教育经费独立。教育得到了独立，就可以不再受宗教和政治因素的束缚。

二、蔡元培教育思想的影响

(一) 对民国时期的影响

1. 改变对“大学”的传统定义——从做官到育人

在旧时期，学校的中心任务是培养官员，学校中的教授主要来源于已经就职的官员，教育对象和目的较为单一。而自蔡元培担任北大校长后，以北大为代表，中国的学校才正式开始以教书育人为主。他发布的通令《大学令》中就规定了“大学以教授高深学术、养成硕学闳才、应国家需要为宗旨”。他反对把大学作为官僚养成所，认为大学是研究高深学问的机关，这一举措极大地推动了教育的传播和文化的交流。

2. 革新北大，引领中国高等教育步入新台阶

（1）改变教育形式，北大教育风貌焕然一新

上任后，他效仿西方教育体系，大量开展理科教育，聘请物理学家和数学家，这一举措打破了传统中国儒学教育独大的局面，使文理科处于同等地位的局面第一次出现在了中国大地上。

他提倡学术自由，主张“思想自由，兼容并包”的办学原则。正如他在北大开学典礼上的讲话中所说：“大学者，研究高深学问者也。”大学之大在于广博而深入的研究，不是局限于某些特定的学问，这一原则体现在他聘用人才方面。他辞退了一批官僚派作风的教员，转而聘请多领域的大师。他治理下的北大，既有新文化运动的代表人物陈独秀、胡适、鲁迅等，又有守旧派辜鸿铭、刘师培等。今文派的胡适与古文派的陈汉章同台并讲，学术思想之自由可见一斑。各类派别的大师在北大相遇，不同的学术思想进行激烈的碰撞，一时间北京大学人才荟萃、学术繁荣。

20 世纪的中国，在诸多学术领域远远落后于西方，掌握多门外语才能更好地阅览西方优秀学术书籍。他特地邀请世界语学者孙国璋入驻北大，又请他编成《世界语高等课本》《世界语高等字典》，解决了教材匮乏的问题。正是他的这一举措使得北大在 20 世纪 20 年代初成了世界语运动的摇篮。

蔡元培重视启发和学习方法的获得，强调演讲、参观等教育方法的运用，主张开放式教育。他打开北大校门，允许渴望学习的人进入北大旁听，打破了高等教育的垄断地位，将北大优秀的教育资源传播出去，造就了北大百年传承的自由学风。

（2）丰富北大教育内容

在学术研究上，蔡元培强调要改变学生的观念，他在就任北京大学校长演讲中就要求学生要抱定宗旨、砥砺德行、敬爱师友。在学术上，他提倡师生进行学术研究，主张“思想自由、兼容并包”，同时发展研究，广积图书，引导师生研究兴趣。他清楚大学不仅是传授知识的机关，而且是创新知识、推动学术进步的场所。因此他率先在国内大学中设立了各种科学研究所，并注意丰富图书馆藏书。

在学校定位方面，蔡元培也有着清楚的认识。1918 年，他明确地指出：“大学为纯粹研究学问之机关，不可视为养成资格之所，亦不可视为贩卖知识之所。学者当有研究学问之兴趣，尤当养成学问家之人格。”他的教育模式新颖，不拘一格，认为教育是国家兴旺之根本，是国家富强之根基。研究学问不应该因学术争议而排斥异己，要广泛吸收各家所

长。“教育者，养成人格之事业也。”他主张教育应注重学生特点，反对呆板僵化的教育方式。他也在《大学令》中确立了教授治校的管理原则，目的是把推动学校发展的责任交给真正懂得学术的人，这无一不体现着他先进的办学理念。

蔡元培的“五育并举”教育思想突破了中国近代社会“中体西用”的人才培养模式，体现出对传统教育思想的继承、超越，以及对西方教育思想的主动汲取。蔡元培五育并举的思想，是以公民道德教育为中心的。五育思想中既有积极的一面，也有消极的一面。积极的一面在于，在蔡元培整个教育体系中，大学教育思想占有非常突出的地位，这同他重视高等教育密切相关。他认为要发展中国的教育事业，办好高等教育是关键。因此，他说“自己的兴趣偏于高等教育，在高等教育方面多参加点意见”。他又较长时间主持北京大学工作，有着丰富的大学教育实践经验，因而形成了颇有成效的比较系统的大学教育思想。而其局限性体现在：首先，他把世界分为现象世界和实体世界两部分，认为军国民教育、公民道德教育、实利主义教育隶属于政治，而其他则超轶于政治，这种划分是他个人的理想看法。其次，他认为教育的最终目的并不是为了现世的幸福，而是为了达到那个“不可名言”，如果“不得不强为之名”则“或谓之道，或谓之太极，或谓之神，或谓之黑暗之意识，或谓之无识之意志”的实体世界。最后，他在阐述公民道德教育、世界观教育、美感教育等问题时，也存在超阶级、超现实、牵强附会等弊病。

(3) 确定新的教育目标

在教育目标上，蔡元培提出应使个体养成健全人格，提倡共和精神，以实现民主共和之目标的双重教育目的。

自古以来，男贵女贱的思想根植在中国人的心中，“女子无才便是德”是儒家学派所大力提倡的。在那个新思想与旧思想剧烈冲撞的年代，虽然有许多进步人士是支持男女平等的，但在大多数人的眼中，女子和男子在同一所学校上学还是不合规矩的。蔡元培在就任北大校长第四年的时候就在学界炸开一枚响雷：开放北大女禁。为了实现这个伟大的计划，他在北京青年会作了《贫儿院与贫儿教育的关系》的讲演，以求赢得社会舆论的支持。他说道：“外国的小学与大学，没有不是男女同校的，美国的中学也是大多数男女同校。我们现在国民小学外，还没有这种组织……我们国里还能严守从前男女的界限，逆这世界大潮流么?”通过这次演讲，蔡元培的想法受到了众多青年学生，尤其是女性知识分子的支持。但是事与愿违，当得知蔡元培准备开女禁的消息后，多方人士阻拦，甚至连他身边的老师都劝其先向教育部上报核准，以免招来祸端。蔡元培理直气壮地反驳劝阻他的人：“教育部的大学令，并没有专收男生的规定；从前女生不来要求，所以没有女生；现在女生来要求，而程度又够得上，大学就没有拒绝的理!”在蔡元培的坚持和努力下，北大终于为女生敞开了校门，从此蔚然成风，仅1920年就录取了9名女生。

同时，蔡元培还认为，学校应坚持以人为本的道德教育理念，尊重学生在道德教育过程中的主体地位，重视道德教育内容的继承和创新，培养学生健全的道德人格等。这一点在如今大多数的中国学校中依旧有体现，如衡水桃城中学高中部校训“以人为本，尊重生命”、浙江省春晖中学“以人为本，重在发展”的办学理念等。

(二) 对当代教育的影响

1. 提倡教育独立

1922 年蔡元培发表了《教育独立议》等，阐述了他关于教育独立的主张。他曾提出从教育行政管理上，把全国分成若干大学区，每区设一中心大学，管理区内各种学校及教育事宜，政府不得干涉学区工作。在每一大学区内，由教授组成教育委员会主持学校工作。此外，学校不得设神学科，不许传教士任教，凡以传教为业的人，不能参与教育事业。

2. 提倡完全人格教育

教育的根本问题是要培养什么样的人的问题，因为它决定了我们用什么去培养和怎样去培养。在这一问题上，蔡元培鲜明地提出了自己的主张：造就具有完全人格的人，即具有自由意志的、独立的、完整的人格，而不是奴性的、分裂的人格。蔡元培“五育并举”的思想，是以公民道德教育为中心的德智体美诸育和谐发展的思想，这在中国近代教育史上是首创，它适应了辛亥革命后资产阶级改革封建教育的需要，顺应了当时中国社会的变革以及世界发展的潮流，也符合人的全面发展的教育规律。为了切实落实“五育并举”的教育方针，蔡元培提出了“以美育代宗教”，他认为美育是自由的，而宗教是强制的；美育是进步的，而宗教是保守的；美育是普及的，而宗教是有界的。宗教与自由、民主、平等、人权等现代社会的核心价值是存在冲突的。

3.“尚自然、展个性”的思想

蔡元培反对封建主义教育对学生个性的束缚。他主张应该使学生个性得到自由发展。新教育应该懂得儿童身心发展的规律，用适当的方法教育之，教育者不要事先有个固定的办法，去约束受教育者。他说：“知教育者，与其守成法，毋宁尚自然；与其求划一，毋宁展个性。”所以，蔡元培反对注入式、填鸭式的教学。

三、蔡元培教育思想的局限性

关于教育的理解存在局限。1922 年 3 月蔡元培发表的《教育独立议》一文中主要表现了蔡元培思想的两个局限性：第一，他认为教育要平均发展人的个性和群性，而这是不现实的。第二，他认为教会是保守的，“无论什么样尊重科学，一到《圣经》的成语，便绝对不许批评，便是加了一个限制”，而教育是进步的，要“超然于各派教会以外”。纵观人类教育发展的历史，教育根本无法摆脱社会生产力、政治、经济、文化等的制约，如果教育不考虑社会生产力、政治、经济、文化的需求，而一味强调教育的绝对独立，那么此种教育本身也就失去了其存在的社会意义，它也得不到政府、社会各方面的支持，因而也就无法生存和发展。

对大学院和大学区制认识上的局限。蔡元培把大学区制作为实现教育独立的途径。他还认为：一个地方若是没有一个大学，把有学问的人团聚在一处，一面研究高等学术，一面推行教育事业，就永没有发展教育的希望。1928 年 6 月，中央大学区中等学校联合会发表一项宣言指出了大学区制的弊端，总结如下：第一，试行大学院的结果是专重学术，而忽视教育。试行大学院制，导致小学迁就大学，在国民经济能力不足的情况下，小学的基础教育落空，这与以儿童为本位的教育宗旨大相径庭。第二，蔡元培提出教育独立和试行大学院制，是以实现培养人、发展人的能力这一教育目的为出发点的，同时也是为了改变当时教育行政机构的官僚腐败气息，使教育行政和学术相结合，是对旧教育进行的尝试与探索。但是在阶级社会里，教育总是为一定阶级服务的，所以教育独立和大学区制是不可能实现的。第三，蔡元培主要是一个高等教育思想家，但当时人们大都把他看作教育的全才，把他的思想和做法奉为圭臬。其实，他的一些思想是只针对高等教育的，比如设立大学区，强调教育的学术性，这在高等教育领域是实用的，但在一些职业教育领域却不实用，因此他的思想在一定程度上阻碍了职业教育的发展。

对健全人格教育认识的局限性。蔡元培的健全人格教育是以他的人性论为理论基础的。他所说的人性，是一种抽象的、超阶级的、普遍的人性，他认为只通过教育，就能消除世间的恶行，就能培养自由、平等的崇高道德，而没有认识到社会关系是由当时的经济基础决定的。总的来说，蔡元培把教育看作万能的，认为只要培养出具有健全人格的国民，就能积个性而形成群性，从而达到彻底改变社会的目的，这样就过分夸大了教育的作用，而在阶级社会，教育是由统治阶级掌握并为之服务的。因此，蔡元培想通过教育来彻底改造社会的目的起码在他所处的时代是无法实现的。

四、蔡元培教育思想的启示

蔡元培先生的教育理念影响至今，从如今的教育成果，我们似乎可以窥见蔡元培先生睿智的思想，领悟其教育理念所包含的启示。

首先，人文精神的培养应当是一所高校的重中之重，而文化底蕴的积累也是必不可少的一部分。梅贻琦曾说过：“所谓大学者，非谓有大楼之谓也，有大师之谓也。”只有作为高校基石的文化积累得够多，一所高校才能真正立起来；也只有牢记培养人文精神的初心，这所高校才能走得更远。而不拘一格地创建一流的教师队伍，则是实现目标的有力手段。

其次，我们应学会借鉴国外先进的办学理念，因地制宜改善教育体制。蔡元培先生游历西方各国，才积累下宝贵的教育经验，在交通发达的当下，我们也应当多出去走走，不断改进教育体制。

最后，我们需要进一步加强学术的独立自主性。消除学术界的不良竞争，让学者们可以完全投入学术，这样，才能为国家做出更多贡献，我们国家才能够出现更多蔡元培式的教育家。教育对于个人的发展和社会的进步具有极为重要的作用。蔡元培曾说道：“要有良好的社会，必先有良好的个人，要有良好的个人，就要先有良好的教育。”在蔡元培教育救国的一生中，他的主张和理念为近代中国的教育和改革做出了不可磨灭的贡献，同时对于当今的素质教育和高校改革创新具有一定的现实意义。

实践心得

心得一

在这次的历史实践活动中，通过对文献的阅读和资料的搜集，我更加全面地了解了蔡元培的教育理念及其深远影响。蔡元培对于教育理念的不断探索，让我深深地感受到了他对于教育孜孜不倦的追求和精益求精的态度。不可否认的是，蔡元培为发展中国新文化教育事业做出了重大贡献，其“学界泰斗、人世楷模”的美誉名不虚传。通过小组成员的讨论和协作，我们顺利地完成了这次实践任务，我又一次感受到了团队合作的力量，同时小组成员奉献自我、敢于担当的优秀品质深深地打动了我。在这次活动中，我收获颇多，不仅了解了许多历史知识，而且锻炼了自己与人合作的能力，还让我意识到自己的很多不足，在今后的学习生活中，我要多向身边优秀的人学习，弥补自身不足。

心得二

在学习和研究蔡元培教育思想的过程中，我首先通过各种纪录片对其进行初步了解，从中捕捉并记录重要信息，然后对记录信息进行一步步深层挖掘。在这个挖掘的过程中，我不由得惊叹于蔡元培思想的超前。他在外国求学时，深度反思了中国的问题，而后怀着改变国家命运的决心回到中国。他参加了一次次革命，有成功，也有失败。然而最终他意识到，教育才是改变未来必不可少的方式。自此，他开始投身教育，引入新的教育思想。可以说，中国近现代教育的发展，少不了蔡元培的努力。这让我开始反思现在的教育：我们受到的教育到底能不能让我们在未来取得进步？我们的学习有没有辜负老先生对未来的寄望？最后，在资料收集的过程中，我自己琢磨出了一套资料的查找方法，这让我能够有效地捕捉有用的信息和资料。查资料时除了搜索以外，还要对有限的资料进行总结思考，提炼出关键词，运用关键词搜索，才能让资料查找更有效率。我们组的王迎澳同学得到一个启示：以后不论研究谁，都要有一个全方位的判断，不要因为单一的、片面的文献就对一个人的印象固化。

关于南京保卫战历史的回顾与思考

南京保卫战又称南京战役。日军为扩大侵华战争，在中国军队淞沪抗战失利后逼近南京，国民党政府意识到事态的严重性，开始重视南京防守问题，自此展开了南京保卫战。南京保卫战作为抗日战争史上的重要战役，对当时中国影响巨大，因此其抗战过程值得研究与思考。

一、南京保卫战的背景

南京保卫战是我国近代史上一次极为惨烈和残酷的战役，在这场战役中，中国军民付出了惨痛的代价。从 1937 年 12 月 1 日到 12 月 13 日，南京保卫战共持续十三天。

1937 年 7 月 7 日，卢沟桥事变爆发，标志着中国抗日战争的全面爆发。七七事变后，侵华日军更加嚣张，在中国上海地区多次挑衅，给上海地区人民的正常生活和上海的经济发展造成了巨大的影响。为了阻挡日本的侵略，保护上海及周边地区的经济来源和军事工业基地，蒋介石下令在上海开辟新的战场，希望在上海的抗日战役能够引起国际社会的关注，让日军迫于世界舆论压力停止侵略中国。

1937 年 8 月 13 日，中国军队在上海对日军予以英勇反击，淞沪抗战爆发。中国军队一鼓作气、英勇抗战，直接粉碎了日本“三个月灭亡中国”的计划，打乱了日军侵略中国的节奏。1937 年 11 月 7 日，日本为扩大侵华战争的范围，组建华中方面军来威胁中国，日军指挥部下令将司令官的职务授予松井石根，让其统辖第 10 军和上海派遣军这两支主力部队。随后，日军将矛头对准国民政府首都南京，日军从杭州湾登陆后，中国军队统帅部发现日军意图，意识到当时局势的严重性。日军人数众多，中国军队需要在南京增加防守力量，中国军队统帅部紧急集合，研讨并确定了“固守南京”的作战方针。1937 年 11 月 20 日，局势进一步恶化，统帅部发布南京戒严令，南京地区进入战时状态。1937 年 11 月 24 日，国民党政府任命唐生智为南京卫戍司令长官，组建南京卫戍军。

为扩大对中国的侵略，1937 年 12 月 1 日，日本陆军部下达了“大陆第八号”命令：“华中方面军司令官须与海军协同，攻克敌国首都南京。”命令一经下达，日军的华中方面军立即与海军合作，共计10万日军，从三个大方向包围南京地区，并发起猛烈进攻，想以此来逼迫中国人民投降，南京保卫战爆发。驻守南京的中国军队的总兵力约为15万，战役开始后，日军部队从四面八方进军南京城，受到中国军队的强烈反击，但南京城周边的句容、溧水、淳化、汤山、秣陵关等地相继被占领。1937年12月10日，松井石根下达对南京的总攻击令，南京城内的中国守军奋起抵抗，双方展开了激烈的战斗。1937年12月12日，眼看战争形势并不乐观，南京卫戍司令长官唐生智听从蒋介石的指示，下达南京守军撤退的命令。1937年12月13日，日军开始对南京城进行了长达六周之久的野蛮大屠杀。1937年12月14日，唐生智收到上级指示，宣布撤销南京卫戍司令长官部，将当时保卫南京地区的卫戍军部队改隶第三战区，至此，南京保卫战基本结束。

二、南京保卫战的过程

(一) 全城出动，防空御敌

1937年7月，日本进一步发动全面侵华战争。南京作为国民政府的首都，成为日本空袭的主要目标。1937年8月15日，被称为日本海军“虎之子”的木更津航空队对南京进行了第一次空袭，因为政府的战前防空系统已经做好了充分的准备，空袭造成的破坏小于其他城市。

(二) 南京外围战役

日军于1937年11月11日，从两个方向逼向南京：第9、13、16师，沿沪宁线西行；第6、10、18、114师和国崎支队，切断中国军队的回返路线。

11月，国民党第23集团军刘湘部共五师两旅从四川千里行至广德、泗安、长兴，进攻侵华日军。江阴要塞由从上海撤出的军队驻守，以防止敌人继续向西推进。11月14日，广德失守，日军转移阵地到南京东侧，围攻南京的南偏西方向。12月1日，江阴要塞失守。12月4日，日本侵华军队攻占南京东侧，由江宁、牛首山、淳化、汤山、龙潭组成的南京第一道防线失守。国民党军队从决定固守南京开始，就聚集了在宁的教导总队、首都警备部队和在南京整补的第66、74、83军及第36、87、88师组成卫戍军，同时又命第2军团徐源泉部由湖北赶往南京。国民党军队在南京保卫战的总兵力达十余万人。

12月8日晚，卫戍司令长官唐生智下令第一线守卫军退守回复廓、战垣继续抵抗，同时采取反击措施。9日起，日军结束外围战役，攻入南京。

(三) 紫金山战役

从12月9日开始，国民党军队于紫金山同日军开战。11月底，南京守军教导总队奉命防守于岔路口、紫金山、孝陵卫、中山门和太平门。12 月 9 日拂晓，教导总队第五团罗雨丰营利用建造的阵地，以密集的火力从敌人中撤出，守军牺牲了一半以上，营长罗雨丰殉职，守军退至紫金山二峰。10 日至 11 日，日军进攻紫金山第二峰、陵园新村和孝陵卫西山主阵地。日本空军也来轰炸以助战日本陆军，日军与我军都伤亡惨重。12 日下午 6 点，第二峰西山阵地失守，守卫陵园新村的第 3 团退至明孝陵、天堡城东侧高地处。总队长桂永清和参谋长邱清泉擅自撤离总队部，紫金山失守。

（四）光华门战役

12 月 9 日，教导总队与日军交锋于光华门。黎明时分，日军到达光华门外侧，占领了通光营房与大校场。守卫官兵立即关闭城门，垒起沙袋。光华门被日军用野山炮打穿，泥沙从沙袋中泻出，有少数日军依靠这些泻出的泥沙爬上光华门，很快都被守军歼灭。12 月 10 日，守军第 83 军 156 师前来增援光华门和通济门。城外守军第 71 军第 87 师第 259 旅与第 261 旅奉命攻打光华门外敌军，战斗数小时，撤出敌方攻击范围。这次战斗使包括旅长易安华、旅参谋主任倪国鼎等在内的 30 余名官兵壮烈牺牲。10 日晚，第二次入城的敌人被光华门守军以大量手榴弹痛击。11 日凌晨，守军团长谢承瑞将开口的汽油桶掷向城门，再投下火种，火烧敌军。11 日上午，谢承瑞派遣一排战士，同时用十几支轻机枪射击日军，光华门由危转安。

（五）雨花台硝烟

12 月 11 日，日军攻击转向位于中华门外的雨花台。雨花台由第 88 师第 262 旅和第 88 师第 264 旅防守。虽然从 12 月 9 日一直到 12 月 11 日，雨花台受到日军的连续攻击，但由于第 262 旅和第 264 旅凭借地形的优势，与日军殊死搏斗，雨花台保留了下来。

12 月 11 日，日本侵华军的进攻达到了最猛烈的阶段。雨花台守军的伤亡人数不断上升。第 262 旅旅长朱赤少将和第 264 旅旅长高致嵩少将部下所有可投入战斗的官兵全部壮烈牺牲，危急关头也没有援军前来支援。尽管如此，守卫军依然殊死守卫南京雨花台，这场惨烈的战斗一直持续到次日凌晨。当日，日军军队停止了向雨花台阵地的进攻，转而调集重炮和飞机轰炸第 262 旅的阵地。炮声停止之后，日军派步兵前去侦察情况，侦察全程没有受到任何抵挡阻抗，第 262 旅所有官兵全部阵亡。与此同时，第 264 旅的坚守变得更加困难。日军在炮弹的支援下，不久就冲上阵地，与守卫军短兵相接，此次混战一直持续到 11 日下午才停止。

占领雨花台之后，取得了战役的制高点的日本军队，进一步进攻中华门。12 月 12 日，守卫军第 74 军第 51 师第 302 团团长程智为国牺牲。但这并没有使中华门守军撤退，他们仍然在殊死抵抗日军的侵略。12 月 12 日下午 5 点，南京卫戍司令长官部召集各军师长开会，在这场会议上司令长官唐生智下达了撤退的命令。但是在命令发出以后，各军师长大部分没有回归部队，反而各自逃跑撤离。守军各部也十分混乱地撤退。在大多数部队都在逃跑撤离的时候，依然有军队在殊死抵抗、痛击敌军：紫金山教导总队还在激烈战斗，光华门第 2 团仍在奋力苦战。12 月 13 日，当撤退命令到达第 2 团时，教导总队立即奉命转移。南京城就此沦陷。

三、南京保卫战的积极意义

（一）国民党政府面对日本侵略的积极举措为南京民众撤离争取了时间

保卫当时的南京，一是南京是中华民国的首都，乃国际观瞻所系；二是临时大总统孙中山陵墓修建于此，如果放弃南京城，任由日军烧杀抢掠，也是对孙中山总统的大不敬，因此国民政府下令要坚决死守，与其共存亡。

此次战役，以国民党精锐部队为抗战的首要力量。教导总队负责光华门、中山门至太平门、紫金山、麒麟门及天堡城的守备，这一路线是日军侵袭的主要路线；另外又调动一支军队负责乌龙山要塞的守备；第 78 军第 36 师担任玄武门、红山、幕府山、挹江门的守备；第 71 军第 87 师防守通济门和光华门一带，新兵队负责定淮门、汉中门和清凉山的防守；第 72 军第 88 师守备水西门、中华门、武定门、雨花台。国民政府在战略上也做出了很大的改变。在淞沪抗战等以往国民党军队应敌战役中，国民党军队依托战争防线上的国防力量进行顽强抵抗，消耗敌人力量，同时从后方增调援军，而在此次战役中，国民党军队强调主动进攻，将当时最精锐的德械师秘密驻扎上海，控制港口，防止日军从上海登陆，誓要拼死保住南京城。

第一线阵地开战后，日军以双倍的军力向中国军队进攻，战火纷飞，枪炮轰鸣，轰炸声不绝于耳，南京城陷入战火之中，南京百姓也于水深火热之中备受煎熬。战争过于残酷，唐生智为了表现破釜沉舟、背水一战的决心，自下关到浦口间的渡轮，派宪兵把守，擅自渡江的部队以及军人，如有不听军方制止的，允许开枪射击。

南京保卫战中，中下级军官超乎寻常的英勇奋战，是民族保卫战争中的一大亮点，国民党军队的积极应战和殊死反抗，为居民撤离南京城争取了一定的时间，同时也间接地起到了在国际上的宣传作用，为后期国际友人、国际协会组织来华援助中国抗战起到了一定的推动作用。但也因为国民党军队没有联系民众，南京保卫战以失败告终。

（二）突出中国人民抗战的英雄气概

南京保卫战期间，国民党军队未联系群众，单方面用正规军与军事力量同本就强大的日军硬抗。最终，战败城破，南京百姓陷入水深火热之中。南京保卫战后期，当时在南京城中的国际友人对南京百姓进行帮扶和救助，建立了许多急救营、难民营，南京的难民也互相帮助以逃避日军的追杀。

国共双方也携手共渡难关，虽然国民党军队是南京保卫战的主要力量，正面迎击日军，做出了巨大的牺牲，但是共产党军队在敌人后方做出的种种努力也是不可忽视的。在中华民族危急存亡的关头，携手共克难关才是万分明智之举。这也体现了中华民族全民抗战的伟大精神。

南京保卫战，亦是中华民族集体反抗外国侵略者的战斗，体现了中国全民抗战的英雄气概。通过一些记录那段史实的文字作品，世人可以窥得那个时代全民抗战的缩影，既有国民党军官在前线殊死搏斗，保家卫国；也有平民百姓为了民族大义，视死如归。即使是最普通、最底层的人民，也在中华民族的生死关头奉献付出。南京保卫战，是中华民族全民抗战的缩影，体现了中国人民在生死存亡的危难关头，携手共克难关的伟大民族精神。

四、南京保卫战失败的原因

参加南京保卫战的中国军队约15万人，与日军相比，在兵力数量上占有明显优势，但仍以失败告终。现将南京保卫战失败原因总结如下。

（一）南京守军用将严重失当

指挥官的指导作战能力与责任担当是一个部队作战能否取得胜利的关键所在，南京保卫战的主指挥在作战时缺乏指导能力和责任担当，是南京保卫战失败的重要原因。古语有云："知彼知己，百战不殆。"首先，唐生智曾经是反蒋派，被剥夺原有的地盘和军队后一直在政府尸位素餐，不务正业，长期不带兵作战，使他不仅对军队缺乏一定的掌控力，在中高级指挥官中也没有权威；其次，他不曾参与过淞沪抗战等一系列对抗日军的重要战役，对日军的真实军力也缺乏清醒的认识。由此观之，他被任命为南京卫戍部队的司令长官，明显是不合理的。

因主将有权根据自己的意愿来组建司令部成员，于是南京卫戍总司令部的成员名单如下：司令长官唐生智，副司令长官罗卓英、刘兴，参谋长周斓。问题就在于主要成员多为唐生智及其同乡兼部下，他们缺乏指挥作战的能力，不能顺畅指挥桂永清、宋希濂、王敬久等人，所以总撤退令一下，各军各师放任不管，卫戍总司令部根本无法掌控部队。

由于撤退时的无组织和混乱，超过四成的参战官兵被日军俘虏并惨遭屠杀，作为南京卫戍司令长官的唐生智，对此灾难性的后果负有不可推卸的责任。

（二）南京守军缺乏严密的撤退预案

当战事进展到12月11日时，松井石根下令发动总攻。眼见南京败局已定，为保留政府的精锐部队，避免南京守军遭受日军围剿，蒋介石在当日让顾祝同转告唐生智，让其当晚渡江北上。而南京保卫战的总指挥唐生智此前一直强调要誓死守卫南京城，若此时突然撤离，怕难负重责，因此提出必须先向南京守军将领传达清楚最高统帅的意图后才可撤离。12月12日中午，日军攻破中华门，防守此处的第88师被迫撤走，南京失陷已成定局。当时，手无寸铁的百姓与溃退的守军战士拥挤在城市街道上，城中秩序一片混乱，南京守军开始军心动摇。唐生智遂决定改在当夜撤退。12月12日17时，唐生智召集南京守军中师及以上将领开会，开始布置撤退行动。但因为通信中断，联络不畅，参谋系统制定的撤退计划已经根本不可能有效传达到各部队了，于是撤退演变为无组织的“溃退”。

由于国民党上层与南京保卫战的将领缺乏沟通交流，撤退计划拟定得极其草率仓促，缺乏专业的参谋策划指导。计划很不严谨、漏洞百出，导致南京守军在撤退中毫无组织与章法，争相夺路而逃，自相践踏，场面混乱不堪，国民党军队在南京的抵抗逐渐瓦解。

（三）南京守军缺乏殊死巷战的思想准备

南京保卫战爆发后，国民党政府对战争的危害没有清醒的认知，没有对百姓进行系统性的疏散，这也间接地导致了后期南京大屠杀的惨状，由此可见，唐生智在南京保卫战时没有事先考量与准备。在主城区排开战场带兵作战，事先疏导百姓是十分有必要的。

军民混杂的情况也使大批失去指挥的溃兵放弃了巷战的斗志，数万名不能逃离南京的官兵，或者直接缴械投降，或者脱掉军装扔掉武器逃入居民区，其结果是被日军搜出和屠杀，连带着无数平民遭殃。

（四）军事主官因贪生怕死而先行撤退

古代军事家孙子有言曰：“上下同欲者胜。”意思是说领兵作战的将领，唯有与将士、百姓勠力同心，共克难关，方能取得战争的胜利。然而，世异时移，总撤退命令刚一下达，唐生智等主力将领在国难关头先行撤离，留下群龙无首的军队艰难防守；教导总队队长桂永清本应稳定军心，却留下参谋长邱清泉组织善后，自己则先行撤退；负责固守乌龙山要塞的第2军团及其军团司令徐源泉于12日下午即率其第48师和第41师从周家沙和黄泥荡码头乘坐预先控制于该处的民船最早渡至江北，而后经安徽去江西。乌龙山要塞部队在徐源泉部撤走后，也于当晚毁炮撤到江北。

战争的主指挥贪生怕死，毫无责任与担当；失去指挥的战士们自乱阵脚。国民党军队在最后的撤离中上演着一场兵败如山倒的闹剧。在山河破碎的紧要关头，部队主指挥不能与战士们生死与共，导致了南京守军精神和战斗意志的大崩溃，这也是南京保卫战失败的一大原因。

在危急时刻，求得自保，是人的本性，但也总有一些英勇战士将民族大义刻入骨髓，如宪兵司令萧山令血战到底，粤军叶肇率第 66 军、邓龙光率第 83 军从日军正面突围。若是国民党的将领们都能有此担当，那么南京城的百姓也不会遭受劫难。

五、南京保卫战的启示

南京保卫战的失败暴露出很多问题，其教训十分深刻。

从南京保卫战的整个战役过程和国民政府的一些措施可以看出，那个时候的国民政府也做了积极的反抗斗争。国民党高级将领唐生智之前所说的“誓与南京共存亡”，抵抗到最后一滴血，也有迹可寻。可是，说此话的是他，最后逃跑的也是他。唐生智未做到“在其位谋其职”。可见，任何社会都应当能者居其位，使居其位者在一切未知还未来临之前，未雨绸缪，坚决整治不担当、不作为、乱作为、假作为的行为。

“前事不忘，后事之师”，南京保卫战失败的原因之一就在于南京守军没有坚定的信念。相较于日方军队，中国守军约 15 万人，在人数上占有明显优势。虽然中国军队武器相对落后，但这不是南京保卫战失败的根本原因。许多人认为中国军队的武器太落后，装备太低劣、原始，中国人完全是以血肉之躯去对抗日军的钢铁洪流！国民政府彻底将作战变为“以血肉之躯与铁弹相拼”的“肉弹主义”。在南京保卫战失败后，不少官兵也曾说过类似的话，甚至连蒋介石也说过：“故抗战之始，非不知我之武器、军备、一切物质力量远不如人，而我之革命精神，则远胜于人。”在遇到很大的困难和威胁时，没有强烈的理想信念，没有足够的战斗精神，人就容易畏缩不前。就连唐生智都背弃了他说过的话，更不用想有多少普通军人也就此丧失了斗争的信心。理想信念有如明灯，可以清晰地照亮前进的路，如果没有坚定的信念和信心，那努力和行动都会大打折扣。在保卫战初期，只有很少的国人觉醒，群众普遍缺乏坚定的崛起的信念，坚守城池变得难上加难。处于新时代的我们，肩负着中华民族伟大复兴的历史使命，我们应该追随党，服从党的坚强领导，坚定理想信念，这样才能为祖国奉献更多的力量。

军队内外团结是培养军队的基础，当时的国民党军队缺乏团结意识。无论在何时，团结协作都是十分重要的一环，“众人拾柴火焰高”，一个相互信任、相互帮助的团体，往往是战无不胜的。就如我们在学习和工作中，团队成员分工明确，可以提高任务的完成效率；团队成员的互相帮助，可以提升作品的质量。南京保卫战中，临时组建的军队并没有完整的防守方案，军队成员之间配合不够，在一定程度上降低了团队的战斗力。我们应该以此为鉴，重视团队合作，善于团队合作，使祖国更快更好发展！

南京保卫战虽然失败了，但是也体现出中国人民不畏强敌、勇于抗战的精神。虽然政府领导层撤退了，但是还有一部分优秀的国民党军人留在南京城，与日军做着殊死搏斗，誓要与南京城共存亡。南京保卫战是一场敌强我弱的战争，也是一场以中国军人的生命换取百姓些许安宁的反抗，是国人血性未泯的写照，是中华民族全民抗战的真实写照。南京保卫战中，很多军人英勇牺牲，他们与敌军殊死搏斗的身影，他们不怕牺牲的斗争精神，永远被后人铭记。

我们的今天是英勇的前辈为我们创造的，那时，他们中很多人和我们年纪相仿，但在国家危难之际，他们挺身而出，用自己的身躯抵挡敌人的火炮。作为新时代的青年人，我们应继承优良传统，努力学习知识，坚持锻炼，全面提升自己的素质，在祖国需要我们的时候，作为先锋和主力军，挺身在前，展现出中国青年的风采！

实践心得

心得一

此次近代史实践过程中，我们小组做了系统的规划，进行实地考察调研，并完成论文撰写和最后的修改总结。我们首先拟定了这次实践的形式——游览红色景区，将所观所感记录下来，最终以实践活动的形式呈现出来。我们小组最初选了很多景区，最后拟定侵华日军南京大屠杀遇难同胞纪念馆作为此次实践活动的实践地。我们小组组织全体成员参观了南京大屠杀遇难同胞纪念馆，在馆内听讲解员解说那段历史后，我们决定以南京保卫战为研究对象撰写论文。论文大体分为南京保卫战的背景、过程、积极意义与失败原因。我在团队中负责南京保卫战的积极意义这一部分。在撰写过程中我大量搜集资料，全面地了解南京保卫战的实际情况。从国民党军队的正面抗击和全民抗击日本侵略者两点出发，完成我所负责的论文部分。最后我们小组成员一起商议，修改论文，完成如今上交的终稿。在此实践过程中，我对南京保卫战的实际情况有了更清醒的认知，对国民政府有了客观了解，也更坚定地对拥护中国共产党的领导。

通过此次实践，我们深刻地了解到在南京保卫战中，国民政府面对日本侵华军抵抗与挣扎的整个过程，并对南京保卫战失败的原因进行了分析、反思与总结。凡事都要讲究因果关系，南京保卫战战败的果，必有其因。我想，对一场战事最终的分析，应当就是对其“因”和“果”的分析，分析为什么会产生这场战争，这场战争为什么会失败，以及如何在未来的日子里，去避免此“因”此“果”，也就是我们以后再遇到这种情况的时候该如何去做，我们要从历史中吸取教训，这也是我通过此次实践研究得出的最重要的观点和感悟。

心得二

这次我们小组选择回顾与思考关于南京保卫战的历史，为了更加深刻地体会南京保卫战的历史和中国军队保卫南京的英勇无畏精神，我们小组成员一起前往侵华日军南京大屠杀遇难同胞纪念馆，在肃静的气氛下走近南京保卫战，在黑白的展板前敬畏南京保卫军。看到一张张黑白照片上中国军人皲裂的面颊，看到他们面对敌军时坚毅的眼神，我深刻感受到中国人民守卫南京城的信念，以及中国军人勇于抗战的奋斗精神。

在纪念馆内，我了解到：在日军下达进攻南京的作战命令后，中国守军在装备差、建制不全的情况下，与日军展开殊死战斗。中国军人用他们的无畏精神，用他们的身躯抵挡日军的进攻，为人民群众的撤离争取时间。在南京保卫战后期，日军已基本锁定胜利，但是部分南京守卫军依旧没有撤退，用破损的武器，奋战到最后一刻。

中国军人的无畏、舍己为人、强烈的爱国精神是值得我们学习的，不畏强敌、不畏困难是我们应有的品质。作为新时代的青年、祖国未来的中坚力量，我们应继承前人的爱国精神，努力学习知识，听从党的指挥，在祖国的各行各业中发挥自己的作用，为祖国强大贡献自己的力量。

南京汪精卫伪政权的卖国本质

汪伪政府是日本侵华政策中“以华制华”的一个典型，是战争在政治手段上的延续。汪伪政府相较于其他伪政府，存在其特殊性。汪精卫曾策划暗杀摄政王载沣，草拟孙中山遗嘱，在国民党内和全国范围内有极大的政治影响力。汪精卫借助这些政治上的特殊符号，为其傀儡政权蒙上了所谓的“曲线救国”的色彩。本文尝试从汪精卫伪政权成立的历史背景、汪精卫伪政权卖国行为、汪精卫伪政权和汪精卫本人的意识形态、汪伪政府的成立对于抗战的影响等方面来探讨汪精卫伪政权的傀儡卖国性质，并从中得到一些启示。

一、南京汪精卫伪政权成立的历史背景

(一) 日军侵华

在中国近代史上，日本对中国的侵略不断。1894 年的中日甲午战争以中国战败、北洋水师全军覆没告终。清朝政府迫于军事压力，于 1895 年 4 月 17 日签订了《马关条约》，该条约所得到的利益之大，使得日本正式踏上对外侵略的道路，并将“大陆政策”定为基本国策，即通过占领中国、朝鲜等大陆国家，称霸亚洲，进而征服世界。之后，日俄战争和第一次世界大战期间日德战争的胜利，使得日本分别控制了中国东北与山东。

日本的一系列侵华活动使其愈发猖狂。1927 年，日本在东京召开“东方会议”，制定了《对华政策纲领》，确立了先占东北、内外蒙古，进而侵占全中国的扩张政策。随后，日本首相田中义一又向天皇上奏了《田中奏折》，明确提出了“惟欲征服支那，必先征服满蒙；如欲征服世界，必先征服支那”的扩张总战略蓝图，再加上 1929 年整个资本主义世界的经济危机爆发，日本想要通过侵略得到更大利益的企图愈发明显，中日战争一触即发。

中日战争爆发后，日本统帅部中的不扩大派意识到自己战力不足以长期应付中日战争，当时日本政府也判断中国将选择长期抗战的道路，遂在御前会议决定中，做“和”“战”两手准备。此后，日本政府在南京扶植中华民国维新政府，大量增兵进攻中国，并

于南京沦陷后将南京人民视为人质，用于与国民政府谈判，未果，而后在日军高层的授意下制造了举世震惊的南京大屠杀。自南京大屠杀后，日军强硬派抬头，故近卫内阁于1938年1月16日发表第一次近卫声明，称“帝国政府今后不以国民政府为对手，而期望真能与帝国合作的中国新政权的建立与发展，并将与此新政权调整两国邦交”。1938年11月3日，近卫内阁发表第二次近卫声明，即“东亚新秩序声明”，转变“不以国民政府为对手”的态度，倡议建立一个由中国、日本、伪满洲国组成的经济联合体。1938年12月22日，近卫内阁发表第三次近卫声明，即“近卫三原则声明”（重申东亚新秩序内容），宣称日本的目的不在领土与赔偿，而是结合东亚两大文明、“中日满”三国，其内容包括：善邻友好，共同防共，经济提携。日本宣称将建立“东亚新秩序”的部分义务分派给中国，借以从侧面诱导国民政府和谈，并承诺和谈成功后废除在华不平等条约，归还租界。汪精卫认为，中国比日本科技落后六七十年，强行对抗无成功可能，便看中了和谈所带来的“利益”，与之呼应，于越南河内发出“艳电”，提出“和平救国”主张，次年与日本合作，返回中国日占区，于1940年成立汪伪国民政府，并与日本签订《日华基本关系条约》。

（二）国民党内部倾轧

国民政府统治大陆的22年间，国民党的内部派系斗争就一直没有停止过。汪精卫投靠日本建立伪国民政府，表面上是“曲线救国”，可实际上与在国民党内部和蒋介石争夺权力过程中的失利不无关系。

1. 从汪精卫“暂行备位”到请辞“本兼各职”而与蒋介石展开行政院权力之争

蒋廷黻指出，汪精卫以和战问题作为争权夺利的手段，他在1932年担任行政院长前“要求对日作战，以增加政府的困难”，上台后“又要大家维持和平”。1935年夏，日军制造胡恩溥、白逾桓事件，强迫国民政府接受“何梅协定”，华北危局严重，国民党内响起了要求改变对日妥协政策、汪精卫辞去行政院长兼外长职的呼声。于是，汪精卫跑到青岛“疗养”，接着以“华北外交屈辱，备受国人指摘，中央亦多不满”为由提出辞职。教育部长王世杰在其日记中记载：“汪院长赴青疗养后，病状本已渐减；据赴青省视诸人言（褚民谊、陈公博等），原已确定本月中旬返京就职。惟近来在京中央执委及党员，颇多恐慌；惧汪返而对日屈服政策将更变本加厉。因是中央政治会议于本月七日会议开会时，覃振、石瑛、王陆一、焦易堂多人均主张设置外交委员会，以免外交大权之集中一人，并主张汪辞外交部长兼职。次日汪即由青电国府主席及中央执行委员会，辞院长及外交部长等职。”

与此同时，蒋介石一度认为对日本的侵略已无迁就之余地，因此着手“政府改组之准备”。随即，他认为对日政策一时还“不可骤变，故对内对外政策，惟留汪为惟一枢纽”，还需要汪精卫“暂行备位”。他“忠告各委员，消除意见，以固中央”。因此，国民党中央“挽留”汪精卫，汪“当然默许”。

而后，蒋介石指出“和平未至绝望时期，决不放弃和平；牺牲未至最后关头，决不轻言牺牲”。但国民政府的组织与人事必然要调整，汪精卫去职行政院长兼外长是必然的。因此，蒋借助全会开幕之日汪被抗日爱国志士枪伤之事将其去职。汪欲借助日本权威压制蒋，希望借此重获权力，却使得蒋在闭幕式中更加坚定了自己的想法。

2. 汪精卫从秘密赴欧到设法回国而与蒋介石展开权力之争

汪精卫赴沪后观察局势变化，发现政局不利于自己而只能赴欧“疗养”。到海外后，他研究国民党内局势和对日关系的变化，寻求返回争权的机会；无论是两广事变还是西安事变，都成为他利用的对象。他自信，如果多数人想起他担任行政院长时“困守空城，安定时局不是容易”，则“我归后或可做事”。他虽然利用西安事变返回了，但是事变的和平解决使其阴谋落空。尽管如此，他还是同蒋介石争夺行政院长职位。蒋介石让王宠惠代理行政院长，挫败了汪精卫的企图。此前，陈璧君对行政院参事陈克文等人感叹汪精卫左右“无几人有能力可以助其作事者，殊可痛心”。王宠惠代理行政院长后，陈克文为汪精卫愤愤不平，指责王宠惠“欲在政院树植势力”，秘书长魏道明“过去政绩甚劣，操守尤坏”。汪精卫无可奈何地称自己“现在在政治上，专做解决问题的工夫，比从前做行政院长好，不必忙于公文和人事”。

3. 汪精卫从“回任”到失权，蒋介石以非常机构实现全面控权

以政治地位与蒋介石抗衡，“只有汪胡两公能之”。胡汉民去世后，汪精卫“为今之硕果”。1937 年 1 月下旬蒋汪两人的溪口会谈，实际上为新的权力格局达成妥协。在挫败汪精卫多次夺取行政院长职位企图的过程中，蒋介石终归要安置好汪精卫。

蒋介石否定了汪精卫试图辞去中政会主席的请求，不过，蒋介石对汪精卫担任此职务的权力作了限制：虽然汪精卫心腹曾仲鸣接任副秘书长职，但是蒋介石安排张群担任秘书长。

《盛京时报》1937 年 8 月 1 日宣称：“最近国民政府首脑部间和战两派之对立，具有具体的条件，呈微妙之动向。”在国民党五届三中全会上，两人呈现了一种特殊的政治现象。汪精卫在得不到行政院长职位时企图出任“党主席”，蒋介石也打算推举他担任。但是，汪精卫不可能得到此职。在蒋提出此建议时，各常委均面露难色，而后在私下商谈时也未得西山会议派的同意。汪精卫得不到“党主席”一职，虽口中勉强答应但终归有所不平。

除此，两人对日政策也各成一派，到 1937 年日军侵占上海、进军南京之 11 月至 12 月，蒋汪战“和”之争更加明显。随着这种战“和”之争，汪精卫企图夺取行政院长职位，针对汪精卫的企图，蒋介石考虑改组行政院，权衡关系后决定由孔祥熙代理行政院长，粉碎了其幻想。汪借对日军相继侵占上海、南京发表评论，以“沉着坚决”的语气声称：“从前城池失守，应以身殉，始合道德的最高观念；今道德观念不同，故仍留此有用之身，为国尽力。”言语之中，汪精卫已透露出卖国投日的打算。

此外，蒋介石出任陆海空军大元帅，虽然出于对日战略考虑而未予宣布，但是已享有国家元首权；设置国防最高会议，暂停中政会。这样一来，汪精卫不仅未能出任“党主席”，还丢掉了中政会主席职务，仅仅担任国防最高会议的副主席。

总之，在蒋汪两人政治领域的不断斗争中，汪精卫一直处于被动，也正因如此，才使得他产生了借助日本来打压蒋介石的想法，进而成立了汪伪国民政府。

二、南京汪伪政权卖国行为

汪伪政府在配合日军侵华方面采取了一系列行动。汪伪政府设立了 76 号这一特务机构，同时设立“清乡委员会”，配合日军的经济侵略，发行中储券，推行奴化教育，推行“新国民运动”。通过了解这些战争罪行，我们可以更加深刻地认识到汪伪政府的傀儡本质。

汪精卫及其伪国民政府在军事上大量策反国民党军队（近百万人），尤其是杂牌军，组织伪军，多次进行“清乡”，使得人民的生活更加困难。汪精卫自兼清乡委员会主任，打击其统治地区的地下抗日武装（主要是中共游击队），使得日军可以抽身进行其他战役。汪精卫还为了实现破坏抗战的企图，竭力挑拨国共关系，破坏两党合作，甚至不择手段地污蔑共产党是“以抗日为倒蒋的工具”，是“利用民族意识”来“摧毁民族断送国家”。在经济上，汪伪政权协助日军对沦陷区进行搜刮。譬如 1943 年 1 月在上海强迫实施储藏物资的全面登记，并对棉纱棉布进行强制性收买，以供日军之需，对广大群众的生活造成了重创，使民不聊生。在思想教育上，汪精卫在学校推广与日媾和的理念，美化日本侵略，发动“新国民运动”。1942 年元旦，汪精卫正式颁布《新国民运动纲要》，要求沦陷区人民“把爱中国爱东亚的心打成一片”，以培养适合于“大东亚战争”需要的“国民新精神”。3 月开始，汪伪模仿希特勒法西斯的做法，在沦陷区强制推行向汪精卫“宣誓”的活动。6 月，汪伪新国民运动促进委员会成立，由汪精卫自兼委员长。汪伪政府创办中央青年干部学校，在青少年中进行所谓“新国民精神”训练，推行奴化教育。1943 年夏汪伪政府又以各级官吏为重点，举办“南京公务人员集训营”和“上海公务人员集训营”，企图驱动各方面的力量，运用于“大东亚战争”的前线。1944 年随着日本侵略者败迹的日益明显，“新国民运动”无形停顿。

同时汪精卫为配合日本进行侵略战争的需要，奴化人民。在具体推行过程中，汪精卫等人主要采取了以下措施：第一，制定出一整套的奴化宣传纲要，用以推行卖国主义政策。在《战时文化宣传政策基本纲要》中，汪精卫集团提出了在整个思想文化领域的各项任务，诸如“发扬东亚文化，巩固东亚轴心，完成战争之使命”，“清除英美侵略主义的罪恶，扫除英美个人自由主义之毒素，消灭依赖英美之卑劣心理，提高国民打倒英美侵略主义之敌忾情绪”，“协力大东亚共荣圈建设之成功”。第二，组织训练沦陷区青少年，竭力向他们灌输“东亚联盟”等亲日卖国的思想，以此作为其推行“新国民运动”的重点。汪精卫等人在沦陷区各学校强制推行亲日卖国的奴化教育，并在南京举办了“青少年团训练班”，以“东亚联盟”和“新国民运动”的理论作为“训导”的基本内容，同时还通过了《新国民运动青年训练纲要》《中国青年模范团组织原则》《中国童子军组织原则》等文件，并决定在全沦陷区普遍设立青年团与童子军，进行对汪精卫个人崇拜和亲日卖国的奴化教育。在汪伪新国民运动促进委员会之下，专门附设了一个青年干部学校，实施法西斯式的训练，培训从事卖国主义奴化教育与统治的人员。第三，利用报刊、广播、电影、巡回展览以及各种纪念活动形式，大肆鼓吹和宣传“东亚联盟”等卖国主义的理论。汪精卫傀儡政权的要员们还经常在节庆日利用报刊和广播大肆贩卖其卖国主义的主张，同时还举办“和平建国文献展览”“和平建国摄影展览会”进行奴化教育宣传。第四，组织伪军。根据李宗仁等人的说法，汪精卫并没有主动招降过国民党将士。但是受他“曲线救国”幌子的蛊惑，不少杂牌国民党军队仅因在重庆国民政府手下过得不如意或为保存实力便投靠汪伪，完全不以降敌为耻。而汪精卫对于这些主动投靠他的国民党军队都表示热烈欢迎。此外，汪伪对于被俘国民党军人的影响更是巨大，汪精卫一直对国民党军队表现出一副伪善的态度。据统计，1938 年时，伪军在中国的数量约为 78 000 人，1940 年汪精卫叛离国民政府建立新的政府后，投靠汪伪的国民党军人则前后多达 50 万人。

三、南京汪伪政权的意识形态

(一) 汪精卫个人思想的演变

汪精卫早年的政治思想夹杂着反清反帝的民族主义、无政府主义和模糊的社会主义。在汪精卫早年思想中，“泛亚洲主义情绪”是值得关注的问题。他对于中日两国一衣带水的关系，很早就有自己的认识。他曾说：“日本小学而强，既为欧美所嫉妒，虑小敌大、寡敌众，终不足以持久，将欲立弘远之规模，则不可不与东亚之大国相提携，以并立于世界，故中国之保全，实日本之大利也。”由此可见，在汪精卫早年的政治理想中，就有了中日友好、互相提携、共同抵抗欧美帝国主义侵略的想法。他认为，日本若不图与中国联合，反而加入西方资本主义阵营，只会让中国的形势愈发危急。

在第一次国共合作期间，汪精卫积极左倾，执行孙中山联俄、联共、扶助农工三大政策。可以认为，汪精卫此举的深层次目的是借助孙中山之势来提高自己在国民党内的政治地位和社会声望。在 1927 年“宁汉分裂”后，来自长江上游和长江下游两方面的军事与经济封锁，使得武汉陷入了困境。工农运动的发展势头迅猛，两湖农工运动更是触犯了两湖地区中下级军官的利益，因此反抗最先从军队中爆发。汪精卫认为，这种形势将国共两党推到了战争的边缘，国民党要带领国家到三民主义的道路上去，而共产党要将革命引向共产主义的道路，此时已经到了争夺革命方向和领导权的时候，因此他最终下定了“分共”的决心。

1938年9月，欧洲爆发苏台德危机，这使汪精卫看到了一线希望。他设想着世界大战爆发，美英法民主阵营与德意日法西斯阵营对峙，以此结束中国独自抗日的艰难局面。但苏台德危机以英法对德国的绥靖政策而宣告解决，汪精卫由此判断，英法没有实力与德国开战，更没有实力制裁日本，相反，英法在远东的最大敌人是苏联。这就导致汪精卫选择了亲日、反苏的政策。

（二）汪精卫伪政权的“和平理论”

1939年8月汪伪“国民党第六次全国代表大会”宣言特别提出：“今日以前，吾人认非抗战无以建国，集其精力，艰难奋斗，无时不准备牺牲一己，以为国家民族；今日以后，吾人认非和平反共无以建国，其事业之艰巨，一己所受之劳苦与所冒之危险，较之抗战更为严重。”结合汪精卫之前的“和平才能救国”的论调，汪伪政权的所谓“和平理论”正式浮出水面。这一理论主要涵盖以下四个方面。

1. 所谓“抗战不能救国，反而会亡国”

周佛海评论国民党过去的功罪和未来的责任时指出：“战与和都是手段，国家的生存与独立，乃是目的。战可以达到这个目的，就战；和可以达到这个目的，就和。这个极普通的道理，谁都应该懂得，过去非战不可，当然要不顾一切地战；今后非和不可，当然也要不顾一切地和！为什么今后不能再战而要讲和？因为如果再战，就要走上上面所说的第一条路，就是死路。”汪精卫在《举一个例》中强调自己“看透了，并且断定了：中日两国，明明白白，战争则两伤，和平则共存；两国对于和平只要相与努力，必能奠定东亚百年长治久安之局；不然，只有两败俱伤，同归于尽”。显而易见，周、汪二人对于抗战前途充满悲观，并且披上为党为国的外衣，否定抗战的意义，是妥协求生的心态。这种心态承继了“低调俱乐部”的认知，伴随抗战的初期进程，形成了一个以汪精卫为首的“和平运动”派，在他逃往越南河内后便借着应和“近卫三原则”堂而皇之地登上政治舞台了。

2. 所谓“‘近卫三原则’为和平原则，排除侵略主义，倡导中日合作”

汪精卫在艳电中赞同近卫内阁所提出的“善邻友好、共同防共、经济提携”三原则，认定虽然需要细节上的商定，但确为“和平”之原则，并愿意本着对日本“冤仇宜解不宜结”的根本意义，化敌为友，按照三原则来恢复中日“和平”和东亚“和平”。

3. 所谓“日本是改造东亚的领袖，中日彼此分担东亚和平建设的重任”

汪精卫在《中国与东亚》一文中，宣扬“日本乃东亚式先进国，改造东亚，日本有领导之权利和义务，此中国人所能知者。中国在东亚，为地大人众历史悠久之国，改造东亚，中国有分担责任之义务。”他在《艳电书后》中认为，如今的“和平运动”，“中国必须与日本携手，才能内则完成中华民国之建设，外则同负保障东亚之责任”。因此，日本只有援助中国完成建国事业，方能使之分担“东亚复兴”的责任。

4. 所谓“反共是中日双方的共同目标”

这既是“近卫三原则”之一，也是汪伪政府着力强调的重点。汪精卫在《我对于中日关系之根本观念及前进目标》一文中，认为挑起中日战争是中共的阴谋，而蒋介石却为共产党所利用，走上一条死路。他在伪国民党六大上宣布“反共为和平建国之必要工作”，认定共产主义与三民主义不相容，决定“以反共为基本国策”。从此汪精卫便对反共不遗余力。

四、汪伪政府的成立对于抗战的影响

1940 年 3 月，南京的汪伪政府成立。这一年是中国抗战十分艰难的一年，日军在中国气势汹汹，长驱直入，相继攻陷中国各个大城市。大半的中华河山沦入敌手，大量的国民党将士为国捐躯，悲观的情绪在国内各个地方蔓延。汪精卫就是极度悲观的人，他对比了中国和日本的实力之后，认为：抗战，中国必亡。除了他，当时有很多国民党将士、官员也有这样的情绪，所以这奠定了他投降日本的基础，也给当时的国民党成员带来了许多悲观的情绪，让国民党人当时的抗日热情极大地下降。

随着伪政府的成立，带有悲观抗战情绪的人自然就找到了下家。伪政府成立仅仅三个月，就有几十万的国民党军人接受改编成了伪军，枪口一转就对准了中国人。试想一下，若这几十万人坚决抗日，或可改变当时的境况。据说伪军巅峰时期曾经达到 200 万人，可想而知，这些人杀害了多少爱国志士。这样一次突然的投降，让当时的所有人都措手不及，极大地干扰了战事的进展，也极大地影响了原有的战略布局，同时也导致国民党进军消息的泄露。

汪精卫伪政府的成立，当时把蒋介石给吓坏了。因为两个国民政府的出现，必然会导致其中一个被迫沦为地方政权，这样一来就得不到国际上的承认，等于加快了中国的灭亡步伐，日本人这一招不可谓不狠毒。但汪伪政府的本性被国民党的其他将领看透，反而奠定了蒋介石在国民政府中的统治地位，所以蒋介石才能在汪伪政府倾覆之后以不干扰时局的速度极快地收编了剩余部队。

汪精卫伪政府成立之后为日本军人提供他们所需的物资，帮助他们打击中国的抗日力量。要知道，日军为了发动侵华战争几乎倾尽所有，所以他们的补给无疑是急缺且需求量巨大的，此时汪伪政府的投降无疑为日军提供了充足的补给，也使得日军侵华热情高涨。

而另一边，中国本就吃紧的战线将变得更加艰难，对战争的影响极大。

汪伪政权的建立，从国民党内部看，是蒋汪矛盾的延续。正常情况下，作为文人的汪精卫不敌手中握有兵权的蒋介石。日军侵华导致国民党损失惨重，蒋介石元气大伤，为汪精卫提供了良机。而与日本人合作更增加了汪精卫的胜算。

蒋汪各有后台，分别是英美和日本。英美希望中国能在亚洲战场上为之分忧，抗战期间对中国的支持还是比较多的，也暂时放松了对中国的掠夺。从日本在中国东北、华北的所作所为可以看出，日本的胜利，只会是中国的灾难。

五、对南京汪伪政权领导者汪精卫的评价

汪精卫的出走造成了国民党的分裂，他与蒋介石的长期政治角力使其在国民党中得不到他所期待的地位，汪伪政权成立后，汪精卫及其势力一律被定义为汉奸。汪伪政权在统治区的军队虽然不与国民党作战，但主要任务是防止赤化，而这又与共产党结怨。从辛亥革命的英雄，到遗臭万年的汉奸，汪精卫变化如此之大。有人为他辩护，说他是宁可委屈自己，也要保全大局；更多人认为，年轻时的满腔热血，并不能保证以后他不会为个人权力而牺牲整个国家的利益。

纵观汪精卫前半生，年少时满腔热血，以推翻腐败的清政府为己志，行刺摄政王载沣。孙中山逝世后，西山会议派试图在国民党内除去共产党的势力，后来蒋介石武力清党，欲彻底铲除共产党人，汪精卫却坚持孙中山的联俄容共和平路线，造成了宁汉分裂。而当共产党人开始武装反抗之际，汪精卫却立即进行“扫荡”。这显示了汪精卫的善变性。汪精卫出生于书香门第，在这样的家庭中，儒学的文化气息是比较浓厚的。从汪精卫的身世及功名途径来看，他受到“恭”“恕”等思想的影响。他早期的文章流露出一种高洁、温暖、仁厚、慈悲的情怀，哀感顽艳，语气沉痛，饱含一种深沉的忧闷，家国之悲、兴亡之感喷薄欲出。其思想的改变是在抗日战争中。缘由有许多，汪精卫在极其受束缚的环境中长大，幼年起就养成了懦弱自卑、优柔寡断的个性。这种性格成为他在以后革命过程中的后制力，使他在后来的政治活动中表现出了很严重的妥协性。1905 年 7 月汪精卫谒见孙中山，加入同盟会，参与起草同盟会章程；宣传三民主义思想，痛斥康有为、梁启超等的保皇谬论，受到孙的好评。他为人谦卑圆滑，长于调和，能左右逢源。有人说：“汪先生没有璧君不能成事，没有璧君亦不能败事。”从某种意义上来说，汪精卫沦为汉奸，也是坏在其妻陈璧君和周佛海手里。懦弱自卑的性格导致其被日本的淫威所压倒，未能辩证地看待抗战，看不到中华民族的胜利前景；“恐日病”使他主和而投降。优柔寡断的性格，易被别人所左右，被人推向卖国求荣的道路上去。汪精卫对抗战的理解是：“抗战年余，创巨痛深，倘犹能以合于正义之和平而结束战事，则国家之生存独立可保，即抗战之目的

已达。”

对汪精卫的正面评价主要来自林思云，他的《真实的汪精卫》一书，替汪精卫做了身后的平反，但争论很大，尤其是该书也无法否认汪精卫的一些卖国行为，如前文所列举的其在军事、经济、思想教育方面的卖国行径，虽然作者只是称作“负面影响”。另外，汪精卫承认伪满洲国、德王的所谓“蒙疆联合自治政府”等日本人的傀儡政府，是出卖中国领土的不可饶恕的严重罪行，现在看来就是分裂国家罪。

汪精卫的人生是一个从光明到黑暗的历程，他给予我们的启示是：今天，每个人要对自己未来做规划，这关乎个人的发展。坚定和善变，必然会是不同的人生结局。要去做一个正直、廉洁、对人类有用的人，为他人着想。虽然道路曲折，但是只要坚持走下去，必能看见希望。这也许是我们这个时代个人的大义，如果在个人大义上把握不好，无论你多么才华横溢，多么智慧超群，也许同样会和汪精卫一样，跌入人生的谷底；不论做官、经商，还是做学问，皆如此。汪精卫的结局给了我们巨大的警醒，特别是在这个物欲疯长的时代里，追逐人性的坚贞会让你的人生光芒万丈；倘若走上不正确的道路或者有不正确的思想，就会坠入深渊。

实践心得

《大戴礼记·保傅》中说：“往古者，所以知今也。”

我们研究了汪伪政权课题，虽然在收集资料的过程中，我们遇到了许多困难，但我们都一一克服了。更重要的是，我们在这一过程中，学到了很多，感悟很多。

第一，历史问题都有其复杂深刻的背景。以研究汪伪政权为例，我们的着眼点就应该放到中国抗日战争的历史背景下，从日本军部的侵华战略、国民党内部的倾轧等若干方面寻找资料进行研究。任何问题都不是孤立存在的，全面考虑问题的各个影响因素，才能得出科学、客观、完整的认识。研究过程中的许多新发现，让我对汪精卫有了更深刻的看法，发现了其卖国行为背后更深刻的东西。不得不承认，研究一个人、一件事，所谓的直观感受仍是不足为凭的。可以说，一个人的行为背后必然会有某种目的，而单从事件本身来看一个人的作为，无疑会是片面的。研究历史，应从人物或事件的多元性去综合得出一些总体印象，单从某一角度，必会失去评价历史的客观性。研究历史如此，做人更是如此。

第二，人性的复杂多变，需要全面认识。汪精卫早年曾是国民党早期革命的积极分子，他曾经参与了刺杀摄政王载沣的行动，在被捕后还写下“不负少年头”这样的诗句，他还为孙中山先生草拟遗嘱，其早期的革命性不可否认。然而，其个性在权力斗争中逐渐扭曲，最终悲观避战，投降日本，其中的人性变化，令人咋舌。从某种角度来说，历史也是人性演变史。

第三，以史为鉴，可以明得失。对汪精卫及其伪政权的研究，也可以为我们带来一定启发。我们今日如何看待汉奸及“精日”行为？我们如何做到不忘国耻、珍爱和平？这些都需要对历史事件进行学习研究。当初汪伪政府的成立带来了很多消极影响，特别是给当时的中国军民带来许多消极情绪。然而，哪怕是在最绝望的时候，依然有人对中国的未来抱有希望。我们觉得正是因为这些仁人志士的不懈奋斗，中华民族才得以永远屹立于世界民族之林。所以，无论在什么时候，我们都要坚信未来，保存内心的希望。

国民党在大陆失败的原因探析

国民党自孙中山先生创立以后，经历代国民党人经营而逐渐壮大，一度成为中国最大党派和统治中国的最大势力。但这个党员人数众多的大党却不能领导中国人民赢得抗战的最终胜利，实现国家的稳定和统一。国民党建立较早，军队武器装备良好，也学习了俄国，看起来它的实力可能远远超过共产党，但是为什么最终败北呢？带着这个疑问，本文从经济、政治、内部腐败、派系争斗、军事政策等方面展开探讨。

一、国民党面临社会经济崩溃

战争带来重大经济损失。抗战结束后的一段时间，很多地方的人民都处于极度贫困和饥饿状态，据联合国善后救济总署统计，1945 年战后至 1946 年，中国有饥民三千万人、灾区十九省。据战后至两湖地区宣慰视察的特使刘文岛报告，长沙历经四次战火浩劫，只有百分之五的战前房屋未遭破坏。衡阳的房屋仅有五幢完整，全市竟无一所学校留存。同行的监察使苗培成报告称：“湖南各地不仅耕牛没有，甚至沿粤汉走几百里，没有看见鸡犬，由岳阳至衡阳的田地都两三年没有下种了。”行政院善后救济总署调查处同联合国善后救济总署及国民政府农林部对河南进行战时损失调查后称，迄三十四年（1945 年）秋季止，全省一百一十县几无一县未受敌寇侵扰。河南省战前人口达 33 410 615 人，战后急待赈济的灾民就有 6 445 000 人，房屋损失 156 万余间，牲畜损失 121 万余头，灾民终日以菜根、野草为食。从这些当时的报告中不难看出，人民正生活在痛苦之中，衣食住行没有基本的保障。

1946 年 3 月 30 日，《新华日报》发表社论：“打开我国的地图，睁开眼睛一看，国民党一党专政下的地区，哪里没有灾荒？单就报纸上发表的材料来看，可以看出灾荒是异常严重的。如湖南、河南、安徽、广东、广西、江苏、湖北、江西、四川，以及陕、甘、青、滇等省，真是遍地是灾，尤其是湖南等地，实在是惨不忍闻。固然，大部分灾区是经过敌伪占领的地区，但有许多地区都是从来没有沦陷过的。现在的严重现象，是耕地荒芜，副业凋落，耕牛尽失，农具俱毁，疾病蔓延，难民流离失所。总之一句话，农村的生产几乎已完全破产，农民的生活已陷入绝境。”从这段社论中，可以看到当时国民党统治地区的恶劣情况。

土地改革的失败也使国民党失去了民心，这使得国民党无法得到人民方面的经济支持，加快了其在大陆败退的速度。自孙中山提出“平均地权”“耕者有其田”以来，国民党断断续续进行着土地改革，但国民党因为其体制和阶级形态，土地改革的政策虽然一直在制定，但从未有效落实和执行。土地改革需要有强大的力量和坚定的决心去实施，但国民党的阶级基础是大地主和大资产阶级，即使国民党的上层制定了相关的政策，相关指令传达下去后，也很难执行下去，因为执行者自己可能就是上述的一类人，不可能号召农民来分自己的财产。甚至还有国民党人，利用自己的身份去搜刮老百姓手中最后的一点储备粮食，导致广大人民群众失去对国民党的信心。而在当时，中国农村人口占了总人口的绝大部分，土地革命失败也是经济崩溃的一大原因。

对美国及美元的依赖损害了民族工商业发展，导致民族企业遭受严重打击、经济崩溃。为了得到美国的支持，国民党政府前后与美国签订了《中美友好通商航海条约》《中美空中运输协定》《关于美利坚合众国援助中国人民之协定》《中美关于经济援助之协定》《关于设立中国农村复兴委员会之换文》等，这些文件赋予美国在华的经济特权，使得美国产品在国内有巨大优势，美国商品大量涌入中国市场，在这种情况下，贸易逆差严重，民族企业遭严重打击。

通货膨胀致使国民党经济崩溃。造成通货膨胀的最主要原因是政府预算赤字不断增加，由此产生的货币发行额不断增加。为了弥补这一漏洞，政府只能不断发行纸币。在政府储备减少的情况下，纸币的大量发行使得货币的流通量增加，这一现象导致了物价上涨，国民党内部开支加大，由此形成的恶性循环又加剧了膨胀过程。物价上涨逐渐超过了普通百姓的承受范围，使得国民政府的统治基础在很大程度上被削弱。如此程度的通货膨胀直接导致了国民党的经济崩溃。

国民党的不合理军费开支也是经济崩溃出现的一个原因。在抗战结束初期，国民党的经济实力相对来说还是相当雄厚的，但由于过度地将钱投入内战，军费开支远超财政收入，这一入不敷出的做法，加剧了经济崩溃。庞大的军费开支远超经济收入，而经济在很大程度上又影响着军事的成败，在陷入了这一恶性循环之后，国民党的败退也就成为必然。

二、国民党政权面临合法性危机

国民党在法理上的合法性，大致通过制度的合法性表现出来。

一个政权如果没有有效的监督和惩戒机制，缺乏法治，极易导致政权腐化。国民党战时的体制高度集权化，法治欠缺。费正清指出，“国民党在南京掌权以后，由于吸收了腐败和混日子的官吏以及没有原则的投机分子入党，它的革命的理想主义涣然消失”，以致蒋介石痛指“中国革命已经失败”，“国民党掌握权力后，完全改变了性质。它毕竟已经利用上海青帮地下势力，反对共产党，赢得政权了。开始时很多中国人拥护南京，但是老式官僚主义恶习很快使他们幻灭。除了大肆逮捕共产党人外，国民党警察还镇压其他政党和职业个人”。

抗战时期，国民党政权内部腐败现象屡禁不止，国民党利益集团大发国难财，购买军火，印制钞券，进行黑市外汇交易等，政府官员们贪污受贿、以权谋私现象极为严重。蒋介石一番话评价了国民党政权内部的腐败：“做官不贪污、不纳贿，真是凤毛麟角，什么人不到政界则已，一旦有了地位，便想腰缠万贯了。”同时也反映了国民党缺乏对官员的法治约束，这是造成国民党腐败日益严重的重要原因。抗战时期轰动一时的中央银行总裁孔祥熙侵吞美金公债案，揭露了国民党利益集团的贪腐程度。

蒋介石领导的国民党统治中国二十余年，建立了专制独裁的南京国民政府，从形式上统一了中国。但国民党政权的统治在抗日战争胜利之后，只经过短短的三年时间便顷刻间土崩瓦解，国民党军队败走台湾，这其中的原因是多方面的。从政治合法性及其要素分析，国民党的专制独裁统治、政府的腐败无能、经济的凋敝、文化的专制等，使其日益失去民心，从而逐步丧失了政治统治的合法性基础，是国民党政权覆灭的根本原因。

近代以来，尤其是辛亥革命以来，民主宪政制度已成为中国政治发展的理想目标。因此，是否实行民主宪政制度，成为人们判断南京国民党政权在法理上是否合法的依据。而终其二十二年的统治，南京国民党政权始终没有确立起真正的民主宪政制度，由此失去了人们的认同与支持。政权合法性出现危机，这无疑是导致其覆亡的一个重要因素。然而，从当时中国的现实看，这仍不是最主要、最直接的因素。首先，当时的中国是一个极其缺乏自由民主传统的国家，在当时经济文化相当落后、农村人口占绝大多数、人们普遍缺乏民主政治参与的条件与能力的背景之下，能够从法理上关注一个政权的合法性问题并确认是否认同的，只是一小部分人。他们主要包括具有自由主义思想的知识分子、学生、民族资产阶级及其他党派人士等。这些人在中国政治舞台上的作用虽然重要，但势单力薄。他们手中所拥有的资源不足以同国民党相抗衡。所谓在法理上出现合法性危机，指的主要是这一部分人的认同危机。而失去这一部分人的支持，尚不足以对南京国民党政权构成致命的威胁。因此，国民党自以蒋介石为首的右派背叛国民革命建立南京政权以后，便沦为一个没有政治理想、没有主义信仰、极其缺乏凝聚力的松散的政治集团。促使国民党内部集合的动力不是共同信仰的意识形态、一致信服的领袖权威，或公认合法的组织体制，而是各自的利益关系、私人关系。诚如陈立夫所言，在国民党内发生作用的只是经济关系和传统的乡谊关系。这表明国民党内的确存在着严重的内部认同危机。这种内部认同危机对国民党政权的合法性来讲是致命的。

三、国民党内部腐败侵蚀政权

国民党军官搞腐败全靠“欺上”和“瞒下”。所谓“欺上”，便是虚报编制和伤亡人数，吃空饷。国民党军中普遍存在着虚报编制的恶习，比如国民党军队编制要求每个步兵班应有 11 人，但是班长常常将人数控制在 7 人左右，如此一来剩下的 4 个人的粮饷和各类费用就全被班长拿去中饱私囊。如此层层叠加，积少成多，到了师一级，部队缺勤率就会高得让人难以置信。抗日名将戴安澜就曾回忆他初任 200 师师长时，严厉彻查编制，发现本该有 12 500 人的师，实际上只有 5 000 人出头，可是一切军饷和物资却仍按照 12 500 人的数量发放，这多出来的 7 000 多人的财物全都进了腐败军官的腰包里。而且这种腐败方法有着很强的隐蔽性，一旦上级派遣有关人员来调查，直接称这些不存在的士兵战死，尸体由于各种原因无法找到便可。此外，政府要负担这些“阵亡士兵”的抚恤金，这笔钱自然也被腐败军官中饱私囊，而且由于这些“阵亡士兵”本就不存在，因此也没有惹怒其家属的风险。国民党军虽设有各类检察组织，但是检察组织的人员和直接带兵的指挥官之间是相互流动的，等于自己监督自己，自然不可能起到作用。也正因此，我们看到国民党军在抗日战争、解放战争中常常打出非常低的伤亡比，这是因为国民党军的军队人数存在虚高的情况。

比起“欺上”，国民党腐败军官的“瞒下”更令人愤怒，他们不仅克扣士兵的津贴，甚至要普通士兵“孝敬”他们。史迪威在日记中记载了这么一件事情：当时在滇西的国民党军接受了大批美国援助物资，不但士兵们装备了美式武器，连口粮都与美军士兵完全一样。但是几个月后，史迪威发现还是有许多士兵骨瘦如柴、面有菜色，因为营养不良而引发的疾病虽然减少但没能杜绝。史迪威非常疑惑，美军口粮热量极高，美国大兵吃了都发胖，怎么中国士兵吃了几个月还没见变化？带着疑惑，史迪威命令自己的少校副官暗中调查，最后发现国民党贪腐军官居然将美援的口粮拿到市场上去卖，得到的钱全部据为己有，而可怜的国民党士兵只能四到五人吃一人份的口粮。史迪威勃然大怒，要求蒋介石撤销贪腐军官的职务，但是被蒋介石搪塞了回去。最终双方达成妥协，国民党士兵吃饭时要有美军军官监督才行。这才遏制住了国民党军官贪腐的势头。史迪威对蒋介石高度不满，连士兵的口粮都贪污，还有什么是这些腐败军官不能贪污的呢？

1947 年，美国正在为总统大选预热。共和党领袖杜威是个顽固的反共分子，声称如果自己当选总统将派兵介入解放战争。蒋介石认为如果杜威当选对自己极为有利，便挪用了杜鲁门政府援助国民党购买武器的资金去支持杜威竞选。后来东窗事发，杜鲁门政府一怒之下暂时切断了对蒋介石的援助。

四、国民党派系斗争致政党长期分散

国民党历来派系斗争严重。在国民党内以陈立夫、陈果夫兄弟为首的中央俱乐部（The Central Club，简称 CC 系）管理党务，以张群、黄郛为首的政学系掌握着行政权力。二者之间的矛盾在政协会议后的国民党六届二中全会公开化。由于政协协定是在政学系张群、王世杰等人的努力下达成的，这引起了国民党内右派人士的不满，同时他们亦不满政学系把持行政，CC 系与黄埔系联合在六届二中全会上攻击政学系诸人。各派人士更是在“国大代表”、参议员以及立委、监委的选举中各显神通，争抢名额，大大加剧了国民党的分裂。国民党派系斗争在 1948 年的选举中李宗仁当选为副总统时达到顶峰，可以说国民党内斗争已经失控。国民党内斗不休，加上它在战争上的失败致使国民党上层精英对其统治日益失去信心。1948 年 11 月，有“领袖文胆”之称的陈布雷自杀。1949 年 2 月，国民党理论家、担任考试院院长 20 年之久、为国民党奋斗终生的元老戴季陶自杀。而基层党员也日渐离心，麻木不仁，得过且过，纷纷退党，当国民政府财政危机严重时，蒋介石号召国民党员购买政府债券，竟无几人响应。为此傅斯年曾说：“古今中外有一个公例，凡是一个朝代，一个政权，要垮台，并不由于革命的势力，而由于他自己的崩溃。”国民党内部派系斗争严重，军队也不例外。比如中央军内部也分为陈诚的土木系和何应钦系，还有其他各自为政的小派系。他们保存实力，对友军的困难视而不见。最典型的就是孟良崮战役中，张灵甫为了立功不听指挥，独自前进，将友军甩在后面，当张被围于孟良崮时，李天霞因为与张灵甫有私怨而见死不救，而犯了如此大错误的李天霞也只是被撤职了事。

国民党中央与地方派系斗争也非常严重。国民党统治下的中国并不是一个中央集权的国家，它实际上是一个联盟，蒋介石是这个联盟的首领，控制着联盟的主要力量，但是联盟的其他力量也不可小视，如桂系李宗仁、白崇禧，晋系阎锡山，还有冯玉祥、龙云等等。最典型的就是淮海战役的第二阶段，从华中增援徐蚌战场的蒋介石的嫡系主力部队十二兵团在双堆集地区被围，此时国民党军在其他地区已经无兵可调，蒋介石于是电令白崇禧调桂系的第三兵团去解围，而白崇禧坚决不同意，冷眼旁观国民党的失败。

相比之下，组织有力一直是中国共产党的显著优势，其动员能力强大，有自上而下的完备的组织系统，可以深入到每一个村庄。中共中央的方针、政策、命令可以通过地区党委传达到省、区、乡，再传达到村里的小组、支部。以山东根据地为例，全面内战爆发时，山东根据地的共产党员占其总人口的 1%，村村有党员，而且还有许多如农会、工会、青年团、妇女会等数量庞大的外围组织。

五、国民党军事政策失利

解放战争打响之前，国民党军事力量远远超过共产党的军事力量，人数有400余万；国民党的装备都精良耐用，重炮全是美式榴弹炮，连士兵的鞋带都和美军的一样。反观共产党军队，仅127万人，甚至还有部分人是民兵，之前没有作战经验，没有经过系统的训练，自发参加了中国共产党；共产党主力步兵部队的装备远远不如国民党，民兵则是举着生锈的大刀奔向战场。

虽然在解放战争之初，国民党的准备远远强于共产党，拥有全面的军事优势，但军事力量强并不意味着战争的胜利。自古以来，有很多以少胜多的例子，都说明战争的胜负跟装备、人数没有必然联系，解放战争也是如此。自战争打响，国民党犯下一个又一个战术、谋略上的错误，不断积累，而共产党将最初的劣势慢慢转变为优势，最后完全取得战争的胜利。

在解放战争中，国民党虽然在一开始于装备、人数上占优势，但却没有将军队的全部部署、全盘的战略化为优势。在战争中，国民党的军事战略基本上由蒋介石一个人定夺，而他对这场战争有着自己的想法和计划。他认为，只要攻占中国共产党的根据地，使其不能负隅顽抗，不给喘息的时间，共产党就会输，国民党就能取得战争的胜利。他认为，战争的胜利和交通有着不可分割的联系。便利的交通，意味着人和物资便于运输，而要控制交通，就要先控制大都市，大都市是经济文化的中心。在占领大都市之后，以放射状向外延伸，就可以控制所有的交通线。打持久战，如没有后勤保障就会一直处在挨打的地位。也就是说，蒋介石要先占领大都市，掌握交通权，转而控制交通，由线来控制面，使中国共产党没有立足之地。虽然蒋介石这一套逻辑听着不无道理，在全面作战期间，占领大都市、交通线，确有一定的成效，但是随着战争的持续，这套理论慢慢地显示出它的弊端，形成了他最不愿意看到的结果。中国共产党不拘泥于坚守阵地，在必要时，即使是政治中心，也可收放自如。1947年2月15日，国民党军占领了临沂，蒋介石认为“陈毅已失其老巢，就再不能发生过去一样大的作用了”，“以后的问题，都在黄河以北了”。然而事实恰恰与蒋介石的论断相反，中共部队系主动撤出临沂北上，随后李仙洲部被歼之消息传来。由于蒋介石坚守自己的一套理论，国民党能作战的部队越来越少，逐渐在军事上失去主动权。

中国共产党领导的军队总是能从挫折和失败中吸取经验与教训，不断壮大自身的力量，势如破竹，排山倒海。而国民党的军队却是日渐衰弱，最终失去反攻能力。透过国民党失败的原因，我们不难看出，尽管一个执政党失去执政地位的原因是多方面的，但是一个党能否保持先进性是这个党能否保持执政地位的根本原因。国民党通过坚持新三民主义和三大政策，保持其在中国民主革命中的先进性，维持了执政地位。后来因为它背弃了新三民主义和三大政策，顽固坚持反共、反人民的反动政策，充分体现了它的买办性、封建性的落后本质，导致其失去了在大陆的执政地位。

实践心得

心得一

在这次论文的撰写过程中，我利用课余时间查询了大量相关资料，了解了更多关于那段艰苦岁月的历史，了解了国民党倒台的一些可能的原因，我也更加确定了中国共产党才是当时社会背景下能救中国的唯一党派。共产党从人民的利益出发，为广大人民群众谋福利，所谓“得道者多助，失道者寡助”，正是这种为人民服务的出发点，使得中国共产党的支持者远比国民党多，在那个艰苦岁月，无数前辈前赴后继地为中国革命道路贡献出自己的力量，星星之火，可以燎原，现在中国走出了中国特色社会主义道路，我也相信，实现中华民族伟大复兴就在不远的将来。

心得二

通过这次实践活动，我对国民党倒台有了更进一步的了解。在实践过程中，我查阅了大量资料，从相关史实中，从相关考证资料中，也从他人的见解中了解了中国共产党的英明决策和成功原因。以史为鉴，从历史的教训中汲取经验，我们才能更好地面向未来。国民党因为党内的各种决策失误，慢慢地将自己推向失败的深渊，而寻找到对的方向的中国共产党，虽在斗争初期处于劣势，但借助正确的决策和人民的力量，最终成功地获得了全国人民的支持，成立了新中国，为中国日后的进一步富强打下基础。身处在这个富强而安定的国家，我们更应该珍惜当下，积极进取，为国家的未来而努力。

第二篇

近代中国几十年孜孜不倦地学习西方资本主义为什么行不通？中国的出路到底在何方？十月革命一声炮响，给中国送来了马克思列宁主义。十月革命给世界人民的解放事业开辟了广大的可能性和现实的道路。1919 年，五四运动爆发，中国革命由此进入新民主主义革命时期。

五四运动是中国新民主主义革命的伟大开端。它直接促成了中国人民和中华民族的伟大觉醒。一批成长起来的共产主义知识分子，开始循着马克思指引的方向前进，把马克思列宁主义与中国的工人运动相结合，缔造了中国共产党。从此，中国人民有了前进的主心骨，中国人民的精神面貌和革命面貌焕然一新。中国共产党一经诞生，就把为中国人民谋幸福、为中华民族谋复兴确立为自己的初心使命，为之进行一切奋斗、一切牺牲、一切创造，最终推翻了帝国主义、封建主义、官僚资本主义三座大山的压迫，成立了人民当家作主的中华人民共和国。

勿忘国耻，展望未来

南京大屠杀的发生是中国的悲剧，也是世界的悲剧。了解其发生的原因、经过，才能更好地反思这段历史，并以史为鉴，让悲剧不再重新上演，共同构建美好未来。因此我们有必要对南京大屠杀进行更加深入的了解与分析。

一、南京大屠杀发生的原因

（一）从国际背景看

从整个国际背景来看，当时国际法西斯势力十分猖獗。日本的资本主义发展受到经济危机的严重打击，政治经济局势恶化，处境恶劣。因此日本选择走上法西斯道路，通过对外进行殖民侵略来化解危机，获得战败国的巨额赔偿来缓解自己在经济危机中所受的打击，最终达到改变世界格局、称霸世界的目的。中国便成为日本法西斯进行军事扩张的对象。南京大屠杀是国际法西斯势力在政治上结为同盟、相互促恶造成的。

（二）从国内环境看

从当时中国的国内环境来看，国民党统治下的中国社会仍然是半殖民地半封建社会，蒋介石为了巩固独裁政权，大肆屠杀中国共产党人。这让日本有了可乘之机。日军乘机对中国发动进攻，南京便是日军侵华过程中的一个目标。但是“兄弟阋于墙，外御其侮”，国共两党在国家面临大难时能够暂时放下矛盾，一起携手抵御外敌，展现了中华民族伟大的凝聚力。这是出乎日本预料的。

淞沪抗战的失利间接导致了南京大屠杀的发生。淞沪抗战中，国民党军英勇反抗，浴血奋战，使得日军伤亡惨重，彻底粉碎了日军“三个月灭亡中国”的计划，让日本认识到中国并没有那么容易拿下。尽管如此，战争的结果却不尽如人意，以国民党军溃败告终。上海失守，南京便成为日军的下一个目标。所以说淞沪抗战的失败与南京大屠杀有着密切的联系。

南京保卫战的失败直接导致了南京大屠杀的发生。南京城失守之后，日军便开始了南京大屠杀。面对日军的强势进攻，中国士兵顽强抵抗，想要守住南京城，但是奈何兵力不足，无法成功抵抗，最后不得不撤退。松井石根对中国士兵进行劝降，但是唐生智对此置之不理，继续坚守抗战第一线，企图背水一战，与日军战斗到最后一刻。由于中国军队拒绝投降，日军恼羞成怒，更加丧心病狂地攻打南京。南京大面积沦陷。眼看已经回天无力，蒋介石做出指示让唐生智率兵撤退。但是由于撤退命令的下达不当，且缺乏有效组织，船少人多，无法保证所有士兵安全撤退，导致大量士兵未能及时撤离，滞留城中。于是很多士兵便放下武器，穿上便衣，混入老百姓当中，形成了军民混杂的局面。这一举动便为日军肆意杀害无辜的平民百姓提供了借口。他们搜查平民家，寻找便衣兵，实际上不过是打着寻找中国士兵的旗号，恣意地杀害中国百姓。蒋介石政府在抗战中表现出坚决保卫南京的高姿态，导致南京市民相信蒋介石政府能够保卫南京，错误估计了形势。所以在战争初期，百姓并未意识到南京战况的严重性，错过逃亡的最佳时期。虽然蒋介石政府表示会固守南京，但是对于如果南京城失守，应该如何安置和保护南京市民没有做出明确、详细的规划，没有做好最坏的打算，当日军攻陷南京之后，国民政府也未能实施有效的措施来保护好百姓的安全。南京被攻陷，大批难民涌入国际安全区，然而此前国民政府对于国际安全区的支持不够，且安全区未得到日本的承认，因此，大批难民的安全并未能够得到充分的保障。

（三）南京具有重要战略地位

南京是国民政府的首都，是中国的政治和军事中心，对于蒋介石政府自然是至关重要的。日军想要侵占中国，必须要侵占中国首都。松井石根在攻打南京城之前就命令手下谷寿夫等人：“南京是中国的首都，占领南京是一个国际上的事件，所以必须作周详的研究，以便发扬日本的武威，而使中国畏服。”这句话足以显示松井石根实施南京大屠杀的野心。一方面，南京是各国驻华使节的集中地，他想要攻下南京，以让日本获得国际的关注，来提升日本的威望和国际地位，展示日本军事力量的强大，为日本打出威武的招牌。另一方面，松井石根想要通过南京大屠杀来挫一挫蒋介石政府的锐气，让蒋介石看到日本军队的强大；让中国人民失去对国家的自信心和抵抗外辱的勇气，让中国屈于自己的淫威之下，从而达到占领南京，最终占领整个中国的目的。所以南京这步棋对于日本非常重要。

（四）从日本的角度思考

淞沪抗战中，虽然日本取得胜利，但是在物资方面已经不足，同时日军伤亡也比较惨重，兵力消耗非常大。这些现实让日本不得不加快对南京的侵略速度，以期在短时间内能够拿下南京。因此，日军疯狂地在南京实施暴行，想要乘胜追击，消灭中国军队的主要力量来缩短战线，尽快取得胜利。

日本实施南京大屠杀，还有一部分是出于报复的心理。虽然在淞沪抗战、南京保卫战中日军都取得了胜利，但是在这两场战役中中国士兵英勇反抗，坚决保卫国家，表现出与日军战斗到底、为国家献身的精神和决心。这让日军了解到中国并没有想象中那么容易对付。同时在南京保卫战中，日方向中方劝降，遭到中方的严词拒绝，战线进一步拉长，日军损失加大，对此日本怀恨在心。因此，南京大屠杀是出于一种报复心理，报复中国士兵的英勇抵抗和拒绝投降。南京大屠杀中，日军大肆地烧杀掳掠，屠杀无辜百姓，强奸妇女，无恶不作，残暴疯狂地报复这座城市，使整个南京成为炼狱，暗无天日。

此外，日军侵华战争中一个不能忽略的因素就是日本士兵身后的日本妇女。其中一位日本妇女不得不提——井上千代子。井上千代子与丈夫井上清一结婚不久，井上清一就需要前往侵华战场，丈夫对她很是不舍。为了鼓励丈夫抛弃儿女情长，全身心地投入到侵华战争中去，在丈夫离开日本踏上战场的前一天晚上，井上千代子自杀了。于是井上清一便在中国疯狂地屠杀中国人，用无数中国人的鲜血来慰藉妻子的在天之灵。因此井上千代子被日本天皇封为“昭和烈女”。她的自杀在日本产生了轰动影响。井上千代子的死催生了“大日本国防妇人会”。她们为侵华日军寄送慰问袋，接送回国和出发的士兵，召开慰问会，照顾伤兵，等等。她们的种种举动无疑是在激励日本士兵疯狂侵华，但她们却不知道日军给别国的妇女带来了多么深痛的灾难。虽然她们没有在南京大屠杀的现场，但是她们也是这场屠杀的间接参与者，是这场屠杀的帮凶。

日本进行明治维新，在政治、文化、教育、军事方面进行改革，国家实力日益强大，走上资本主义道路，迅速跻身世界强国之列。但是日本属于岛国，资源非常有限，限制了其进一步的发展。而中国幅员辽阔，土地资源、矿产资源等都非常丰富，这在日本人眼中是非常诱人的，一旦日本占领中国，必能利用中国的资源助力自身的发展，弥补自己资源不足的短板，增强综合国力，提高国际地位。另外中国此时国力衰退，综合国力远远不如日本，以至于被日本轻蔑地称为“支那”。这让日本觉得占领中国是易如反掌之事，于是制订了“三个月灭亡中国”的计划。

日本军国主义是南京大屠杀暴行发生的最根本原因。明治维新虽然让日本走上了强国之路，但是资本主义改革并不彻底，仍然保留有大量的封建残余势力。日本军国主义以垄断经济为基础，以天皇制皇家政权为轴心，以军事武力为支柱。日本军国主义在对中国的早期侵略——中日甲午战争中就早已有体现，后来随着日本对外侵略的不断胜利，日本军国主义便愈加膨胀地发展起来。到南京大屠杀时，日本军国主义更是发展到顶峰，灭亡中国野心暴露无遗。

归根到底，南京大屠杀与日本武士道精神有着极大关联。武士道是封建幕府时代的政治产物。武士道精神强调尊重礼仪又野蛮残暴，信佛又嗜杀，欺压弱者又顺从强者，这样一种思想使得日本士兵在南京大屠杀中人格变得极端，偏向野蛮残暴、嗜杀，欺负弱者以得到安慰和骄傲。武士道强调将个人的生死置之度外，不去考虑自己的安危和得失。武士道精神要求“奉侍天皇，报答国家”。日本天皇被认为是神的子孙，军人必须要无条件地听从天皇的指令。为了让日本士兵义无反顾、拼尽全力地侵略中国，日本军国主义欺骗士兵说，在战场上可以得到神灵的保佑，他们生前所做的一切罪恶事件在他们死后都可以得到原谅，他们死后可以成为“战神”。日本士兵对此深信不疑，他们在制造南京大屠杀惨案的时候，并没有一丝愧疚，相反，他们认为自己侵略得越疯狂，就越是对天皇的忠诚，就越可以成为“战神”。日本长期向国民灌输英勇杀伐的教育，因此日军在南京大屠杀期间对中国百姓做出各种伤天害理之事。明治维新之后，日本全体国民武士化，武士道精神几乎成为日本全体国民的精神信仰。当这种信仰为日本军国主义利用，发生偏差的时候，整个日本也就陷入一种可怕的状态。日本武士道精神的丑陋在南京大屠杀中一览无余。

二、日军南京大屠杀的暴行

（一）“杀人竞赛”

在攻入南京之后，野田毅和向井敏明举行“杀人竞赛”，约定谁先杀满 100 人即为胜利。为了赢得胜利，两个人疯狂地杀人，以至于刀都已经用钝了。日本的媒体将这场“比赛”称为“皇军的胜利”。中国的报纸也刊登了这一“杀人竞赛”事件，举国上下感到震惊、愤恨。人性在这场“竞赛”中被无情地践踏，他们是野兽、是恶魔，疯狂地想要在这场“比赛”中获得快感，赢得日本人的敬仰。当刀刺进我们无辜的同胞胸膛之中，他们的内心没有一点触动，反而露出不屑、满意的笑容。历史照片上野田毅和向井敏明显出一副得意、骄傲的神情，对于自己的残忍行径没有一丝的愧疚。“杀人竞赛”事件折射的是当时日军进行南京大屠杀时的疯狂和可怖。这只是南京大屠杀的冰山一角，还有数以千计诸如此类，甚至更为凶残的事件。人性何以在战争时沦落至此？

（二）性强暴

在南京大屠杀期间，日本士兵性强暴无数中国女子，甚至还包括尚未成年的孩子。战争中手无寸铁的她们只能够任人宰割，无法抵抗。日本士兵将女子性强暴之后还将她们残忍地杀害，让她们赤裸地横尸街头。有的士兵将怀孕的妇女性强暴之后，将她们的肚子剖开，将还没能出生的胎儿挑在屠刀上玩弄。那些士兵大都有家庭，也有妻子、孩子，可是在战争中他们就变得禽兽不如，杀害那些手无缚鸡之力的人们，从未站在她们的家人角度去考虑，更不会想到如果自己的家人也遭受如此行径又该如何。

（三）文化大屠杀

我们提到南京大屠杀首先想到的可能就是以上日本士兵的暴行，但是我们不能忽略的是比南京大屠杀更加可怕的另外一场“屠杀”——文化大屠杀。“欲亡其国，必先灭其史”，日军想要统领南京就必须要摧毁它的历史、它的文化。一个城市的文化是这个城市的立身之本，是一个城市的根基。如果一个城市暂时被统治、被占领，它的文化根基依旧存在，日后当它重新回到祖国时，它依旧能够很快地恢复自己曾经的面貌。然而，当一个城市的文化遭到疯狂掠夺和破坏，文化的根基没有了，那么这个城市也就彻底沦为侵略者的囊中之物，无法翻身了。日军当年制造南京大屠杀时正是出于这样的想法，他们不仅想要在领土上占领南京，更要在文化上彻底征服南京。他们想要抹杀我们中华民族的悠久历史和古老文明，打击中国人民的民族自豪感和民族自信心，妄图在精神方面彻底征服不屈不挠的中国人民。

南京的明城墙被誉为“世界上砖石城墙之冠”，然而在南京大屠杀期间却遭受严重的创伤。日军司令松井石根在签发的《攻占南京要领》中提出“进行炮击夺取城墙”，光华门、中山门、中华门、通济门被坦克、炮弹轮番轰炸，曾经宏伟壮丽的城墙变得满目疮痍。

“南朝四百八十寺，多少楼台烟雨中。”一句诗道尽南京古代佛教发展的繁盛。南京不计其数的庙宇惨遭日本士兵的毒手。其中南京著名的牛首山也未能逃过此劫。在日军的野蛮行径下，牛首山失去了往日的美丽，变得黯淡无光，成为荒山野岭。

早在日军攻占南京城的前夕，日军方面的特务机关就成立了一个“占领地区图书文献接收委员会”的机构，专门负责掠夺南京的图书文献。南京高校众多，高校中藏书很多。同时南京素有藏书的传统，很多民间藏书家手中拥有大量珍贵的图书典籍。南京有龙蟠里国学图书馆等历史悠久的图书馆，还有大量新式图书馆。南京藏书之多、之精，为全国之最。日军对于这些书籍垂涎欲滴，想要占为己有。日军出动士兵 367 人，动用中国劳工 2 830 人、卡车 310 辆，掠夺图书文献超 88 万册，超过当时日本最大的图书馆——东京上野帝国图书馆 85 万册的藏书量。

与此同时，大量的珍贵文物也惨遭掠夺。日军进城之后大肆烧杀淫掠，不计其数的珍贵文物毁于大火之中。收藏有从全国各地征集而来的大量珍贵文物的中央博物院被日军洗劫一空，损失文物数量达 1 679 种。当时中国最高科研机构——中央研究院考古研究所珍藏的文物也被打劫，古陶器、佛像、古瓷器、壁画、精美手工艺品等文物损失十分惨重。更加可恨的是，日军对于掠夺的珍贵文物不加以珍惜。山东日照出土的古陶器，竟被日军拿去做铺垫铁路路基的碎石！

日军在南京掠夺的古籍文物远远不止统计的这些，他们在南京大屠杀中对中国文化的伤害难以评估！这些不仅仅是南京的损失，更是世界文明的损失。曾经辉煌的文明就这样被日军践踏。日军造成的损失是无法估量的，因为他们损害的都是无价的文化瑰宝。

三、南京大屠杀的当代启示

(一) 国家要统一，统一才能发展

自辛亥革命后，孙中山等人推翻清政府的统治，但是却未能改变中国半殖民地半封建社会的性质，其革命果实被袁世凯窃取。袁世凯就任中华民国临时大总统，企图恢复帝制。在他死后，北洋军阀的势力被瓜分，孙传芳、段祺瑞、吴佩孚等人各自分地为王，将中国分块统治。北伐战争之后，汪精卫联合西山会议派以及国民党军阀阎锡山、李宗仁、张发奎、冯玉祥，试图挑战蒋介石的南京国民政府，夺得统治权，发起了中原大战。国民政府形成了蒋介石主军、汪精卫主政，二人分制共管的“均权制”局面。与此同时，国共两党纷争不断。从辛亥革命开始到日本发动全面侵华战争，中国一直处于形式上的统一状态，但国家内部纷争不断，让日本有机可乘。因此国家必须统一，统一才能拥有民族凝聚力，才能够更好地发展。

(二) 落后就要挨打

日本实行明治维新，在政治、经济、教育、军事方面都做出了重大改革，从此走上工业化道路，综合国力迅速提高，逐渐跻身世界强国之列，进入近代化的快车道。而中国实行闭关锁国政策，错过工业革命，其发展早已经落后于日本。日本渐渐发展强大，野心得不到满足，开始选择对外实行军事扩张以进一步提升自己的实力。中国由于落后，自然成为日本的猎物。南京大屠杀的发生便验证了“落后就要挨打”这一铁律。日本军事力量的强大让镇守南京的士兵难以招架，榴弹炮、坦克让士兵们束手无策。一个国家只有足够强大，才能够独立自主，才能不被其他国家欺辱和侵略。南京大屠杀是那个时代中国落后挨打的一个缩影。

(三) 珍惜和平，远离战争

南京大屠杀遇难者达30多万人。30多万无辜的鲜活的生命就这样在四十多天内消失了，实在令人心痛。战争带来的只会是痛苦。战火漫天，尸横遍野，血流成河，妻离子散，这些曾经是南京的真实写照，整个南京城被黑暗笼罩着，透不进一点点阳光和希望。这就是战争！残酷、冰冷，没有一点温度。所以我们需要远离战争，远离痛苦。当今世界，国家与国家之间会因为利益而发生冲突，但是解决这些冲突的方式绝不能依赖战争，而应当协商互谅将冲突最小化。当今的和平是先辈们用鲜血换来的，和平来之不易，我们

应当珍惜。

(四) 高举人道主义的大旗

我们要高举人道主义的大旗。“百人斩”杀人“竞赛”，奸淫中国女性，机关枪射杀手无寸铁的百姓，抢劫纵火……就像参与南京大屠杀的日本士兵描述的那样：“子弹在唱着死亡之歌，人发出虐杀的吼叫，跳着地狱之舞……现在，我们已经不是人，而是一头狂吼的野兽。”南京大屠杀中日军的种种行为都是泯灭人性的行为，是将人道主义的大旗踩在脚下蹂躏。对此，我们一定要铭记历史，勿忘国耻。

(五) 谨防帝国主义抬头

日本右翼分子公然参拜靖国神社，帝国主义在悄然抬头。前事不忘，后事之师。我们必须要警惕帝国主义抬头，坚决避免南京大屠杀的悲剧再次发生。

四、对待南京大屠杀的正确态度

(一) 必须正视、承认这段历史

南京大屠杀是日本军国主义在侵华战争中犯下的弥天罪行，铁证如山，国际社会对此早有定论，可是日本对于南京大屠杀的历史却持不承认的态度，甚至篡改历史。更令人气愤的是日本篡改历史教科书，书中声称“东京审判认定日本军队在1937年的日中战争中占领南京时杀害了很多中国民众。但是关于事件的实际情况，资料上被发现有很多疑点，存在各种见解，现在仍在争论”。把之前版本中日军“杀害了众多俘虏和居民”修改为“波及俘虏和居民，出现了众多死伤者”，这会导致日本的年轻人对于南京大屠杀存在误解和认识偏差。年轻人是一个国家的未来，如果就这样一代代地误导下去，那么南京大屠杀这段历史又还会有谁去铭记？去反思？日本首相参拜靖国神社则是对南京大屠杀的公然否认，靖国神社中供奉的日本战犯，他们的双手曾经沾满我们中国人的鲜血，而如今他们却被供奉在神社中，享受着别人对他们的敬仰，这让死于他们刀下的中国人如何得以安息？

(二) 铭记历史

我们要铭记历史，忘记历史意味着背叛。“精日”分子无疑是忘记历史、背叛国家的典例。他们忘记了南京大屠杀，忘记了被日军侵略的历史，这样的人将历史遗忘，甚至拿历史开玩笑，定然要受到谴责。当然，我们铭记历史，不是为了将历史的仇恨带到今天的生活中来，否则我们会被仇恨所影响、所控制，成为仇恨的化身，做出一些不理智的行为。南京大屠杀是那群被偏激的武士道精神和帝国主义思想侵蚀的日本士兵所为，我们在警惕日本军国主义势力抬头的同时，不应该将仇恨延续到今天的普通日本民众身上。

(三) 勿忘国耻，展望未来

落后就要挨打，我们不能忘记曾经的耻辱，而应从中吸取教训，获得国家发展强大的动力。我们要坚信，中国会日益强大，中华民族伟大复兴终将实现。

(四) 加强中日友好合作交流

在全球化时代，国家与国家之间总会有交集，因此中日之间的交流合作是不可避免的，也是不可缺少的。在尊重历史的原则下，我们应该积极创造和寻求经济、文化等多方面与日本的合作，加强历史文化研究，两国学者多交流意见，为中日的广泛合作创造条件。在全球化深入发展的今天，两国只有加强交流合作，才能更加适应世界的潮流；才能互惠互利，赢得更好的发展机遇。

实践心得

对近现代史课程的学习，弥补和丰富了我的历史知识。从鸦片战争到五四运动的前夜，从五四运动到新中国的成立，从新中国成立到社会主义现代化建设的新时期，我充分了解了中国的近现代史。我在课上学习到的不仅仅是知识，更是革命的精神、时代的精神。伟大抗战精神，培养了我天下兴亡，匹夫有责的爱国情怀，培养了我视死如归、宁死不屈的民族气节，培养了我不畏强暴、血战到底的英雄气概，更培养了我百折不挠、坚忍不拔的必胜信念，使我在今后的生活学习中，不畏惧困难，勇往直前。

在这次近现代史学习实践活动中，我们小组选择了南京大屠杀这一主题，通过查找文献、利用网络等媒介了解南京大屠杀的背景、经过等。这段历史中日本侵略军的暴行让我感到无比震惊和愤怒。震惊中外的南京大屠杀，给中国人民带来了永远的伤痛，也把日本侵略者钉在了历史的耻辱柱上。

珍惜现在，勿忘国耻。南京大屠杀是侵华日军带给中国人的耻辱，是国耻，我们每一个中国人都坚决不能忘记！南京大屠杀也让我明白了“落后就要挨打”这个道理。只有国家强大了，民族强大了，才不会受欺负。如今，中国人被称为“东亚病夫”的历史已经一去不返，属于中国的时代已经到来！但这份屈辱要时时刻刻铭记于心！我们的幸福来之不易，要且行且珍惜。我们唯有时刻睁大警惕的眼睛，以强烈的忧患意识和高度的民族自爱心、自尊心、自信心，自觉把爱国之情转化为报国之行，努力为祖国的繁荣富强做出自己应有的贡献！

论南京大屠杀的史实及影响

南京大屠杀并不是突然发生的，而是与日军的侵略企图密切相关。日军在南京的暴行给南京这座城市带来了严重伤害，但对于这一历史事实，即使有拉贝、魏特琳的日记记载，以及受害者的亲身经历证明，日本仍一味掩盖事实。研究南京大屠杀的历史事实和历史影响，对于理性认识、深刻反思这一历史事件有着重要价值。

一、陷落前的南京及周边战役（轰炸、空袭）

（一）淞沪抗战

1937年七七事变后，日本展开对中国全面、大规模的侵略。1937年8月13日至11月12日，中国军队同日本侵略军在上海及周边地区展开淞沪抗战。8月13日凌晨，驻上海日军以闯入虹桥机场的士兵被击毙为借口，由第三舰队司令官长谷川清指挥，突向驻八字桥一带的中国守军进攻；同时日本军舰也开始炮轰上海市区。14日拂晓，张治中指挥第87师、第88师予以还击；同时出动空军轰炸日军陆战队及其司令部，炸伤“出云号”。从8月23日起，日军多次在长江口登陆，攻击守军左翼，遭顽强抗击。随后，日军逐次增兵，加强上海派遣军的力量。中国军队也陆续增援，不断调整部署。9月11日以后，蒋介石自兼第三战区司令长官。9月下旬至10月初，日军增援部队陆续在上海登陆。

9月30日拂晓，日军向中国军队发起猛攻，中国守备部队陷于苦战，伤亡惨重。10月26日晚，守卫大场防线的国民党军第88师第524团第2营400余人（报界宣传称“八百壮士”），在副团长谢晋元、营长杨瑞符的指挥下，奉命据守苏州河北岸的四行仓库，掩护主力部队连夜西撤。在日军的重重包围下，守卫四行仓库的中国军队孤军奋战，誓死不退，坚持战斗四昼夜，击退了敌人在飞机、坦克、大炮掩护下的数十次进攻。但日军进行战役侧翼机动，11月5日在杭州湾的全公亭、金山卫间登陆，中国军队陷入严峻形势，战局急转直下。

1937年11月8日蒋介石下令全线撤退，四天后上海失守，淞沪抗战结束。上海被日本占领后，日军趁势分三路急向南京进犯。

（二）南京保卫战[①]

1. 南京空战

1937 年 8 月 15 日，南京人民在爆炸声中闻到了硝烟的味道。侵华日军这天首次轰炸南京。除了大校场和明故宫两个机场外，人口密集的大行宫等地也遭到扫射和轰炸。中国战机随即升空迎战，开启了南京保卫战的序幕，布置于机场的高射炮也猛烈还击，共击落日机 4 架。

9 月 19 日，77 架日机分两次空袭南京，下江考棚、评事街等民房被炸毁，中央大学校舍遭到 8 枚重磅炸弹轰炸。中国空军 21 架飞机迎击，击落敌轰炸机 4 架。中国空军飞行员黄居谷等 4 人殉难。10 月 12 日，空军“四大金刚”之一的飞行员刘粹刚，趁一架敌机转头时从旁猛射，敌机中弹坠于水佐营。至此役，刘粹刚已创下击落敌机 11 架的纪录。飞行员曹芳震追击敌机时，冲入敌机群血战，寡不敌众血洒长空，座机坠入燕子矶江中。12 月 3 日，“四大金刚”之一、被誉为“江南大地之钢盔”的飞行员乐以琴，在敌我力量悬殊的情况下牺牲于南京空战。据不完全统计，从 8 月 15 日起，至城陷前夕，南京城遭受敌机袭击近 1 000 架次。

2. 外围激战

淞沪抗战之后，日军向西往南京进发。南京方面，一边准备迁都，一边着手保卫战。南京卫戍军共约 15 万人，在保卫南京的各个阵地上迎来严酷而壮烈的战斗。11 月底、12 月初，日军渐次抵达句容、淳化、秣陵关等南京外围区域。句容汤山一线，是南京守军最早与日军交战的地域。日军在飞机、大炮掩护下猛烈进攻句容。守军得不到弹药补充，且与外界失去联系。最终在牺牲过重、弹药告罄后才突出重围。汤山战况一样惨烈。《纽约时报》记者报道：在一个山头上，300 名中国军人被日军围困。经过一整天激战，伤亡殆尽，几乎只剩下一人。淳化附近，日军三天发起了不下 10 次进攻，但都被守军击溃。

12 月 8 日，日军发起了 3 次攻击。守军第 51 师损失严重，排长以下伤亡 1 400 余人。在接到撤退命令后，由于天黑事急，误入日军队伍，再遭损失。

战略要地牛首山、将军山也发生了猛烈的战斗。第 58 师连日苦战，损失巨大。牛首山、将军山失守，让南部雨花台阵地失去了最后一道屏障。

3. 血战紫金山

日军突破南京外围防御阵地后，日本华中方面军司令官松井石根向中方空投“劝降书”。

---

① 本部分史料来源于孙宅巍所著《南京保卫战史》及张宪文主编《南京大屠杀史》。

南京卫戍司令长官唐生智下达命令：全军与阵地共存亡！为了背水一战，他将各部队所有船只收缴。12 月 8 日，日军从汤山西进抵达。日军为了占领紫金山，派出了大量部队增援，并以加农炮用穿甲弹直射守军阵地，击毁机枪掩体。

12 月 12 日下午 6 时，第二峰和西山阵地被日军突破，卫戍军总部下令撤退。但教导总队的官兵坚守紫金山一号阵地，居高临下仍与敌军血战。

13 日凌晨，大部分南京守军已奉命撤退，中山门外一片沉寂。唯独紫金山上的守军与敌鏖战正酣，火光冲天，呼声震地。

第 2 团战车防御炮连连长颜希儒，在腰间藏了两颗手榴弹，表示：不管怎样撤退，我都不走！接到撤退命令后，他先组织部队撤退，然后带了两名战士留下来检查阵地，从此再也没有归队。

4. 血战光华门

日军步兵 2 000 余人、坦克 10 余辆，于 12 月 9 日拂晓来到光华门外。光华门城墙高 13 米，有反坦克战壕以及 5 道铁丝网，护城河宽 130 米、深 4 米。

敌我双方激战中都付出了巨大代价。守军第 88 师的一个营，一天内 300 名官兵阵亡。光华门城门几度被炮火击穿，又迅速修复。

10 日，日军在坦克掩护下，再次发起猛攻。一次炸开城墙突入城内的进攻，被守军英勇击退。黄昏后，守军第 87 师第 259 旅、第 261 旅组织反击，将光华门外正面的敌军消灭。但是，第 259 旅旅长易安华，第 261 旅参谋主任倪国鼎，以及营长两人，在光华门外壮烈牺牲。

光华门外大部日军已被消灭或驱走，对于少数躲在城门洞圈里的日军，守军采取扔汽油桶焚烧，或者是突然打开城门用机枪扫射的办法予以消灭，给了敌人心理上的打击。

此后两日，日军再次发起进攻，但都久攻不下。日军步兵第 36 联队统计，共计在光华门阵亡日军 275 人，负伤 546 人。

直到唐生智 12 日下午下达撤退命令后，日军才登上已无防守的光华门城头。但当日军的坦克开进光华门时，依旧有中国军人身上绑着手榴弹向坦克滚去！

5. 最后的坚守

雨花台易守难攻，守军第 72 军让敌军的进攻付出了惨重代价。

12 月 11 日，守军第 264 旅将预备队和工兵 1 营都上调一线参加战斗。旅长高致嵩率众与冲入阵地的日军白刃格斗，打退敌军多次冲锋。

守军不仅在雨花台山顶炮台保障南门入口，约 2 000 守军还冲出阵地反击，遭到日军铁丝网阻挡后，隔着铁丝网与日军互投手榴弹，场面极为壮烈。

12 日，日军调集大批轰炸机和重炮配合数千步兵，以绝对优势发起集团冲锋。

12 日上午，团长韩宪元以及营长数人先后殉难。下午，旅长朱赤、高致嵩以及团长、营长数人，弹尽援绝，或自戕或阵亡！悲壮惨烈，天日亦为之变色。

日军夺取雨花台阵地后便向中华门进攻，重磅炮弹轰击中华门坚固的城墙，炸裂出的石块飞在空中，附近房屋被砸到立即倾坍。

当时的南京城已经混乱，也没有了作战计划，但守军官兵坚守城墙，用自己的身体作为防守南京的城墙，中华门直到 12 日午夜后失守。

6. 尾声

从 12 月 12 日下午开始，南京守军奉命全面撤退。

12 月 13 日，南京城沦陷。宪兵副司令、首都警察厅长萧山令于 13 日上午在长江边指挥准备撤退的宪兵部队与蜂拥而来的日军激战。

萧山令高呼杀敌，率先领导军警部队冲杀，致身负重伤，殒命前犹高呼“中国不会亡!”

城陷，南京保卫战结束。据学者统计，15 万守军只有 5 万人最后撤出南京。中国军队在撤退时局面混乱，造成了巨大的损失。城内，也发生了军人自发的巷战。

二、南京沦陷的见证

(一) 日军暴行

1. 屠杀（集体屠杀、零散屠杀）

南京在 1937 年 12 月 13 日沦陷后，日本士兵便开始了一场世界历史上罕见的大屠杀。数万名中国人被包围起来，并驱赶到城市外围，在那里他们被机枪扫倒在地，被当作刺杀靶子或是被浇上汽油活活烧死。几十天里，南京城的街道上堆满了尸体，弥漫着腐烂的恶臭味道。战争结束后，南京审判战犯军事法庭判定，日军集体屠杀有 28 案，屠杀 19 万余人；零散屠杀有 858 案，死亡 15 万余人，总计死亡 30 多万人。

据历史学家后来估计，有超过 50 万市民和 9 万中国军人被围困在南京城里，而袭击这座城市的日本士兵不过才 5 万人。

人力、物力有限的日军极力依赖制造骗局来实行这个阴谋。集体屠杀中国士兵涉及如下步骤：答应他们停止抵抗便回报以公正待遇，哄骗他们自动向日军投降，将他们分割成一至两百人的组合，然后引诱到南京附近的不同地区将他们杀掉。中国士兵没有想到，他们自认为投诚保命的不抵抗行为，无异于毁掉了他们最后的救命稻草。如果众志成城地拼死相搏，哪怕凭借着压倒性的人数优势，南京城的军民也不至于经历如此惨绝人寰的浩劫，但当他们放下武器的那一刻起，就逃不过屠城的命运了。

日本士兵在日记中这样描述中国军队投降场面：“他们成群结队地走着，就像是蝼蚁在土地上爬行；像是愚昧无知的羊群，无规无矩，行进在黑暗中，彼此悄悄地耳语。”在南京大屠杀中，日军大规模对战俘集体执行死刑，其中一次就发生在幕府山附近，大约有57 000名市民和士兵在这里被杀害。秘密的杀人行动是分阶段的，日军在乌龙山和幕府山的要塞附近俘虏了14 777名中国士兵，解除他们的武装，并把他们的双手反绑在身后。在战俘们还没有意识到被骗时，日军已经包围了他们，机枪手们正眼睁睁地盯着他们。逃跑已然来不及了，枪声和绝望的呼喊声混杂在一起。从傍晚到黎明，日本人怕有战俘还没死掉，便用刺刀一一戳向这些人的身体。更残酷的是残暴的日军对中国军民尸体的处理方式，因为很难找到地方挖足够大的坑成堆地埋掉七八千具尸体，他们便想到另一种方法——烧掉，然而日军又缺乏足够的汽油将那么多尸体彻底焚毁。大火还未能将尸体化为灰烬，汽油就已经用光了，烧焦的尸体堆积如山。许多尸体就像垃圾一样被倾倒在长江里，而未做任何处理。

对于每一个南京大屠杀的幸存者来说，日军的残暴、恐怖与丧失人性的恶行永远也无法从他们的记忆中消除，每个幸存者都有一个相似而又不同的悲惨记忆，在他们的记忆中那恐怖的一页永远也无法抹掉。据幸存者唐顺山所述，日本兵之间常展开“杀人竞赛”，比试谁杀人更快，并以此为荣。“日本兵边杀边数人头，发出狂笑声，其中一个竟然拍起照来，一点没有愧疚的样子。结束后日本兵还会拿刺刀反复地在尸体上乱戳乱刺，以确保不留下一个活的俘虏。”

失去了军队保卫的南京城，简直像是人间炼狱。城墙内外，河岸湖边，丘陵山脉，到处都是成堆的尸体，放眼看去全是血色。日本的摩托部队和荷枪实弹的士兵把守着大街小巷，挨家挨户地入室劫掠，屠杀百姓。

日军对南京军民的酷刑折磨，野蛮之至，最惨绝人寰的有活埋、冻死、纵犬咬死、肢解等。日军活埋南京军民的举动简直堪比生产流水线。他们先强迫一批中国人挖坑，再强迫第二批人去活埋第一批人，然后强迫第三批人活埋第二批人，以此类推。更泯灭人性的是，日本兵强奸、刺杀孕妇，用刀挑出她们的肠子，甚至连胎儿也被挑了出来。

大量的中国军民，除了被烧死活埋的，还有很多被蓄意冻死！日本兵把数百名中国俘虏赶到结冰的池塘边、河边，命他们脱光衣服，破开冰面，跳到水中“钓鱼”。他们的身体被冻僵后浮在水面上，成了移动靶子，被子弹打成了筛子。

日军屠城的六周，日军开展“杀人竞赛”，酷刑折磨、强暴妇女，曾经欣欣向荣的南京充斥着哀号、鲜血和尸体，简直就是人间炼狱。

2. 性暴行

提起侵华日军南京大屠杀，30万以上被屠杀的同胞无疑是这一暴行的受害主体。同时，大量档案、口述资料证明，成千上万妇女被强奸、蹂躏同样是这一暴行中的重要内容。近年来，随着国内外社会对“慰安妇”问题的重视，南京大屠杀暴行中的性暴力问题也日益引起民众和学术界的关注。

正由于日军在南京的大量强奸犯罪活动，"南京大屠杀"事件甚至被人们称为"南京强奸事件"。远东国际军事法庭经过认真调查后确认，"在占领后的一个月中，南京市内发生了二万起左右的强奸事件"。仅据田伯烈《外人目睹中之日军暴行》和徐淑希《南京安全区档案》中列出的444件日军暴行案分析，其中强奸妇女的案件就达176件，约占39.6%。在南京城陷前后担任国际红十字会南京委员会委员的麦卡勒姆牧师于1937年12月19日的日记中写道："我从来没有听到或读到过像这样残暴的行为。强奸，强奸，还是强奸！我们估计每天晚上至少发生1 000起，白天也发生许多起。如果进行抗拒或者似乎有某种不满，就会遭到刺刀或枪弹的捅、射。"南京安全区国际委员会委员马吉牧师也有与麦卡勒姆牧师相同的感觉。他在12月19日的日记中作了如下的记录："但现在最可怕的是强奸妇女。日本人以难以设想的最无耻的方式干着这些勾当，街上到处都是找女人的日本兵……我们存放物品的房子里住满了妇女，有的甚至睡到了我们的饭厅里。她们终日惶惶不安，惊恐万状。"据南京安全区国际委员会委员、金陵大学教授史迈士在《南京战祸写真》中统计，在1938年3月南京城向复兴委员会申请救济的13 530户人家中，因遭强奸而负伤的，即占16～50岁妇女人数的8%。同时，史迈士还认为，"这个数字是大大低于实际状况的，这是因为，大部分妇女受到这样的对待的时候，她们不希望让别人知道，更不希望让亲近的男人们知道"。据此，我们可以这样认为，如果在南京大屠杀暴行中抽去了性暴力的内容，便不成其为完全意义上的"南京大屠杀"。

同时，由于性暴力造成的、或与性暴力有关的妇女死亡人数，也是南京大屠杀遇难同胞人数中一个令人关注的部分。由于妇女在人类社会生活中所处的特殊地位，人们对她们的生命和命运，往往给予特别的关注。她们在战争暴行中死亡的事实，比数字的多少更为重要。远东国际军事法庭在其判决书中指出：南京大屠杀中，"强奸事情很多。不管是受害人或者是为了保护她的家族，只要稍微有一点抗拒，经常就得到被杀害的处罚。……许多妇女在强奸后被杀，还将她们的躯体加以斩断"。金陵大学教授贝德士曾在一封致友人的信中，叙述了他在一所房屋里目睹一位母亲和她的三个女儿被奸杀的惨状。其中，只有一名9岁的女孩在被刺刀刺伤背部和侧身后仍活着，其余人都已惨死。在德国国家档案馆的文书档案中，保存着有关日军在南京郊区和江宁县暴行的记录："妇女和姑娘不分老少均遭强奸，以满足其肉欲。跳河自尽或自杀的妇女不计其数。"根据有关档案资料记载，红十字会、崇善堂分别收埋女尸83具和2 091具，合共2 174具。史迈士教授在《南京战祸写真》中统计，江宁、句容、溧水县因日军暴行致死的妇女有4 380人。应当说，这还只是极不完整的、抽样调查的统计，实际死难人数要更多。对应前文所述情况，这里所列南京城郊及附近各县妇女死亡者，其绝大多数应是性暴力的受害者，或者说是性暴力的结果。

还应特别指出的是，性暴力是日军暴行中最无法进行辩解的部分。迄今为止，不论是当年的日本军国主义者，还是战后出现的日本右翼势力，他们或许可以用抓“便衣兵”来为屠杀男性青壮年辩护，或许可以把纵火的暴行推到“中国兵”身上，却无法为日军的性暴力犯罪行为进行狡辩。妇女与老人、儿童，历来是战争中最受人们保护的对象，他们是“和平居民”的代表。正因为如此，就连当年日本的盟友德国官方，也将日军称为“兽类集团”“一架正在开动的野兽机器”。德国驻华大使馆留守南京办事处政务秘书罗森在 1938 年 1 月 15 日致外交部的一份报告中认为，日军“凌辱和强奸妇女和幼女的行为”，“为自己竖立了耻辱的纪念碑”。日本侵略者在自己士兵的性暴力犯罪方面，没有任何辩解的余地。他们既不可能将妇女指认为“便衣兵”，也无法将强暴妇女的罪行推到中国军人的身上。因此，对性暴力罪行的无可争辩和性暴力主体的确认，又反过来印证了那些对日军屠杀、纵火、抢劫等暴行的狡辩都是徒劳的。

3. 抢劫与掠夺

古刹庙宇，毁于战火。“南朝四百八十寺，多少楼台烟雨中”，六朝古都南京曾经是亚洲知名的繁华城市，夫子庙、秦淮河、牛首山，凤台龙藏，烟岚迤逦，积累了千年的文化精粹。然而，1937 年 12 月的南京及周边地区却是另一番景象。当时，日军进军至牛首山附近时，竟公然纵火焚毁满山古寺，理由却是他们所臆想的：为了搜寻埋伏着的中国军队。如此，佛教“牛头宗”发源地牛首山，竟在熊熊烈火之中被烧成了荒山。其中始建于南朝刘宋大明三年（459）的幽栖寺及文殊洞、观音洞等文化古迹尽皆被毁。同样还有城西清凉山麓的扫叶楼，初建于明末清初，是著名画家龚贤的隐居之所。1937 年 12 月 14 日，日军以同样的借口，纵火焚毁，并砸碎许多古代碑刻和梁柱。以上自然不是孤例，南京城郊的明代花神庙、城西水西门内的清真寺、江宁湖熟镇上的清真寺、城南花露岗下的瓦官寺、金粟庵，它们或遭炮火轰击，或被纵火焚毁，文化损失不可估量。据不完全统计，仅在日军攻陷南京后 3 个月内，南京城内就有大小 220 多座各类文化古迹被毁，多少代人的心血与智慧成果付之一炬。

“金百合”计划。说到日本对南京的文化劫掠，就不得不提“金百合”计划，它的任务便是为日本皇室搜刮财宝。而其中一个重要人物便是儿玉誉士夫，他是日本黑帮头目，同时也是日本自民党创始人之一。南京大屠杀期间，儿玉誉士夫穿上了日本军装，加入了“别动队”。“别动队”专职扣压所有国民政府的财产，劫掠银行库房，并威胁、勒索、抢劫周边富绅家中黄金、宝石、珠宝、艺术品，甚至大型坟墓、死人口中的金牙也没放过。在“别动队”对南京城进行清查后，日本从国内派遣了 1 000 多名专家、学者前往南京，确切地说是前往南京各图书馆、大学、艺术馆及尚未焚毁的古刹。他们的任务不是研究，而是协助抢劫。人类文明史上可耻的一幕，再次在南京城里上演，一群受过正规、高等教育的专家、学者，竟在一瞬之间化身“禽兽”，成了法西斯的走狗、军国主义的帮凶。

近百万册图书流失海外。战前，南京各公共图书馆藏书量在142万册左右，然而国民政府在西迁时，并未完全顾及这些图书。于是，待到南京城陷，各类图书馆普遍遭到洗劫。据统计，战争期间日本从南京公共图书馆所劫掠的图书总数在844 060册以上。此外，日军还劫掠了南京民间藏书53 118册。两者合计竟达89万余册之巨，超过日本东京上野帝国图书馆所藏的85万册。至于所抢藏书，均被分类、编号、打包，运往日本皇室住所，与同样被日军洗劫而来的黄金、珠宝等堆在了一起。还有些则直接被日本各政府机关、学术机构、个人瓜分。如今，中国学者研究本国历史，却要去日本图书馆寻找部分资料，这实在是文化之哀歌！

(二) 外国友人援助

1937年末的南京，血雨腥风、哀鸿遍野，却有这样一群正义之士挺身而出。心怀人道主义和国际主义的大爱，他们毅然留在硝烟弥漫的南京城。

约翰·拉贝、明妮·魏特琳、伯恩哈尔·辛德贝格、约翰·马吉……他们以各种方式保护南京民众，并记录下日本侵略者的残暴行径。此等人道主义精神和无畏义举，中国人民永远不会忘记。

1. 拉贝

1937年12月之前，许多西方人居住在中国的首都南京，从事贸易或传教活动，这其中就包括了来自德国的约翰·拉贝。他早在1908年就来到了中国。拉贝受西门子中国分公司之聘，辗转沈阳、北京、天津、上海、南京等地经商。

当日军逼近南京并开始大轰炸时，外国人几乎都逃离了这座城市，只有22人留下来，包括15名来自欧美的传教士和商人。

拉贝毅然留下，他和十几位外国传教士、教授、医生、商人等共同成立南京安全区，并担任安全区国际委员会主席，不顾危险、奋不顾身地抗议和尽其所能地阻止侵华日军对中国人民施暴。

对此，他这样解释：“……这是一个道德问题。我不能背叛他们对我的信任，这种信任令人感动。”

不仅如此，在战火中，拉贝仍旧每天坚持写日记，记录日军暴行和他的所见所闻。1997年，《拉贝日记》终于在中国出版，此书也被公认为研究南京大屠杀事件数量最多、保存最为完整的史料。

在1937年12月14日的日记中，拉贝写道：

“我们遇见了一队约200名中国工人，日本士兵将他们从难民区中挑选出来，捆绑着将他们赶走。我们的各种抗议都没有结果。我们安置了大约1 000名中国士兵在司法部大楼里，约有400人～500人被捆绑着从那里强行拖走。我们估计他们是被枪毙了，因为我们听见了各种不同的机关枪扫射声。我们被这种做法惊呆了。……我们成功地抢在日军下手之前，将一批 125 名中国难民迅速地安置在空房子里。韩先生说，他家隔壁的一所房子里有 3 个十四五岁的姑娘被抢走了。贝茨博士报告说，甚至连安置在安全区内房子里的难民们仅有的一点点东西也被抢走了，就连仅剩的 1 元钱也逃不出闯入者的手心。……重伤员中有一个约 10 岁的男孩，他的小腿被子弹击中，连发出呻吟的气力都没有了。”

在 1937 年 12 月 20 日拉贝致日本军官的抗议书中，他一口气列举了日军多达 96 条暴行：

“40）12 月 17 日，一名年轻姑娘在琅琊路（珞珈路 25 号对面）上被拖到一栋房子里遭强奸。

“41）12 月 17 日，一名年轻姑娘在司法部大楼附近遭强奸后被刺伤下身。

“42）12 月 17 日，一名 40 岁的妇女在仙府洼（音译）被强行拖走后遭强奸。

“43）12 月 17 日，在三元巷附近有两名姑娘遭多名日本士兵强奸。

“44）12 月 15 日晚，多名日本士兵强行进入三条巷的一座房子，强奸了相当数量的中国妇女。

“45）12 月 17 日，许多妇女被从五台山小学强行带走，遭到了通宵的强奸，第二天早晨才被释放。

“46）12 月 17 日，吴家花园内两名中国人遇害，两名妇女被强行拖走，之后便音讯全无。”

…………

拉贝不仅坚持记日记，他创立的南京安全区还为大约 25 万中国平民提供了暂时栖身避难的场所。同时，拉贝还拿出了他的财产，帮助 650 多名难民。1938 年春，拉贝回到德国后，在柏林发表演讲，展示了日本暴行的电影和照片，并写信给希特勒，希望利用他的影响力说服日本停止任何不人道的暴力行为。结果，拉贝被盖世太保拘留审问，他的信也没有交给希特勒。

第二次世界大战结束后，拉贝又因他的纳粹身份，分别被英国和苏联监禁，又因为“去纳粹化”耗尽积蓄。在他最消沉的日子里，南京人民为他募捐，为他寄赠食物，使他重新鼓起了生活的勇气。1950 年，拉贝在柏林因中风去世。

直到半个多世纪后，拉贝才犹如凯旋的英雄，从历史迷雾中向我们走来。他的日记被公之于世，他在南京的故居被考证确定，他的墓碑被安放到了南京，他当年拯救的难民纷纷一吐肺腑之言，中国人民的热情如火山一般喷涌而出，献给这位和平勇士。

2. 魏特琳

美国传教士明妮·魏特琳有一个好听的中文名字叫“华群”。她在中国做了多年的基督教传教士，在南京大屠杀期间利用自己的身份照顾和保护了上万名中国妇孺难民。

由于魏特琳当时所任职的金陵女子文理学院是专门收容妇女的难民所，在侵华日军南京大屠杀期间，这里成了日军实行性暴力的重要目标，作为该难民所的负责人，魏特琳的个人亲历档案——日记，就是揭露侵华日军性暴行的有力证据。

在 1937 年 12 月 16 日的日记中，魏特琳写道：

“今天，世上所有的罪行都可以在这座城市里找到。昨天，30 名女学生在语言学校被抓走，今天，我听到了数十起有关昨夜被抓走女孩子的悲惨遭遇，其中一位女孩仅 12 岁……今晚，一辆载有 8～10 名女子的车从我们这儿经过。当车开过时，她们高喊：“救命！救命！”街上和山上不时传来的枪声，使我意识到一些人的悲惨命运……我不知道今天有多少无辜、勤劳的农民和工人被杀害。我们让所有 40 岁以上的妇女回家与她们的丈夫及儿子在一起，仅让她们的女儿和儿媳留下。今夜我们要照看四千多名妇女和儿童。不知道在这种压力下我们还能坚持多久，这是一种无以名状的恐怖。”

1938 年 2 月，当约翰・拉贝被召回德国、其他难民营都关闭时，大批妇女和儿童再次到金陵女子文理学院寻求庇护。3 月中旬的人口普查显示，有 3 310 名难民居住在那里。魏特琳女士在校园里巡逻，阻止日本士兵进入学院，并拯救和照顾难民。她负责埋葬死者和接生婴儿，并帮助妇女们找到失踪的丈夫和儿子。她甚至为失去丈夫的妇女开设了手工艺班，以便她们能够养活自己。共有 100 余名妇女掌握了这些技能。

然而，此时的魏特琳遭到了部分小人的栽赃陷害，那些自称“真相卫士”的人把明妮・魏特琳称为“一个人贩子、一个出卖中国人的叛徒”。加上过度劳累和巨大精神压力，回到美国后，她患上了严重的抑郁症。1941 年 5 月，在离开中国一周年之际，她在自家公寓里开着煤气自杀，年仅 55 岁。去世前几天，她在日记中写道：“如果我有十次生命，我将把它们全部奉献给中国。”她的墓碑上刻着四个汉字：金陵永生。

不仅仅是拉贝和魏特琳，还有更多的外国友人在用他们的方式帮助着风雨飘摇的南京：美国人约翰・马吉冒着生命危险偷偷拍摄的视频成为南京大屠杀唯一的动态影像资料；德国人卡尔・京特和丹麦人伯恩哈尔・辛德贝格在江南水泥厂创建简易医院救助了万余名中国难民……他们就像是夜空中的熠熠星辰，守护着千疮百孔的金陵城。

（三）日本军人的自证

“我现在 86 岁了，但我要像一个年轻人一样战斗到死。这次不是为了天皇，而是为了正义和历史。如果这件事被搁置，那么很明显，屠杀将被当作虚构的，日本人民将会忽视这段历史。”亲历过那段历史的日本士兵东史郎说。

1937 年 8 月，25 岁的东史郎奉天皇之命应召入伍，系日军第 16 师团步兵 20 联兵队上等兵，参与了 1937 年 12 月开始的南京大屠杀暴行，还曾参加过天津、上海、徐州、武汉、襄东等战斗和战役。

在《东史郎日记》一书中，东史郎如此记录：

“当我试图切断他的脖子时，要么是农民移动了，要么是我瞄错了目标。最后我只切下了他头骨的一部分。血向上喷出，我的身体再次颤抖……这次我杀了他……

“我们被教导，日本人是一个优越的种族，因为我们只是为了人类的上帝——我们的天皇而活着。但支那人没有。所以我们对他们不屑一顾……有许多强奸案件发生，这些妇女总是被杀害。当她们被强奸时，她们是人类。但是一旦强奸结束，她们就只是猪肉了。”

东史郎为自己犯下的罪行深深忏悔。战争结束后，他七次来到中国，向中国人民道歉，并帮助我们找到更多日本士兵暴行的证据。

三、南京军事法庭审判与责任认定

抗日战争胜利后，国民党政府于 1945 年冬成立了战争罪犯处理委员会。1946 年 2 月 15 日，南京国防部审判战犯军事法庭成立，主要审理制造南京大屠杀惨案的日本战犯和其他日本战犯。法庭向东京远东盟军最高统帅部提出，要求将制造南京大屠杀的主犯和其他罪大恶极的战犯引渡到中国，接受中国对他们的审判。1946 年 8 月，战犯谷寿夫被押解至中国。1947 年，战犯田中军吉、向井敏明、野田毅等先后被引渡到中国。

中国分别在保定、沈阳、广州、上海、济南、武汉、太原、台北等地设立审判战犯军事法庭，审判在侵华战争中犯有严重罪行的日本乙、丙级战犯。从 1945 年 12 月至 1947 年底，中国各地的军事法庭共受理战犯案件 2 435 件，其中死刑案件 110 件。国民党政府出于发动内战的考虑，对日本战犯的审判竭力施加影响，致使一些战犯逃脱了应受的惩处，特别是罪大恶极的原日军中国派遣军总司令官冈村宁次被“无罪释放”后，举国哗然。

1947 年 2 月 6 日，审判战犯军事法庭在南京第一次开庭。公诉人指控谷寿夫在侵华战争，特别是在南京大屠杀中所犯下的暴行。谷寿夫是原日军第 6 师团中将师团长。1937 年 12 月日军攻占南京后，在南京进行了 40 余天的大屠杀，用集体枪杀、活埋、刀劈等残忍手段，杀害 30 多万中国军民，烧毁全城三分之一的建筑。

1947 年 3 月 10 日，法庭对谷寿夫进行最后一次公审，宣判其犯有危害和平罪、战争罪和违反人道罪，判处死刑。4 月 26 日，谷寿夫在南京雨花台被执行枪决。

1947 年 12 月 18 日，审判战犯军事法庭宣判：战犯野田毅、向井敏明、田中军吉犯有战争罪及违反人道罪，判处死刑。战犯野田毅和向井敏明在日军攻占南京后，曾以百人为目标进行“杀人比赛”。1937 年 12 月，日本《东京日日新闻》在题为《超纪录的百人斩》一文中，对此有详细报道。战犯田中军吉在南京期间，一人就屠杀了 300 余名平民。

四、中国采用多种方式纪念南京大屠杀遇难同胞

纪念形式是开展纪念活动的载体。改革开放特别是20世纪80年代以来，国家主要是通过建立纪念馆、集会悼念，刊发社论或纪念性文章以及推出影视作品、开办展览会、出版文史作品等形式纪念南京大屠杀遇难同胞。

（一）建立纪念馆，集会悼念

建立纪念场馆，举行集会悼念，不仅神圣庄严，而且又充满警示和教育意义，是纪念南京大屠杀遇难同胞比较常见的形式之一。1985年8月15日，为更好悼念南京大屠杀遇难同胞，使之永久性地保留在群体记忆中，江苏省委、省政府批准南京市政府在江东门集体大屠杀遗址“万人坑”旁建纪念馆，并正式对外开放。邓小平亲自为其题名“侵华日军南京大屠杀遇难同胞纪念馆”。之后纪念馆于1994—1995年、2005—2007年又经历了两次扩建。该馆的落成和完善为各界开展集体悼念活动提供了空间支撑，开启了纪念南京大屠杀遇难同胞的重要阶段。构筑纪念场馆，举行这些常态化、多样化的集体悼念活动，一方面可以昭昭前事，让南京大屠杀惨案永久性地镌刻在人民的记忆中，另一方面能够警示后人，唤起人们对于和平的向往和坚守。

（二）刊发社论或纪念性文章

报刊发表社论或纪念性文章的文本话语不仅形式灵活、成本低，而且不受空间限制、便于传播，因此成为纪念南京大屠杀遇难同胞活动的形式之一。改革开放以来，每年的12月13日前后，特别是逢10周年之期，国家重要报刊都会刊登相关文章或开辟专栏或设置特刊来纪念南京大屠杀遇难同胞。比如，1987年12月14日，《人民日报》发表《日本一教员表示要牢记南京大屠杀的历史教训》的纪念性文章，借助日本友好人士的声音表达了对南京大屠杀的反思。1997年12月13日，《人民日报》刊登《为历史留下见证》的专题报道，以两位幸存者讲述当年惨状的形式来纪念南京大屠杀遇难同胞。2007年12月14日，《光明日报》开辟专栏刊登《牢记历史 珍爱和平》的社论和张宪文《永恒的记忆》、章开沅《我怎能保持沉默》以及经盛鸿《张季鸾先生写作的〈为匹夫匹妇复仇〉》等系列理论性纪念文章，这些文章不仅以揭露日军南京残暴罪行事实为基础，具有极强的说服力，而且立论高远、思想性强，明确了南京大屠杀史未来的关注方向。2014年12月13日为首个南京大屠杀死难者国家公祭日，第二天《光明日报》和《人民日报》分别在第三和第四版面设置特刊，发表《纪念，为了飞翔的白鸽》《让无法复活的灵魂唤醒更多人》《南京大屠杀“铁证如山”》《在缅怀中凝聚力量 在复兴中守望和平》《铭记历史 珍爱和平》等社

论和系列纪念文章。2017 年 12 月 13 日是南京大屠杀 30 万同胞遇难 80 周年纪念日，为此，《光明日报》专门在 14 日开辟国家公祭日特刊，刊登了《使命呼唤担当 使命引领未来》《“丹青映史”祭同胞》《勿忘国耻 砥砺前行》《身处锦绣岁月 更须铭记历史》等系列文章。这些文章，集中反映了中国人民在新的时期以南京大屠杀为历史之鉴，祈愿和平的核心主题。

(三) 开展文化艺术活动

推出影视作品。影视作品受众面广、感染力强，能使人们更加广泛地认识南京大屠杀。1987 年，《屠城血证》在南京首映，这是第一部表现日军有计划、有预谋的大规模南京大屠杀暴行及中国人民面对屠刀不屈精神的故事片。1995 年，为纪念中国人民抗日战争暨世界反法西斯战争胜利 50 周年，江苏省举办电影展活动，刚拍摄完成的《南京大屠杀》影片在南京上映。2014 年，南京大屠杀惨案发生 77 周年之际，国家档案局在其官网发布了网络视频《文献电视片〈南京大屠杀档案〉》，比较系统地梳理了记录南京大屠杀的珍贵历史档案。同年，为纪念南京大屠杀死难者国家公祭日的设立，史诗电视剧《四十九日・祭》播出，该剧以时间叙事的方式让其更显逼人的残酷，通过荧屏向世界传递出中国强烈反对战争的声音。

出版文史作品。相关文史作品的出版，既能够强化人民大众对南京大屠杀事件的认识，又能促进学术研究的深入。1987 年，为纪念南京大屠杀遇难同胞遇难 50 周年，我国作家徐志耕撰写了第一部长篇报告文学《南京大屠杀》，全面而真实地记述了这一历史事件。与之同时，一部具有完整性和准确性、包含较多新史料的相关专著《侵华日军南京大屠杀史稿》也在南京出版。

开办展览会。2011 年 12 月 13 日，南京市举行了“侵华日军南京大屠杀日本新闻报刊影印集”展览，从加害方的视角展示了日军的残暴罪行。2017 年，在第四个南京大屠杀死难者国家公祭日前夕，北京举办了“铁证如山——纪念南京大屠杀 80 周年抗战文献展”，展出了战时日军文件、地图、画报、照片、书刊等 122 件涉及南京大屠杀等内容的珍贵原版文献史料。

举行研讨会。开展学术研讨会能够将相关专家集聚在一起深入交流，既纪念了南京大屠杀遇难同胞，又拓宽和深化了对相关历史问题的研究。比如，1997 年 12 月 13 日，南京市对外文化交流协会等单位举办侵华日军南京大屠杀史国际学术研讨会，专家学者围绕着南京大屠杀案的审判、南京大屠杀历史的影响以及南京国际安全区等问题进行了广泛交流和研讨。2007 年 12 月 13 日，为纪念南京大屠杀遇难同胞遇难 70 周年，侵华日军南京大屠杀史研究会等学会举办了侵华日军南京大屠杀史国际学术研讨会，与会代表以大会交流、分组讨论的形式就南京大屠杀史、中日关系等历史问题展开研讨。2011 年 12 月 13

日，侵华日军南京大屠杀史研究会和侵华日军南京大屠杀遇难同胞纪念馆等主办了“历史记忆中的1937——国际学术研讨会暨南京大屠杀史研究会2012年学术年会”，学者围绕着南京大屠杀研究开展了深入探讨。2017年为南京大屠杀惨案发生80周年，南京大屠杀史与国际和平研究院等机构举办了“南京大屠杀与日本战争犯罪”国际学术研讨会，来自中国、日本、美国等国家的80余位专家从历史学、新闻传播学、和平学等多角度对南京大屠杀相关问题进行了比较全面的交流与研讨。此外，相关部门还通过举办交响音乐会，以及发行邮票、召开座谈会等形式开展南京大屠杀遇难同胞纪念活动。

二战后，日本政府在大多数时间对华态度都不友好，即便是采取了缓和态度，也充斥了无奈与投机等因素，在南京大屠杀事件上更是采取否认态度。日本名古屋市市长河村隆之在与南京市官员会面时谈及“南京大屠杀”，他称：“1937年‘南京事件’（日本针对南京大屠杀的表述）发生时，正常的战争行为是不可否认的，这也是比较遗憾的事情，但所谓的‘南京事件’是不可能发生的。”这一做法与大阪市前市长桥下彻的行径不谋而合。

追根究底，日本各级政府对华态度恶劣的根源是日本的极右势力。日本与德国同是发起法西斯侵略战争的国家，战后德国历届政府都对当年希特勒的罪行表示忏悔，并且坚决禁止、取缔新法西斯主义活动。德国政府的这种明确立场，使其与当年被侵略的国家得以尽释前嫌，和平相处。而日本则相反，投降后的日本由美国实行单独占领，而不是像德国那样由苏、美、英、法四大盟国分区实行军事占领，盟国对德管制委员会行使德政府职能，纳粹制度彻底被铲除。对日本败降的处置，主要是在美国政府控制下完成的，实际上是在麦克阿瑟一手垄断下进行的。“冷战”开始后，美国在对日本的占领和管制过程中，采取两面政策，在打击限制的同时，又部分保护日本军国主义势力，为日本沦为美国的工具埋下了“伏笔”。

狭义上讲，日本右翼是指日本街头具有黑社会性质的法人组织；广义上讲，日本右翼指的是日本政治势力中的鹰派，也就是日本保守政党中的强硬派。可以说，日本右翼势力在战后一直处于一种时起时伏的状态，但是最近几年其势力突然变大，这倒不是指右翼分子人数上的增加，而是指其掌握了政权。

近年来，日本的极右势力疯狂逃避历史，首先就是否认南京大屠杀事件——篡改教科书，向国民鼓吹二战中日本发动战争的合法性与合理性。各级政府渐渐被右翼势力所控制。历史的真相渐渐被掩盖，将来的日本人对二战以及自己先辈犯下的深重罪孽的无知令人担忧。

实践心得

我们组近现代史结课论文的题目是《论南京大屠杀的史实及影响》。南京大屠杀一直是中国近代史上的耻辱，尤其是在今天这个社会，我们努力寻找证人、证据来向世人还原当时的惨案，而日方政府却一直试图隐瞒历史，制造假象。通过这样一个课题，我更加了解到了南京大屠杀给中国人民带来的苦痛之深，也理解了一个国家的强大有多么重要。

在本次社会调查中，我们团队对南京大屠杀的起因、过程、结果做了深刻分析，从中了解到了更具体的内容，这丰富了我的历史知识，提高了我学习和了解历史的积极性。在实践活动中最令我印象深刻的就是研究“日本人在南京的掠夺行为”，令人非常痛恨的是，他们在南京不仅掠夺了物质财富，还将各种文化宝藏洗劫一空，甚至销毁，这才是最可怕的。

不过，在南京遭受浩劫之际，外国友人的援助也体现了人性中好的一面，在那种情况下，他们还能留下来帮助中国人民渡过难关，实属难能可贵。在了解了日方战后对于南京大屠杀的态度后，我不禁有些心凉和担忧，但我坚信正义永远能压倒邪恶，黑暗的力量是永远得不到支持的。在调查了日本民众与各级政府对南京大屠杀与中国的看法后，我发现日本普通民众与中国人民多年的友好和睦固然令人欣慰，但是极右势力抹杀、篡改历史的罪恶行径却着实令人感到愤怒。无论过去多长时间，经历了多少风雨，日军在南京大屠杀中的罪恶事实永远不会被抹去，日方也必须为此负责到底。作为新时期的中国青年，我们要将南京大屠杀的耻辱铭记于心，勿忘国耻。

重温张纯如的《南京大屠杀》，我的心头充满了悲痛愤懑。我想每个中国人都能感同身受，不仅如此，更重要的是还要有“勿忘国耻，振兴中华”的坚定信念！我们不仅要理性看待南京大屠杀，更不能忘记历史！明明中国军队人数超过日军，为什么却被日军血腥屠城？是日军军力强吗？不！是部分中国军人主动放下武器投降！这“软弱就要挨打”的道理是用30多万中国同胞的血肉诠释的！因为不原谅，所以不屈服，要用切实的行动告诉日本，我们中国人不忘耻辱，以史为鉴！不论是口头掩饰，还是否认历史的白皮书，都只是欲盖弥彰罢了，史实不会被掩盖，真相不会淹没在时间的洪流中，张纯如不是第一个勇敢追求真相的人，也一定不是最后一个！我相信这也是侵华日军南京大屠杀遇难同胞纪念馆开放的意义，不忘历史，更不忘使命。我们要将心头的悲愤化为振兴中华的动力，自强不息。

通过这次自己搜集资料、分析数据等，我对于南京大屠杀也有了更深层次的理解。对于日本过去的侵略暴行，我们丝毫不能忘。国家只有强大了，才能免受他国的欺凌，如今我们生活在繁荣昌盛的新时代，更应该努力学习，为实现中华民族伟大复兴的中国梦不懈奋斗，为国家的建设添砖加瓦，成为一代有理想、有担当、有梦想的青年，不仅要实现自身的价值，更要承担起建设强大国家的使命。

西方思想在近代不同阶级中的表现与发展

西学东渐指近代西方学术思想向中国传播的历史过程。从林则徐、魏源“睁眼看世界”，从《四洲志》到《海国图志》，“师夷长技以制夷”拉开了中国探索救国真理的序幕。李鸿章曾言，“中国文武制度，事事远出西人之上，独火器万不能及”，“中国欲自强，则莫如学习外国利器”。首位留美学生容闳也说过，“以西方之学术，灌输于中国，使中国日趋于文明富强之境”，“借西方文明之学术以改良东方之文化，必可使此老大帝国，一变而为少年新中国”。在近代中国，西学东渐的风气悄然影响着整个国家的各个阶级。

一、西方思想在封建农民身上的表现与发展

发生于19世纪50年代的太平天国运动是在西力东侵和西学东渐的“千古奇变”形势下展开的。人的思想是环境的产物，那个阶段的一些封建农民亦体现出了思想“西化”的态势。

(一) 前期洪秀全创立“拜上帝教”

1. 仕途失败

洪秀全四次参加科举考试落榜，对仕途感到无望，对当时旧制度不满。客观上，随着清王朝的盛极而衰，吏治腐败问题表现得更加突出，封建社会普遍存在的贪污问题呈现出普遍化、规模化、集团化等特点。主观上，当时洪秀全认为考官受贿阻碍了他的仕途，但我们通过查阅他留下的作品便可看出，其本身的文化水平并不高，如“朕见无数天兵将，进贡圣物宝纵横，在朕面前虔摆列，朕时含笑欢无声”。

2. 接受基督教教化

这一过程主要包括三个事件：一是1836年洪秀全获得《劝世良言》一书；二是1837年洪秀全患病期间发生昏睡和做异梦；三是1843年洪秀全仔细阅读《劝世良言》并产生思想巨变。这个时候，西方宗教对于封建农民的影响从洪秀全开始，并由点到面地拓展开来。

（二）思想“西化”的表现方面

1. 宗教表现

洪秀全创立的“拜上帝教”在某种意义上可以说是中国宗教“西化”和基督教本色化在中国近代的初步尝试。“拜上帝教”所信奉的不再是中国传统神话人物，对于儒教、道教等圣贤先人的崇敬也逐步弱化。《百正歌》《原道救世歌》《原道醒世训》等宣传教义的书籍，也是基于最初流通的宣传基督教教义的《劝世良言》而衍生出来的，有鲜明的“西化”特征。

2. 纲领文件的表现——从《天朝田亩制度》到《资政新篇》

太平天国于1853年定都天京后，颁布了纲领性文件《天朝田亩制度》，其中蕴含着深厚的平均主义思想，表达了彻底否定封建土地所有制的决心。如恩格斯所说：“在当时反对封建制度的每一种斗争，都必然要披上宗教的外衣。”从这一文件中不难看出洪秀全亦中亦西而又不中不西的“天国”理想，这种中国传统的“均平”思想是以“天父上主皇上帝”的名义，套用类似西方基督教教义的语言加以表达，其对西方基督教思想文化的吸收和借鉴反映出的平等观，正是那个时代“西化”过程的缩影。除此之外，其有关内容依稀透露出的近代法制观念（政治制度）、男女平等观念（社会生活）、“礼拜、祈祷、圣库”用语（语言产物）等方面，也体现出了以太平天国领袖为首的思想“西化”进程。

《资政新篇》是太平天国后期的改革文件，其向往发展近代西方的资本主义。洪仁玕在《资政新篇》中开宗明义：“照得治国必先立政，而为政必有取资。”可见，洪仁玕主张向西方学习治国之政，洪秀全批示战后予以执行的决定则体现了一种实事求是向西方学习的态度。“权归于一”却又各司其职的主张也体现了西方资本主义色彩。其经济发展方面采取的“兴银行、建邮局、奖励发明创造、建立保险制度”等措施，中心是学习西方，发展近代资本主义。太平天国的农民领袖们推动着农民阶级的中西文化观由传统向近代演变，思想“西化”进程也得以深入。

如果说《天朝田亩制度》的“西化”只是披着宗教的外衣，那么《资政新篇》的颁布则使西方思想由外向内浸入了，在各个方面为后人探索救国之路提供了深刻的启示和借鉴意义，可以说是近代封建农民在思想“西化”方面迈出的一大步。

3. 对儒学的态度——洪秀全对儒家文化的反叛

自幼接受中国传统文化教育的洪秀全，在经历四次科举考试失败后，开始怨恨传统文化，同时在无意中又接触到了《劝世良言》，由此洪秀全开始了对儒家文化从信奉到反叛的一个阶段。他开始反对孔子，批判儒家文化，采取激烈的破坏行为，打倒偶像，拆毁庙宇，毁坏文化载体，焚烧儒家书籍。四次失败的科举经历，使他进一步改革科举制度，自行开科取士，将考试内容从“四书五经”改为简单的教义内容，这自然增加了太平天国科举考试的临时性、随意性、不确定性，减弱了科举的人才选拔职能。

4. 教育表现

太平天国时期，在对普通大众的教育方面，洪秀全贯彻了“平等”的思想，他将《原道救世歌》《原道醒世训》作为重要教材，表现出的“西化”努力主要体现在：(1) 积极学习西方科技。太平天国打破了儒家轻视科学技术的传统，积极倡导科技教育，“以广闻见之精，此正正堂堂之技”；把近代科学知识引进学校教材内容，“开人之蒙蔽以慰其心”，“广人之智慧以善其行”。(2) 积极推行近代化军事教育。太平天国不仅鼓励军民购买和使用近代化武器，而且还积极培养相关人才，率先走出了军事近代化的第一步。

太平天国时期的思想“西化”一开始主要集中在洪秀全、洪仁玕等领袖之间，在他们的领导下逐步向下层封建农民延拓推进，从宗教、政治、文化、教育等方面影响着民众的思想。这是具有重要历史意义的思想改革，为后人探索资本主义道路提供了宝贵经验借鉴。

二、西方思想在近代资产阶级身上的表现与发展

(一) 早期资产阶级维新派民主思想的萌芽

郑观应在《盛世危言》中说：“欲自强，必先致富；欲致富，必首在振工商；欲振工商，必先讲求学校，速立宪法，尊重道德，改良政治。”早期维新思想是伴随着中国民族资本主义和民族资产阶级的产生而产生的。西方资本主义的思想文化和科学技术的传入，是早期维新思想的来源。具有早期维新思想的人物较多，时间跨度也较长，其主要代表人物有冯桂芬、王韬、郑观应等，他们代表着正在转化中的资产阶级新型知识分子。虽然他们与洋务派关系密切，有些人曾是洋务运动的参与者，但他们与洋务派不同，认为单纯学习科学技术不能使国家富强，他们主张维新变革，涉及经济、政治、文化各方面，反映了新兴民族资产阶级的要求，代表着一种舆论和思潮的萌发。但他们只是针对具体问题提出一些改革主张，没有形成完整的理论体系，也没有付诸实践。他们的思想为康有为、梁启超的维新思想做了思想理论上的准备。

(二) 康、梁维新派的民主思想和实践

19 世纪末，资产阶级维新思想有了进一步发展。《新学伪经考》和《孔子改制考》是康有为在戊戌变法前的有代表性的两部宣传维新思想的理论著作。在这两本书中，康有为一方面维护孔子的名义，另一方面将被认为神圣不可侵犯的古文经斥为伪经。他宣称孔子是托古改制的先师，“六经”都是孔子所作，试图利用孔子的权威来论证资产阶级维新变

法理论的合理性。康有为维新思想的特点，既反映了他敢于向封建传统思想大胆挑战的精神，以及向西方学习，主张变法改革，发展资本主义的强烈愿望，也暴露了他在封建传统势力面前的软弱。康有为是“跪着造反”的，而且他的思想中还带有浓厚的封建色彩。康有为是变法理论体系的创始人，梁启超则以办报纸、学堂等方式，成为杰出的维新思想的宣传家。1896 年，梁启超等人在上海创办《时务报》，连载《变法通议》等文章，猛烈抨击封建顽固派的因循守旧，系统宣传了变法图强的理论，强调非“变”不可，天地万物，人类社会都处在不断的发展变化之中，“故夫变者，古今之公理也”。梁启超主张学西学、废科举、兴学校、育人才。康、梁的维新思想影响了许多读书人，使一批传统士人转化为或多或少具有近代意识的知识分子。

（三）资产阶级革命派的民主思想和实践

兴中会成立前后，以孙中山为代表的资产阶级革命派和其他革命志士仁人十分重视学习和传播西方民主思想和自然科学，特别是进化论、天赋人权学说、共和政体和自然科学。他们通过宣传天赋人权的学说，使人民能理直气壮地争取民权；通过传播西方资产阶级思想，使人们了解“自由、平等”的含义；通过介绍西方政党制度，倡导发挥新型政党的作用。这些有关民主和科学的学说，成了人们破除迷信、解放思想、反对传统封建文化和进行暴力革命、推翻帝制的思想武器，提高了人们的民主主义觉悟，为建立民主共和国做了思想准备。

辛亥革命爆发后，政治体制的革故鼎新让民国初年的中国社会面貌为之一新。男子剪辫子，女子禁止缠足，废除跪拜礼、刑讯逼供，力行禁烟，开启民智，解放思想，社会风气为之一变。

随着西学东渐，中国近代新式女子教育产生并逐步发展，辛亥革命前后社会上涌现出了一批颇有影响的新知识女性。以秋瑾、何香凝等为代表的先觉知识妇女们关心国事，振兴女学，创办报刊，组建女性团体，办实业，投身反清革命，争取男女平权，使女界呈现一派活跃气象。妇女的觉醒成为当时中国最亮丽的风景。辛亥革命时期，在男女平等、妇女解放的呼声中，在先进妇女勇敢大胆的言行中，封建礼教的根基有相当大的触动，社会习俗、社会风气、道德观念因此发生了根本变化。西方思想对中国的影响由此可见。

中华民国建立以后，国内实业集团纷纷成立，开工厂、设银行成为风气。民族资本主义的经济力量在短短的几年内就有了显著的增长，无产阶级队伍也迅速壮大起来。

辛亥革命是资产阶级革命派的一次伟大尝试，辛亥革命不仅召唤了新文化运动和五四运动的到来，而且为马克思主义在中国的传播打开了通道。陈独秀和知识界一批激进的民主主义者，继承和发展了辛亥革命思想解放运动的成果，把中国近代思想解放运动推向了崭新的发展阶段。20 世纪初，随着一批觉悟了的知识分子群体的形成，各种宣传革命的书籍报刊纷纷涌现，马克思主义思想在中国不断传播开来，为中国共产党的诞生准备了思想条件。更为重要的是，早期中国共产党人基本上都受过辛亥革命的启蒙和洗礼，然后由民主主义者转变为共产主义者。因此可以认为资产阶级的西学东渐，思想、学习、生活方式等各方面西方化的进程伴随着中国近代化、现代化的历史，这是必然的历史趋势，在积贫积弱的旧中国，不向西方学习，也许面临的便是亡国灭种。从这个层面来讲，中国近代资产阶级引进西学，向西方学习是国人救亡图存的必要手段，也许并不是很成功，但它一步步为中华民族的独立奠定了坚实的基础，启发了民智，激励了一批又一批先进的知识分子和精英为探索中国的出路前赴后继。

三、西方思想在近代无产阶级身上的表现与发展

近代以来，为了挽救国家的危亡，中国的先进知识分子曾经历尽千辛万苦，向西方国家寻找真理，现通过分析中国近代无产阶级的代表人物李大钊、陈独秀、瞿秋白、毛泽东以及他们所领导的运动，探索西方思想在中国近代无产阶级身上的表现与发展。

辛亥革命后，军阀统治日趋黑暗，与政治上反动势力的复辟倒退相呼应，思想文化领域也出现了一股尊孔复古的逆流，而与此同时，西方启蒙思想在我国进一步传播，民主共和的观念深入人心，人们对封建传统礼教越发不满；一战之后，中国国内民族资本主义进一步发展，民族资产阶级力量壮大，逐渐登上政治舞台，要求发展资本主义，而此时帝国主义加紧对中国的侵略，对民族经济的发展形成了巨大压迫；更为重要的是，人们开始思考辛亥革命失败的原因，先进的知识分子认识到，辛亥革命失败的根本原因在于国民脑中缺乏民主共和意识，因此必须从思想上进行改革，冲击封建思想文化，通过普及民主共和思想实现真正的共和政体。那时正迫切需要一场运动将民主共和观念根植国民心中。

在此背景之下，新文化运动应运而生。新文化运动虽是由资产阶级领导的，但它的主要领导人陈独秀、李大钊后来都投身无产阶级革命事业。

陈独秀早期是一个激进的资产阶级民主主义者。陈独秀青年时在杭州求是书院首次接触法国文化。杭州求是书院是一所新式学堂，陈独秀在此开始接触并学习新式教育，受到一定的西方思想影响。后来，他又在日本留学期间系统地学习了法国文化和西方资产阶级民主学说，受卢梭和法国大革命胜利的影响很大，对资本主义有着一定程度的执着。

李大钊早期也属于资产阶级激进派，是西方资产阶级民主的热心崇拜者，他十分欣赏源自科学的西方文化，认为相比于中国文化，西方文化的优点在于有民主、自由以及科学精神，他期望用西方的民主来批判中国的专制。但十月革命爆发后，他很快以敏锐的目光注意到十月革命的重大意义。同时，一战给人类带来的灾难、给自然带来的破坏使得西洋文明逐渐暴露其弊端，这时中西学者开始重新审视西方文化的不足。自此，他开始探索在

中西文化基础上综合创新出的“第三文明”。在李大钊看来，中华文明是第一文明，“偏于灵”；西方文明是第二文明，“偏于肉”；而他日夜期盼的第三文明“乃灵肉一致之文明，理想之文明，向上之文明也”。

基于这样的思想，新文化运动不免带有西方色彩。新文化运动的基本口号是“民主”和“科学”，在陈独秀看来，是为了在中国“建设西洋式之新国家”即西方式的资产阶级国家。新文化运动的提倡者批判孔学，只是为了给中国发展资本主义扫清障碍，并没有结合中国的实际情况，对中国社会起不到根本的改造作用。

即便如此，新文化运动中的西方色彩对后来五四运动的影响仍具有正面作用。当封建主义还在政治和社会生活中占据支配地位的时候，资产阶级民主主义的提倡，在客观上仍具有振聋发聩的作用。

1919 年 5 月 4 日，五四运动爆发，中国无产阶级开始登上历史舞台，表现出他们伟大的力量。

瞿秋白是我国伟大的无产阶级革命家，其在中西文化观上也有一套属于自己的见解。他初步考察了西方文化的历史演进与内涵，认为谈及西方文化不能剥离了它所形成的历史时代，否则，很容易使原本就已“眼花缭乱”的青年人一下子陷入“西洋的”亚里士多德的理论监狱。他肯定了西方文化的积极因素，以及它在历史上起到的进步作用。对西方文化中的“进步倾向”和“人类精神劳动的结果”给予了极高的赞誉和评价。同时，他剖析了西方资本主义国家的物质文明，对西方资产阶级文化虚伪丑陋的一面作了无情揭露与批判。他还反思了西方文化之于现实中国的意义与价值，中国近代文化思想上的“新学”，显然是受西方文化的启迪才发展起来的，但是应该认识到，外来文化的意义与价值首先要依赖于中国社会内部的有效变动，才能更好地发挥出来。

中国人民的领袖、伟大的马克思主义者、无产阶级革命家毛泽东早年十分崇敬梁启超，非常喜爱梁启超在《新民丛报》中连续刊登的《新民说》。这篇长文谈及的自由、民主、权利、义务、社会道德、社会组织、国家思想、个人尊严、新民思想等重要的社会理论问题，多数为梁启超游历欧洲后习得的思想。1918 年春天，毛泽东和知心好友决定成立一个革新社团的时候，就起名叫“新民学会”。这个名称显然是来自梁启超的《新民说》。

在中国近代无产阶级早年受到的教育以及后来所处的社会环境中，西方文化一直是一个不可忽略的影响因素。当时，西方文化的强势对比于中国文化的式微，很难不让人丧失对中国文化的自信，但他们并没有因此全盘接受西方文化，李大钊、陈独秀早期虽是西方资产阶级民主主义者，但后来发现了西方文化光鲜亮丽的外表下隐藏的丑恶，决定投身代表最广大人民利益的无产阶级；瞿秋白、毛泽东一开始就是马克思主义的坚定拥护者，是伟大的无产阶级革命家，他们坚定的立场，不仅源于他们对中国文化能再次崛起的信心，也源于他们对西方文化的了解，知己知彼，方能百战不殆。

四、总结

综合上述近代三个典型阶级思想的表现及发展，我们可以发现西方思想在近代不同阶级中表现和发展的异同。

以太平天国运动时期的洪秀全、洪仁玕等领袖为代表的封建农民，他们思想的“西化”，可以说是一种从个人角度出发的退而求其次的无奈与妥协。洪秀全科举考试多次落榜，仕途无望，才导致他逐渐怨恨传统文化，转向学习西方制度文化。在学习西方的过程中，洪秀全反叛儒家文化，采取激烈的破坏行为，将科举考试内容从“四书五经”变为简单的教义内容，减弱了科举的人才选拔职能。他还宣传带有现代法制、男女平等观念的基督教教义，经济发展方面采取“兴银行、建邮局、奖励发明创造、建立保险制度”等措施，发展近代资本主义，积极推行近代化军事教育，一定程度上启蒙了国民。他崇尚西学的方式可以概括为全盘接受西学、否定中学，是“西化”与传统的结合体，先进与落后的矛盾体，二者难以相融。

相较于封建农民，近代资产阶级学习西学的出发点截然不同。近代资产阶级学习西学是为了改良旧中国，实现自立自强，正如郑观应所言，“欲自强，必先致富；欲致富，必首在振工商；欲振工商，必先讲求学校，速立宪法，尊重道德，改良政治”，这是从国家角度出发的中体西用的尝试。近代资产阶级曾发起过维新变法、辛亥革命等，都带有资产阶级性质。与封建农民相比，他们结合近代中国的基本国情进行了初步的改良和尝试，使部分读书人成为具有近代意识的知识分子，有助于人们的思想解放，使中国的经济、思想和社会风俗等方面都发生了新的积极变化。然而在探索和尝试西方资本主义的过程中，康、梁维新派和以孙中山为代表的资产阶级革命派都暴露出他们的软弱性与妥协态度，不敢否定封建主义，比如康有为就被称作是“跪着造反”的，辛亥革命仅仅赶跑了一个皇帝，却没能改变封建主义。因此，近代资产阶级学习西学可以概括为中体西用，是近代化与现代化之间的过渡。

相较于近代资产阶级的思想与理论，近代无产阶级的思想则更为完备与成熟。比如，李大钊在初期是热衷于西方资产阶级思想的激进派，在十月革命后就投身于社会主义，因为社会主义比资本主义更适合当时的旧中国，所以他选择了无产阶级；还有我们的伟大领袖毛泽东就十分喜爱梁启超的著作《新民说》，并将自己与友人一起成立的革命社团称作“新民学会”。可以看出，相比于近代资产阶级，近代无产阶级在学习苏联社会主义的过程中，结合中国国情，自主地融合了西方资产阶级思想，更为开放包容、自由民主。

西方思想在近代的三个不同阶级上的发展也存在着共同点，近代封建农民以西学辅助建立了太平天国，近代资产阶级以西学辅助建立了中华民国，而近代无产阶级则以西学辅助成立了新中国。各个阶层的思想行为最终都落实在了政权建立、政治制度建设等方面。

西方思想的引入在近代与现代存在着差异。近代不同阶级是学习西方思想并加以探索，是从无到有，而在现代则是一种借鉴与融合。

实践心得

心得一

这是我第一次通过小组合作的方式研究历史，当我了解了西方思想在近代不同阶级上表现与发展的异同时，心里有满满的成就感，我觉得研究历史并不是只有历史学家才能去做，只要有毅力和耐心，我们自己也可以找到独一无二的历史特点和规律。

在研究的过程中，我们也尝试着将理论与实践相结合，我们小组一方面去总统府实地考察近代西方思想在国内传播的影响，另一方面搜集各种相关的近代不同阶级的文献。在论文写作包括前期论文主题确立的过程中，组员之间能积极开展交流互动，大家提出过南京城的军事防守、南京近代的建筑、渡江战役等研究主题，产生了激烈的思维碰撞。不过，这次实践过程也不是一帆风顺，本来我们确立的主题是“近代不同阶级的思想‘西化’”，但在后期查找资料的时候偶然发现“思想西化”类似于文化渗透，背离了我们想要表达的原意，因此又重新对主题进行调整，才确立了现在的这个主题，即“西方思想在不同阶级上的表现与发展”。

总体来说，这次实践让我收获满满，也帮助我在论文的写作方面得到更进一步的提高。

心得二

现代化的城市中，我们该去哪里探索近代留下的西方色彩？为寻找“西方化”在中国近代留下的具体痕迹，我们小组特地前往总统府进行实地调查。之所以选择这个地点，是因为这个地方既包括了太平天国遗址，又是近代国民党政治中心，我们可以清晰地看到近代国民党的发展史以及其在各方面体现出的思想变化。我们原定的研究地点由于修缮问题暂时不对外开放，我们的计划被迫临时变动。这个小插曲让我认识到，不管做什么，都要有第二方案，多一个选择，多一分保障，比起急忙地选定新主题，从容地做出选择更让人心安。

功夫不负有心人，在总统府我们发现了近代留下的西方气息。比如以西洋花纹装饰为主的家具，随处可见的高耸圆柱，雅致的雕饰，深邃的回廊，精巧的拱门，保存完好的中山装，办公室内的西式壁炉……古代史看西安，近代史看南京，此次总统府之旅是理论与实践的碰撞，让我从浩如烟海的近代史文献中脱身，亲身体验那段悲壮、屈辱而又伟大且不平凡的历史，让我开阔了视野，理解了西方文化思想在近代中国究竟扮演着什么样的角色。尽管近代存在西方文化渗透，一些西方势力宣扬殖民主义奴化思想，企图摧毁国人的民族自信心，但若暂时抛却其丑恶嘴脸，西方民主思想对中国近代社会转型是有积极意义的，这也进一步印证了，对于外来思想文化，我们不应一味抵制，也不要实行“拿来主义”，要去其糟粕，取其精华，要立足于本国国情，合理地借鉴吸收。这也就是现在人们常说的不要西化，要现代化。以史为鉴，可知兴替。以史为鉴，筑牢信仰基石，我想这就是这次实践中我的收获。

战火中曲折发展的民族资本

西方国家在工业革命的推动下，生产力获得突飞猛进的发展，以英国为首的欧洲强国逐渐由传统农业社会过渡到现代工业社会。随着生产力的发展，经济形态也发生了巨大的变化，资本主义统治下的商品经济成为主旋律。经济形态的变化也促进了西方列强的对外扩张。在清政府统治下的中国，自然经济仍占主导地位，但由于清政府的无能加上官员的腐败，西方列强对中国开始了逐步的经济侵略，外商的刺激加速了不能满足市场需求的小农经济和自然经济的解体。鸦片战争后，西方先进的技术开始进入中国。外商在通商口岸私自设厂，在外商企业丰厚利润的刺激下，一些官僚、地主、商人开始投资近代企业，接触西方的先进思想和生产方式。洋务运动兴起，一些洋务派的官员和知识分子不仅引进了先进的技术、先进的设备，同时引进了西方的资本主义文化。在理论与实践的双向支撑下，中国的民族资本开始逐步形成。

一、中国民族资本产生的原因

(一) 外国资本主义的入侵

1840 年鸦片战争后，西方资本主义用大炮打开了中国闭关锁国的大门，各资本主义国家利用其在华攫取的各种特权，对中国这个广阔的市场进行大量的廉价工业品倾销，严重破坏了中国自给自足的自然经济，耕与织逐步分离，农民和城市手工业者丧失了他们原有的生产资料，不得不出卖自己的劳动力，这使得资本主义的劳动力市场开始出现并迅速扩大。同时由于外国机器生产的产品逐渐取代了中国各类手工业产品及中国农产品商品化的发展，中国原有的地方性商品市场逐渐扩大而形成统一的国内商品市场。商品市场和劳动力市场的形成、货币财富的积累，都为中国近代民族资本主义的产生奠定了基础。

(二) 洋务运动的诱导

官府推行，民间效仿，是中国民族资本主义产生的特点。在洋务运动时期，资本主义生产方式被清朝统治者视为增强其政治统治的有效方法，于是一批近代化的军事企业被建立起来。军事工业的兴办必然推动民用工业的产生，但清政府的财政收入难以负担洋务企业的浩繁开支，洋务派认为“藏富于民”也是国家求强致富的重要财政来源，批准部分商人、地主成立民办企业。从官办到民办，官府的倡导与支持，对中国民族资本主义的产生具有极大的推动作用。

(三) 典型案例

在洋务运动时期，涌现了一批民办企业，如上海发昌机器厂、天津贻来牟机器磨坊、广东继昌隆缫丝厂等。

其中方举赞和孙英德创办的上海发昌机器厂，从一个专为外商企业的“老船坞”锻制修配船用零件的打铁手工作坊，发展到能制造小火轮和车床的企业，并成为近代中国第一家民族资本工业机器厂。截至1890年，发昌机器厂已有车床十多台、牛头刨车二台、钻床三台、龙门刨车一台，工场可容纳二百人同时工作，场外还有不少空地，成为当时上海民族机器工业中规模最大的一家。

然而上海发昌机器厂这家最早创办的近代民族资本企业，由于其是依附于外国资本主义航运事业而创办的，外商船厂勾结外国资本主义列强控制下的海关垄断了船坞的建筑，发昌机器厂始终不能建立自己的船坞，因而在业务上只能以修理为主，拾取外商船厂修理市场剩下的业务，承接一些船面小修理工作，或接受外商船厂的低价转包以及协作加工。发昌机器厂虽有制造小火轮的能力，却难于找到销路；小火轮的主要销售对象为清政府官僚，由于他们存在严重的崇洋媚外心理，加上外商在价格上的竞争，机器厂的发展只能是昙花一现，不久便趋于衰落。从开始创办到被外商吞并，上海发昌机器厂仅仅经历了几十年的光景。

二、中国民族资本的初步发展

(一) 民族资本初步发展的原因

1. 战后帝国主义列强加强对中国的资本输出和侵略

甲午中日战争清政府战败后，李鸿章代表清政府与日本在马关春帆楼签订丧权辱国的《马关条约》，条约增设通商口岸且允许日本人在通商口岸开设工厂，后其余帝国主义国家援引片面最惠国待遇，获得了《马关条约》中除割地赔款以外中国给予日本的所有特权。西方列强争先恐后地在中国开设工厂，使帝国主义侵略势力深入中国内陆地区，一定程度上阻碍了中国民族资本主义发展。由于帝国主义的侵略，中国社会的自然经济遭到了严重的破坏，市场停滞不前，激发了民众的爱国热情，民族爱国主义和实业救国主义思想越发浓厚，进一步刺激了民族资本主义的发展，民族资产阶级的队伍也逐渐壮大。

2. 清政府放宽对民间设厂的限制

《马关条约》签订后，清政府须赔偿日方军费白银 2 亿两，此外，再加上 3 000 万两赎辽费和 150 万两威海卫守备费，总计相当于清政府 3 年的财政收入。另外，日军还从中国掠夺了大量的船只、兵器、机器、粮食等。巨额的赔款，使清政府不得不靠举借外债应付，同时为扩大税源，清政府放宽对民间设厂的限制。1901 年，为缓和阶级矛盾，清政府宣布实行“新政”，奖励实业，一定程度上为民族资本主义的发展提供了客观条件。

（二）典型案例

中国民族资本主义的初步发展主要表现在民族资本总额的增加，商办企业数目增加、规模扩大、由沿海向内地分布范围扩大。近代中国出现兴办民族工业的热潮，发展速度较快。在这一时期，新办的民族工业企业总数有 400 余家，以张謇的大生纱厂为代表的棉纺织业发展尤为突出。

大生纱厂是张謇于 1895 年在“设厂自救”浪潮中创办的一所私营棉纺织企业。由于外国资本的侵入，以及外资纱厂的竞争，大生纱厂创立之初集股困难，张謇先后筹集官股、商股，奔波数年，至 1899 年才正式开车纺纱。这也反映了在帝国主义、封建主义压迫下，社会资金的资本化是一个艰难而曲折的过程。

大生纱厂开车纺纱同年，纱价跳高。由于股东能分到优厚的余利，入股者渐多，1901 年增加资本 8 万两。1903 年，盛宣怀所领的那部分官机又转来大生纱厂，折价 25 万两，加上新增加的 30 万两商股，共增加股本 55 万两，此时大生纱厂共有纱锭 40 800 枚，占全国纱锭总数的 11.9%。1904 年日俄战争爆发后，日本倾销东北的洋布锐减，这就给大生纱厂的进一步发展提供了有利条件。纱厂 1905 年获利特厚，增加股本 67 万两。1907 年，大生分厂在崇明建成，资本 80 多万两，纱锭 26 000 枚。大生纱厂开车纺纱第二年，即得纯利（除官利）5 万两，第三年得纯利 10 万两，到 1908 年共得纯利 190 余万两，大生纱厂处于地方经济垄断的地位。

大生纱厂从创办之初的艰难曲折，到创办之后的快速发展，其发展历史既从侧面反映了早期中国股份制企业成长发展的状况，又反映了这一时期中国民族资本主义工业的初步发展状态。

三、中国民族资本短暂的“黄金时代”

在第一次世界大战期间，由于帝国主义暂时放松了对中国的经济掠夺，中国民族资本主义经济迅速发展，出现了民族资本主义经济发展短暂的“春天”，但这一景象却转瞬即逝。

(一) 中国民族工业从短暂兴盛转向萧条的原因

一战后，中国民族工业由兴盛迅速转向萧条，既有自身的原因，也有外部的原因，但究其根本，是中华民族当时受列强凌虐这一现状导致的。

缺乏成长的自由空间。虽然在一战期间中国民族资本发展较快，但是依然没有彻底摆脱列强的经济控制，而一战后，民族资本主义经济的迅速萧条则证明其自身发展的局限性：兴盛是一时的，实则受制于人。因此，这种发展是暂时的、不全面的。此外，在当时，中国的工业产品不仅要满足国内市场的需求，还要满足一战的需要，这也体现了民族资本对世界资本主义市场的依赖。在一战结束后，帝国主义重回中国，中国的民族资本就迅速萧条、萎缩，相比战时，虽有发展，但效果不佳。例如：一战期间，由于帝国主义战争的需要，面粉工业和冶铁工业发展较快；纺织业也由于进口的减少得到较快发展。一战结束后不久，面粉进出口马上转为入超，“铁厂积货如山，无人过问，至于停炉停机。纱厂结帐（账），大多无利。……其他工业亦皆消沉”。一战期间民族资本快速发展、兴旺发达的景象，就这样消失了。

缺乏完整的工业体系，且在体系内发展极不平衡。一战期间，民族资本虽得到了较好的发展，但我国的经济仍处于轻重工业比例失调、工业体系不够完整的状态，民族资本主义经济在世界资本的面前力量弱小，依旧无法抵挡列强的经济渗透。在这期间开办的企业，轻工业多，重工业少；轻工业快，重工业慢；小工厂多，大工厂少。最重要的是，国内生产技术落后，基础工业十分薄弱，连最基本的日用品都依赖进口，如洋火、洋钉、洋油、洋车子等。而且，经济发展地区间极不平衡，由于资金和技术的限制，民族工业以轻工业为主，大都集中在沿海，许多依赖矿产、资源的行业无从发展，工厂增加的数量也非常有限。

没有摆脱帝国主义的控制。中日甲午战争中，中国战败，作为战胜国的日本充分利用其在中国获得的赔偿以及一系列特权，并抓住一战的机会，大肆扩大在华势力。1913 年日本在华投资总额为 4.9 亿日元，1919 年增加至 14 亿多日元。1914 年输华货物总值 1.6 亿日元，1919 年增至 4.47 亿日元。同期，美国的对华贸易额由 1913 年的 0.35 亿海关银增至 1919 年的 1.08 亿海关银。到 1919 年，日本在中国的经济势力已经一跃与英国并驾齐驱。一战期间，欧美列强虽然忙于战争，但他们仍然通过直接或间接方式来控制中国的工业，进而控制整个中国经济的发展。到 1919 年，外国资本仍然控制着近 60%的织布机和 75.6%的机械采煤，由此可见，一战期间，中国民族工业并没有摆脱帝国主义的控制，帝国主义的侵略和压迫是阻碍中国民族资本主义发展的根本因素。

国内动荡，民族资本主义没有良好的内部发展环境。1912年，辛亥革命果实被袁世凯篡夺，袁世凯为复辟，对内以残酷的手段镇压人民革命，大肆屠杀仁人志士，对外出卖国家主权和利益以换取帝国主义的支持。袁世凯死后，北洋军阀分裂，为维护自身的利益，各派军阀割据混战，给中国人民带来了深重的灾难，民族资本的发展也因此受到巨大阻碍，整个社会的经济特别是农业遭到了沉重打击。

封建经济占绝对优势。在厂矿中，仍然保留着封建因素，封建把头制、封建式的学徒制等剥削形式就是明显的表现。就整个经济来说，封建经济仍占绝对优势，民族资本的发展还不够成熟，同时面临帝国主义、封建主义、官僚资本主义三座大山的压迫，难以取得进一步的发展。

（二）典型案例

1. 荣氏企业

荣氏企业在创办初期，适逢中国民族工业的“黄金时代”，发展较快，荣氏兄弟于1900年着手创办茂新面粉厂，资本20万两。在一战期间，荣氏企业已拥有12个面粉厂和4个纺织厂，资本总额1 200万元以上，居民族资本主义工业企业第二位。

2. 南洋兄弟烟草公司

简照南、简玉阶在1905年于香港创办了广东南洋烟草公司，后改名为广东南洋兄弟烟草公司。第一次世界大战期间，公司业务得到迅速发展。1916年在上海设立分厂，每年盈利均高达百万元。1918年改上海厂为总厂，香港厂为分厂，工人万余名。1919年8月，为对付英美烟草公司的压迫，简氏兄弟登报招股，将公司再次扩大改组，于上海、香港两地共设5厂，同时开办锡纸厂，并在烟叶产地设收购处、焙叶场。简照南任公司总经理，简氏家庭仍持有股份的60%以上。在随后的几年里，公司年年盈利。

四、中国民族资本再遇新机——政府的推动

1927—1936年中国民族资本再遇新机。大革命之后，蒋介石建立了南京国民政府。通过艰难的外交谈判，国民政府收回了自《南京条约》签订起丧失的关税自主权。1931年，国民政府废除了为镇压太平天国运动而征收的厘金，统一了税收体制。随后国民政府发起了轰轰烈烈的国民经济建设运动。民族资本主义企业迎来较快发展。1936年民族资本在国民生产总值中已经占据主导地位，不仅超过了官僚资本，而且超过了外国资本。1935—1936年国民生产总值年增长率创历史新高，在一定程度上抵御了列强的经济侵略，为抗日战争奠定了一定的物质基础。

中国民族资本再遇新机的原因主要有：第一，国民政府开展国民经济建设运动，鼓励

发展工业、农业、交通运输业。民族工业得到国民政府的支持。第二，南京国民政府成立后，很快实现全国的基本统一。虽不同性质的战争接连不断，相对而言仍属小规模的局部战争，对民族工业的破坏不是很严重。第三，全国抵制英货、日货。“二十一条”的签订，引起了中国人民的愤恨，民众开始抵制英货、日货。

五、中国民族资本遭受打击——抗日战争的全面爆发与政府的措施

抗日战争全面爆发之后，中国民族资本的发展受阻，遭受空前打击。战争之下，人民生活困苦不堪，民族工业纷纷倒闭。

日本在发动全面侵华战争后，设立了众多机构，大肆对华实施经济掠夺。1937 年日本“满洲重工业开发株式会社”成立。1938 年日本帝国主义分别在北平和上海成立“华北开发株式会社”北平分社和“华中振兴株式会社”。1938 年，伪北平临时政府成立“中国联合准备银行”。1941 年汪伪政府设立“中央储备银行”，发行“中储券”，流通于日占区。

抗战全面爆发后，许多民族资本家为使企业免遭日本帝国主义的毁灭，历尽艰险迁往西南地区，并尽快恢复生产。他们对大后方经济的发展、对支持抗战，发挥了重要作用。在沦陷区，来不及内迁的厂矿，或被日军所毁，或被日军以“委托经营”“军管理”“租赁”等形式吞并。仅 1937 年 8 月至 1938 年 3 月，在上海被日军摧毁的工厂就超过两千家，损失超过八亿元。在国统区，国民政府出于抗战需要，实行战时体制，强化对经济的全面控制，加强工业垄断和商业专卖，造成官僚资本的膨胀和民族资本的萎缩。重庆仅 1943 年停产的工厂就有近三分之一，炼铁厂停产超过四分之三。

1937 年，蒋介石在“军事委员会”之下成立了“贸易调整委员会”，以控制商品贸易。1940 年国民政府成立全国粮食管理局，实行粮食征购。国民政府实行田赋征实和发行粮食库券，对烟、酒、糖、盐等物资实行专卖制度，实行田赋征借。同时还成立花纱布管制局，对花纱布等物资实行统购、统运、统销。1943 年中央航空公司于昆明成立，1944 年国民政府在重庆成立“战时生产局”，1945 年成立行政院善后救济总署，1945 年中国纺织建设公司成立。

中国民族资本发展遭受打击的原因主要有：第一，日本全面侵华战争的破坏和野蛮的经济掠夺，外加官僚资本的压榨，造成民族工业萎缩。第二，美国经济侵略的加剧。美国与国民政府签订《中美友好通商航海条约》，攫取了大量的在华政治、经济特权，美国商品大量涌入中国市场，排挤国货。有人称这一条约是“新二十一条”。第三，官僚资本进行经济垄断，残酷挤压民族工业。国民政府的苛捐杂税不断增加，通货膨胀，原料昂贵而产品滞销。

六、中国民族资本特征分析

通过对中国民族资本发展的五个阶段进行分析，我们总结出在战火中曲折发展的民族资本有以下特征。

第一，因战火而发展，也因战火而衰退。在外国资本主义的入侵下，清政府为了巩固政权而推行新政，开启洋务运动，兴办实业，民族资本逐渐形成和发展，因为一战的短暂空隙迎来发展春天，但随着军阀混战和抗日战争的开始，又逐渐没落。

第二，资本、人才、经验、机遇均不足。在当时的社会背景中并没有多少资本家，所以民族资本的根基本来就很薄弱，加上由于多年的闭关锁国，在科技方面我们与西方国家脱轨，没有先进的技术，也没有先进的人才，大量实业依附于外资，这就决定了我国的民族资本很难独立，大部分工厂只能给外资企业做加工，极少拥有自己的核心技术，然而工业的发展，核心技术是关键。此外，民族资本企业主经商方面的经验不足，企业的发展有时得益于市场，例如大生纱厂就是得益于日本的洋布销量锐减，而不是因为自身质量、工艺等占领市场。机遇对于事物的发展极其重要，但是民族资本的机遇却没有那么好，例如上海发昌机器厂因为外国资本的垄断而只能做一些简单维修工作，不能生产自己的产品，又因为不能得到政府的信任而被限制发展。

第三，前期以轻工业为主，规模较小。民国前期在民族资本中做得比较好的几家工厂，如大生纱厂、永安纺织印染公司、荣氏兄弟的茂新面粉厂等都是从事轻工业的。这是内在因素和外在因素共同造成的。内因：中国的经济基础和特殊国情。当时的中国经济落后、资本薄弱，轻工业相对重工业而言，技术较为简单，投资比较节省，机器成本和原料成本都没有重工业那么高，且主要依赖于人力运作，而中国劳动力十分富足，收益相对较快，产业链也没有特别长，相对来说，从轻工业开始投资是一种明智的选择。当然，在当时人才稀缺的情况下，有能力操控重工业机器的人寥寥无几，所以对大部分资本家来说，轻工业也是不得已的选择。外因：帝国主义和封建官僚、军阀的共同打压。1936 年的统计表明，外国资本大体上已经控制了中国生铁产量的 95%、钢产量的 83%、机器采煤的 66%、发电量的 55%。1948 年，官僚资本占有全国产业资本的 80%，控制了全国钢产量的 90%、煤产量的 33%、电力的 67%、石油和有色金属的 100%、水泥的 45%、纱锭的 38%、织布机的 60%、棉布的 73%、棉纱的 39%、毛织品的 50%、食糖的 65%、纸张的 30%。这些数据充分证明了官僚资本和外国资本对于中国重工业的控制。

第四，后期的民族资本以金融业为主。国民政府时期，民族资本走上了以金融业为主的发展道路。前期开设工厂的资本家拥有了一定的资本，此时许多金融机构建立，如中国实业银行、大陆银行、邮政储金汇业局等，因此很多资本家选择将资金投入商业和金融领域而非工业领域。抗日战争前，民族资本中80%是商业资本和金融资本，它们与工业资本的比例极不相称。民族资本的这种组合的不稳定状态构成它的最大弱点，使它无法摆脱对帝国主义资本、封建经济和官僚资本的依赖，民族资本没有自己独立的生产基础。

虽然民族资本发展之路崎岖，但是它对近代中国的发展有着不可磨灭的作用。在经济方面，民族资本的发展加快了中国经济形态的改变，虽然未完全发展为资本主义经济，但使自然经济和小农经济逐渐瓦解，为中国建设成为现代化工业国家做了重要铺垫。在政治方面，中国民族资本主义的发展为维新变法和资产阶级民主革命提供了社会基础，资本工厂的盈利使社会对于资本主义的认可提升，资本主义思想的浪潮不断冲击并最终动摇了封建正统思想的统治地位，对于反帝反封建的民主革命具有推动作用。军阀和官僚通过资本购买大量的土地，土地占有呈现更加集中的趋势。中国社会阶级关系随之有了新的变动，无产阶级逐步扩大，成为新民主主义革命开展和中国共产党成立的有利条件。

实践心得

心得一

“以史为鉴，可以知兴替。”这么多磨难与挫折、痛苦与考验，不仅没能让这个国度衰亡，反而让她走进了新的时期，一直到现在，欣欣向荣。一战后的中国，一次一次受伤，一次一次跌倒又站起。一次又一次的革命，让无数先进思想涌入中国的同时，也让中国得到发展，在不断取舍中摸索成立新中国的路线。作为当代大学生，学习和研究中国近现代史，厘清近现代中国历史发展的基本事实，探索其发展规律，有利于提高自身文化素质，增强爱国意识，有利于加强对国家、民族、社会主义道路的信仰。

历经两个月的学习探索，我们完成了本次关于中国民族资本的实践学习，通过实践，我得到了很多收获。首先，作为一个小组，我们要学会听取他人的意见和想法，共同协商，在确定主题后既要各司其职，也要和小组成员相互配合，这样才能提高效率，拥有更好的效果。其次，在本次实践过程中，我在搜集资料、分析应用信息方面的能力也有了较大的提升，总结了较适合自己的流程与方式。最后，通过本次实践，我对中国民族资本的发展有了较为全面的了解，对其具有的两面性和历史作用也有了较为深刻的认识。独立自主是发展的基础，一个国家如果没有这个基础，是无法走到最后的。

心得二

通过此次实践，我们小组认真分析研究了近代中国民族资本发展的曲折历程，深入了解了1840—1949年中国经济的发展状况。在帝国主义、封建主义和官僚资本主义三座大山的压迫下，中国的民族资本经历了从产生与初步发展、快速发展、稳定发展，到最后逐渐萎缩消失的过程。这让我清晰地认识到，落后就要挨打。国家主权沦丧，国土遭受列强侵占，人民饱受战乱之苦，在这样的情况下，民族资本只能在夹缝中求生存。由此可见，国家经济发展的根本是国家主权完整、国力强盛。

今天，在世界多极化、经济全球化的趋势下，中国积极走向世界，融入世界，在国际舞台上展现中国负责任的大国形象，为推动构建人类命运共同体贡献中国方案、中国智慧。作为一名大学生，我要肩负起历史使命，努力学习，积极创新，勇于实践探索，提升自己的意志品质，为实现中华民族伟大复兴贡献青年的力量；还应该做到从历史中汲取精神力量和宝贵的经验智慧，肩负起建设祖国、保卫祖国的重任，练就过硬的本领，有坚定的立场和正确的思想认识，为共产主义事业奋斗终生。

南京与近现代体育

伴随着思想、制度的变革，南京的体育事业开始发展起来。南京相继颁布相应的法规，建立近代体育组织，开展竞技体育，创办近代体育学校。在这个基础上，今天南京的体育发展才更为顺畅。研究近现代体育在南京的发展历程，探索南京与近现代体育的紧密联系，有利于体育精神和文化在南京的传承与发扬。

一、近代体育在南京的发源

(一) 近代体育产生的背景

1. 思想背景

新文化运动和五四运动在很大程度上促进了中国社会中许许多多巨大的变革的产生，尤其促进了先进之士思想的进步和中外文化的交流与碰撞。在这样的背景下，南京的近代体育发展也经历了重大的转变。

在新文化运动进行的阶段，中国近代的思想家、教育家站在资产阶级的立场上，对我国应该如何发展体育，应该发展什么样的体育，进行了详细的阐述。同时，他们对体育发展的方法也做出了详细指导。我国对于近代体育教育的定义以及对它的认识由此更加完整和全面，同时也为中国近代体育学制及其系统指导思想的确立和完备奠定了坚实的基础。

在新文化运动与五四运动中，通过当时全国的先进知识分子的引导和努力，西方与体育相关的知识、理论被中国人民所普遍接受。

蔡元培、陶行知、毛泽东这些伟人比较冷静地站在新体育的基石上分析中西体育的长处与短处。他们的思想具有某种超越时代的意义，预示了未来中国体育发展的方向。

2. 制度背景

1902 年，清朝政府颁布了《钦定学堂章程》，因这一年为壬寅年，所以又称“壬寅学制”，它是中国教育史上第一个正式颁布的学制，但在实行前就被废除了。“壬寅学制”规定学校有七个等级，小学堂和中学堂都要学习体操，即体育，但是因制定过于仓促，本身存在若干不足，再加上清廷内部的权力竞逐，章程还没来得及实施就被废止了。

1903年，以张百熙、张之洞为代表的大臣们拟定了《奏定学堂章程》，又称“癸卯学制”。这份章程在体育史上具有非常重要的地位，它是我国近代第一个正式实施的与体育教育有关的法令。它仿照的是日本的学制系统，明确规定了各级各类学校都需要开设名为“体操科”的体育课程，并且还对学时安排、教学目标、教学内容、场地设施等都做出了详细规定。同时，“癸卯学制”把教育阶段划分为初等、中等、高等，并详细界定了课程教学内容的范围和学校行政管理的范围。这为近代体育的普及创造了必要的条件。

比起“壬寅学制”，后颁布的“癸卯学制”更加精益求精，涉及的范围更全面，规定也更加详细准确。最后，也推动了科举制度的废除，全国的教育制度逐渐规范统一，同时全国各地都纷纷开始进行新式教育。

《奏定学堂章程》促使体育走进学校教育的殿堂，深刻改变了近代教育的发展方向。同时，它也在学校体育方面做了一些具体规定。根据记载，它要求“各学堂一体练习兵式体操，以肄武事”，把“体操科”列为各级各类学校的必修课，这也意味着我国体育教育和相关的制度自此被确立。从此，体育作为一门独立的、全新的学科出现在新式学堂中。

（二）近代体育法律

1.《国民体育法》

1929年，南京国民政府颁布了一部法令——《国民体育法》，在我国历史上，它是第一个专门围绕体育颁布的法律。它是国民政府体育指导委员会基于三民主义草拟的一份对全体国民起约束作用的体育类法律，是中国近代史上由国家公布的第一个体育法，也是近代中国最早、层次最高的体育法令。

它不仅就体育的目的、实施体育的方法、学校体育及民众体育管辖的范围等做出了规定，还对体育机构的建设和管理方式都做了相应的规定。它以立法形式让参与体育活动成为每个人应尽的义务与应享有的权利，对南京以及全国的体育发展都有极大的助推作用，意义深远。

2.《修正国民体育法》

1941年，南京国民政府结合当时南京及全国各地体育运动的推广及发展情况颁布了《修正国民体育法》，对《国民体育法》做出了相应调整和详细说明。

（三）近代体育组织

1. 全国学校区分队第一次体育同盟会

1910年，全国学校区分队第一次体育同盟会正式成立，它是专为开展竞赛活动、筹办运动会而建立的体育组织。纵观我国近代史，它可以称得上是全国性体育社团组织的“开山石”，当时中国全国性体育组织都以它为模范。

2. 北京体育研究社

1912年，许禹生等人发起创办了北京体育研究社。北京体育研究社的宗旨是“提倡尚武精神，养成健全国民”，旨在研究和开展体育活动。它不仅对北京的学校体育教育进行研讨，还负责督促设立公共体育场，赞助公立学校，同时也注意扶助私立学校。

3. 中华全国体育协进会

1924年中华全国体育协进会正式创立。中华全国体育协进会是全国性体育运动的领导组织，它是对体育活动等进行管理的组织，也是中国第一个全国性业余体育组织。在今天，人们广泛认定它是国家奥委会的前身。

(四) 近代竞技体育的出现

在大众体育不断推广的背景下，南京的竞技体育也就应运而生，尤其是20世纪二三十年代以后，竞技体育的发展从根本上推动和引导着学校体育和大众体育。在近代，西方竞赛项目源源不断地传入南京，南京的竞技体育在全国都处于领先地位。

1. 宁垣学界第一次联合运动会

1907年，南京举行了“宁垣学界第一次联合运动会”，当时参加的学校数量有80多所。参与的学校有著名的江南陆师学堂、江南水师学堂、两江师范学堂等，还有某些专科学校，在当时，它算得上是校级运动会中规模最大的，也是我国近代区域性校际运动会中规模最大的。

从设置来看，虽然分类时有重复，但这些项目的确非常完整地向我们还原了那时候新式学堂的体育教学的情形。而且，从项目名称看，这些项目不仅有着浓烈的趣味性，甚至还有浓厚的政治教育色彩。如有一项比赛名字叫作“恢复路权”，当时的爱国学生通过它抒发了自己强烈的国家主权意识和爱国热情。

2. 旧中国第一届全国运动会

1910年，南京“南洋劝业会”举办期间，旧中国第一届全国运动会也借此场地举办。

该运动会由上海基督教青年会体育干事埃克斯纳联合基督教青年会在中国各地的相关组织共同筹备，运动会秩序册和比赛术语均为英语。参加运动会的选手都是来自各地学校的男性运动员。运动会正式采用了田径、球类等近现代竞技运动项目，摈弃了自19世纪末以来在中国的学校和社会上一度盛行的以军国民体育为背景的德日系体操、兵操与竞赛游戏。

运动会极大地促进了体育运动的推广，如在那次运动会之后，篮球运动逐渐在中国传播开来。第一届全国运动会被视为后来的大型运动会的前身，获得了全国人民的广泛关注。第一届全国运动会的成功举办极大地推动了体育在我国的发展，既锻炼了一批运动员，也为以后参加远东运动会、举办其他的运动会等提供了经验借鉴，有人称之为“奥林匹克运动在中国结出的第一个硕果”。

3. 旧中国第五届全国运动会

根据蒋介石的提议，第五届全国运动会计划于1931年在南京举行，但由于日本关东军制造了震惊世界的“九一八”事变以及长江流域的严重水灾，加之当时受到世界经济危机的打击，运动会不得已被推迟到1933年。这是首届全国运动会之后，南京第二次举办全国性、综合性的体育赛事。这届运动会也是赛场气氛最好、观众意见最少、运动成绩最佳的一届运动会。

二、近代体育事业在南京的发展

(一) 开办学校进行体育教育

1. 军事学堂

1840年鸦片战争的惨败给先进的知识分子造成了巨大的震撼，他们意识到，要拯救国家于危难之中，就要先从效仿西方，学习西洋“养兵练兵之法”开始。因此，洋务派开始聘请欧洲各大国的军官作为教官，开办军事学堂，并选派表现优秀的学生公费出国留学。自此，近代西方体育开始传入中国。其中在南京创办的著名军事学堂有江南水师学堂、江南陆师学堂等。课程的内容除了军事知识，还有被称为“体操科”的体育课程。体育课程的推广大大提升了学员的身体素质。从一定意义上说，这些都成了西洋兵操被引进南京体育教育的引导与促进力量。

2. 教会学校

史料记载：“佛兰西人亦一体可以建造礼拜堂、医人院、周急院、学房、坟地各项。”从这里可以看出，外国人可以在中国创办学校，因此教会学校的数目也逐渐壮大。

鸦片战争之后，西方传教士在南京也创办了许多教会学校，例如为人熟知的汇文书院。这些学校虽然没有开设体育类课程，但是它们非常看重课外活动的重要性，频繁地举办运动比赛及活动，从而极大地激发了青年学生对于体育的兴趣，也培养了他们的体育爱好，最终也推动了西方近代体育在南京的传播和发展。教会学校的这种模式也为近代南京体育教育的发展做了很好的示范，起到了清晰的引导作用。

3. 明德女子书院、汇文女子中学

清末民初之际，南京女子体育活动获得了快速的发展，这与女子学校的开办关系密切。在女子学校出现之前，全国各地的女子的命运大多是一样的，因为旧时代封建思想的迫害，她们不能拥有上学读书的权利，只可以在家中的闺房里学习如何相夫教子和干家务活这类技能，更不用说接触正规的体育活动了。就连习武之人中，女子所占的比例也是少之又少。近代南京传教士们开办的女子学校为她们的生活带来了一丝希望的曙光，她们获得了走进学堂的机会，也获得了接受近代体育教育的机会。

1884 年 10 月，南京第一所女子学校——明德女子书院建立。1887 年沙德纳在南京创办了沙小姐学堂，它在 1902 年被命名为汇文女子中学。这些女塾学习西方学校的教育模式，不仅设置了文化课程，也添加了舞蹈和游戏教育，帮助女学生实现身心的双重健康。

随着时间的推移，女子体育教育也一直没有停下发展的脚步。1915 年，中国近代十分著名的女子教会大学——金陵女子大学正式在南京开学。1925 年，金陵女子大学开设了体育系，课程设置完全学习美国的女子大学体育系，并且主要分为基础课程和专业课程两大类，既教女学生体育史、体育原理、运动项目的发展史之类的体育知识，又教她们各种体育项目的基础知识。

4. 日式体操的引入

南京沦陷后，日本扶持汪精卫等投靠日本的国民党官员在南京建立了汪伪国民政府，又称汪伪政权。它是抗日战争期间以汪精卫为首建立的政权，实际上是日本扶持的傀儡政权，但却用“中华民国国民政府”的名字来掩饰自己。汪伪政府仰仗日本帝国主义，对其言听计从。汪精卫伪政权为顺应日本实施奴化教育，南京各大学校内的体育教育也纷纷加上了日式体操这一教学内容。

5. 体育教材的编写

抗战胜利后，国民政府还都南京。教育部与南京国民体育试验区合作，在大行宫中心国民小学以及琅琊路、汉口路等 10 余所小学进行小学体育实验工作。经过调查发现，早操时间教师没有教材，因此不能很好地指导学生进行体育运动，对学生的看护监管也不够到位、严格。正式上课时教师教授的体育项目单调、基础，没有高级、丰富的项目可教授。因此，南京国民体育试验区和教育部共编印了数十种体育教材，同时也开设了“巡回辅导团”学习班，组织老师们学习如何使用体育教材进行教学。

(二) 制度法规支撑体育教育

1. 癸卯学制

1903 年制定的“癸卯学制”是我国教育史上第一个正式颁布且在全国普遍实行的学制。癸卯学制中规定的以兵式体操为主的体育课程，是我国近代体育课程的发端，确立了体育在学校教育中的地位，对近代体育教育具有非常重要的历史意义。

2.《通行各省推广师范生名额电》

1906 年，清政府学部发出了名为《通行各省推广师范生名额电》的通令，要求省城师范“附设五个月毕业之体操专修科，授以体操、游戏、教育、生理、教授法等，名额百名，以养成体育教习”，并且还特别通知“五个月内，本部当派视学官分省巡视”。这一通令有效地缓和了新式学堂发展过程中师资缺乏的严峻问题，同时也奠定了我国师范体育教育发展的基础。自此，中国近代体育专业教育在这片沃土上扎根、发芽，茁壮地成长。

3.《女子小学堂章程》《女子师范学堂章程》

1907 年，清政府又颁布了两个章程，分别为《女子小学堂章程》《女子师范学堂章程》，对有关女子教育的内容进行了补充，并且还对体育教育做出了明确的规定。

《女子小学堂章程》是中国近代最早的国定女子小学堂章程，由清政府学部颁布。它首次允许各地单独设立女学堂，责成地方官员管理、保护，规定女子小学堂以“养成女子之德操与必须之知识技能并留意使身体发育”为宗旨。

《女子师范学堂章程》是中国近代最早的国定女子师范学堂章程，由清政府学部颁布，以“启发知识、保存礼教”为原则。从此，女子师范学堂一跃成为女子教育最高学府。

以上两部章程均在 1912 年“壬子癸丑学制”颁布后被废止。它们把初等女子学堂和高等小学堂的体操科内容都定为普通体操和游戏。规定把体操列为正式课程的一部分，使女子体育教育在学制上得到规范，同时也为南京女子学校中体操甚至体育活动的普遍开展创造了有利条件。

4.《普通教育暂行办法》

中华民国成立后，孙中山代表资产阶级革命派的先进人士追求“尚武精神”，主张推行军国民教育。因此他们把军国民教育作为建构学校体育的思路主线。

1912 年，中华民国刚刚成立，南京临时政府教育部就颁布了《普通教育暂行办法》，以改善没有新学制的局面。办法规定高等小学及以上等级的学府在体操科的教学中应更加重视兵式。第一任教育总长蔡元培先生正式提出了“军民国教育”这个概念，军事编制被各级各类学校作为学制学习的目标，开设的体育类课程也都以兵式体操为主。兵式体操和军事训练成为当时学校体育课的主要内容。

然而，兵式体操虽然从某种程度上促进了学生的身体和健康发展，但是同时也让体育课的形式变得呆板、枯燥甚至千篇一律，注重外在的形式而忽略了内在的实质，尤其是田径、球类等运动未能得到应有的重视和广泛的开展，影响了体育运动的健康发展。

5. 壬戌学制

1922 年，北洋政府教育部颁布了《学校系统改革案》，也称“壬戌学制”，它是第一部对国家体育教育进行细化的学制。

它主要从以下四个方面对旧学制做出了改变。

第一，在课程的科目上。随着西方体育思想不断被引进，学校中出现了球类、田径类体育项目。为了将其与兵操区别开来，北洋政府重新把“体操科”命名为“体育科”。学校的体育教育体制由向日本学制学习转变为效仿美国学制。在这个过程中，中国体育教育模式开始向多元化的方向转变。

第二，在课程的目标上。课程的培养目标要求体育教育的施教者不仅要培养儿童拥有健康的体魄，同时要培养儿童养成好习惯，如热爱运动，培养他们热爱体育、热爱运动的观念。体育科定义中第一次包含了“卫生”这个概念。

第三，在课程的设置上。它规定学生就算达到了文化课的学分学时要求，也不能忽视甚至放弃体育锻炼。体育课不再像原来那样不被学生所重视，而是成了必修科目，受到了学生的广泛重视。学校教育学制和考核方式也因此有了很大的进步。学生体育锻炼的积极性也在很大程度上得以提高。

第四，在课程内容上。小学生更喜爱使用丰富多样、生动形象的教材，教材也因此被不断修订。初、高中增加了生理、卫生、体育这类科学方向的课程。学生不仅学习了体育知识，还可以丰富生理卫生知识。我国当时的体育教育发展也因此加快不少，但直至1931—1932 年，教育部陆续颁布的中小学课程标准才对体育课的教学内容、方式等做出了具体规定。

6.《国民体育实施方案》

1932 年第一次全国体育会议在南京召开。全国各省市代表和体育界的专家、学者到会，会议通过了著名的《国民体育实施方案》。

国民政府建立后，为了更好地促进体育教育发展，特别颁布了多项文书和法案，通过立法的方式推出了各种体育教育政策，影响较突出的就是《国民体育实施方案》。它很好地促进了当时的体育教育政策的制定，也很好地引导和规范了体育教育。这一方案改善了因为各级学府在体育教学方面没有统一规范而出现的各搞一套的混乱局面。

三、南京体育事业的当代发展

新中国成立之后，以锻炼身体、增强体魄、丰富文化生活为宗旨的新体育在群众中迅速发展，人民体质不断增强。

(一) 全民健身的热潮

1. 健身网络体系

新中国成立初期，南京市群众体育活动迎来第一个高潮。资料显示，1955 年前后，全市各界群众参加球类、田径、游泳、体操、举重、摔跤等活动的人数日益增多。业余运动队和锻炼小组纷纷成立。1959 年，参加国防体育活动者已占南京地区总人口的 6%。

改革开放后，特别是《中华人民共和国体育法》和《全民健身计划纲要》颁布、实施以来，掀起了第二次群众性体育活动高潮。“十五”期间，全市平均每年举办各级各类群众性体育活动 700 余次，到 2005 年全市体育人口占总人口的比例已达 45%。

进入21世纪后，南京深入推进“送体育进社区、到乡镇”工作，以南京全民健身中心为重点，联合南京各个区县、乡镇的健身工程，已建成了覆盖全市的健身网络。

群众体质状况测试、健身指导等是南京市群众体育的重要需求。南京市在这些方面走在了全国前列：在全国率先成立了“体质测试站”，形成了市、区（县）两级体质测试网络，常年为各类人群提供科学的体质测试服务，开具运动处方。

2. 体育设施建设

中华民国时期，南京很少有正规的体育场馆。新中国成立后，随着社会主义体育事业的蓬勃发展，南京的各类体育设施建设得到了长足的发展。

进入21世纪后，南京的体育设施建设突飞猛进。随着2005年中华人民共和国第十届运动会在南京召开，南京的体育场馆在当时创下十个“全国之最”。体育场馆的建设、使用、经营“一盘棋”，改变过去单一功能的设计理念，把比赛、训练和群众健身等多种功能融为一体，既保证比赛需要，也考虑群众健身的便利，既高标准建设，又低成本维护，在场馆设计之初就把今后的开放、使用、维护等各种因素综合考虑，实现效益的最大化和成本的最低化。

3. 体育教育

新中国成立后，党和人民政府十分重视学生身体健康，提倡德智体美劳全面发展。南京市的学校体育工作，从师资到器材，从课程到教学，都取得巨大的进步，也积累了丰富的可供借鉴的经验。

在学校教学体制方面，南京实现了从照搬他国到走自己路的转变，建立并完善起现代体育教学体制。1956年，根据教育部颁布的《小学体育教学大纲（草案）》《中学体育教学大纲（草案）》，中国体育教学开始走自己的路，南京也组织各级学校学习和实施。20世纪90年代，南京已初步形成了市、县、校体育教学研究网络，制定体育课考核标准和体育教学评估办法，强化体育工作的量化管理，以促进学校体育工作的规范化、科学化、制度化，从而保证了学校体育健康开展。

在学校体育教学内容方面，南京的体育教学实现了传统体育项目与现代体育项目的有机结合。为了更好地保护与发展传统体育文化遗产，国家正式颁布的体育新课标中增加了选修教材的授课时数比重。2000年，南京市教研室组织开展了民间传统体育项目在中小学体育教学中运用的实验研究，对民间传统体育项目进行开拓性发掘和创新性继承，融入现代元素加以推广。具有民族性、趣味性和健身性的传统健身游戏受到少年儿童的普遍欢迎，受到学校的高度肯定。

(二) 体育交流

友好城市是南京体育交流的一个有效途径。1982年6月3日至6月8日，南京市体育友好代表团一行70人对日本进行了友好访问。截至2009年，南京与名古屋市已进行了28次体育交流。

1994年10月，南京市体育代表团访问了韩国大田广域市。同年，韩国大田广域市体育代表团来南京进行友好访问，双方结为体育友好城市。截至2009年，南京与大田广域市已共同举办16届青少年体育交流大会。

南京的对外体育国际交流始于清末，盛于当代。史料显示，在1910—1948年的39年中，南京曾与美国、德国、日本、菲律宾、印度、马来西亚、新加坡等国家和地区进行了国际性的体育交流。新中国成立后，南京的体育对外交往频率有了明显的上升。尤其是进入21世纪后，随着南京市体育事业整体实力的上升，南京的体育对外交流呈现出全方位、多渠道、宽领域的可喜局面。

借助亚足联，南京启动了支持足球发展的“亚洲展望计划——南京项目”，该项目是国际体育组织在南京市实施的首个重要国际性体育合作项目，扩大了南京在国内外的影响力。

（三）体育产业

1. 门票、彩票

所谓“门票”是指体育竞赛表演转向市场化后，为获得利润而出售的入场券。出售门票已成为南京重要体育赛事的主要收入来源之一。体育彩票原本是国家为扶持体育事业而采取的一项政策措施，现已成为体育产业的重要资金来源。

2. 健身、休闲

截至2008年，南京各类体育经营场馆已超过470家。体育用品销售市场也异常火爆，中央、新百等大型商业企业已形成整个楼层的体育用品销售区，国内外知名体育品牌均已进入南京市场，CTF等健身俱乐部已成为健身服务行业的领头羊，带动了体育培训市场的飞速发展。

3. 体育用品制造市场

南京体育用品制造领域形成了一批龙头企业，全市年产值上千万元的涉体企业超过20家。其中，胜利公司的羽毛球产品、三瀛公司的篮球产品远销欧美，并成为许多国际大赛的指定用球；国际羽毛球知名品牌“亚狮龙”落户南京。

4. 青奥会的举办

南京青年奥林匹克运动会于2014年8月16日20时在中国南京开幕，是当时中国的第二个重大奥运赛事，仅次于北京奥运会。它是中国首次举办的青奥会，是众多体育大赛中参赛国家和地区最多的一个。

实践心得

我以前就上过历史课，所以第一次听说要上中国近现代史纲要课时觉得没什么新鲜感。但是一两课时过后，我觉得这门课不仅仅是简单地讲历史故事，而是在培养我们的家国情怀。近代以来，中国人民在屈辱和苦难中奋起，为了争取民族独立、自身解放和实现国家的繁荣富强进行过长期的英勇奋斗。正是这些斗争，粉碎了外国侵略者灭亡中国的阴谋。正是这一段历史，推动了中国民族的伟大复兴。

之所以选择南京与近现代体育这个研究课题，是因为我在查找资料时偶然看到一篇名为《南京不解的体育情缘》的文章，这篇文章的作者以采访正在公园锻炼的南京市民作为引子，带领读者了解南京历史中体育的发展历程，让读者见证南京体育从西方体育引进到传统体育发扬的过程。他从体育的角度看待历史的独特方式启发了我很多，我也对南京和近现代历史的千丝万缕的关系产生了浓厚的兴趣。因此我以这个主题为目标，在网络上检索了许多相关的文献资料，最后确立了主要从体育发源、体育教育以及今天的体育三个方面来进行论文撰写的思路。写作论文的同时，我也体会到了体育精神经过历史的洗礼，在南京这座城市的灵魂上烙印得越发深刻。

建筑——南京近现代历史的缩影

近现代南京建筑的演变和发展反映了南京这座古城的历史变迁，从第一次鸦片战争到改革开放，南京建筑风格、式样发生了翻天覆地的变化。近现代南京建筑也是人们的追求与思想的记录，建筑给我们提供了一种直观了解历史的途径。因此，本小组通过实地参观南京代表性建筑，进一步探寻南京的建筑风格，揭开建筑背后的历史。

一、近代南京建筑的风格

（一）历史背景

第二次鸦片战争以清政府战败告终，1858 年，清政府与各国代表分别签订《天津条约》。由于条约的签订，见证过王朝兴盛与衰亡的六朝古都南京被迫开放为通商口岸，接受了西方工业革命的成果。西方文化的影响也使南京的建筑风格发生了较大的变化，迈入一个新的阶段。

南京作为中国近代史上一个重要的城市，发生了很多有影响的事件。南京的许多民国建筑也记录和反映了这一点。

最具有转折意义的一个事件就是，1912 年 1 月 1 日中华民国临时政府在南京成立，孙中山先生在总统府内宣誓就职，成为第一任临时大总统，中华民国就此成立。从 1912 年至 1949 年，中华民国的首都始终为南京。

外来西方文化对近代中国人生活的方方面面产生了巨大的影响。19 世纪末 20 世纪初，面对西方强势的文化入侵，中国建筑一度被忽视。上海、天津、武汉等通商口岸的西式建筑被视为珍宝。在 1911 年辛亥革命开始后，状况逐渐发生改变。1929 年国民政府颁布《首都计划》，对南京进行全面规划和改造，这是中国政府第一次大规模自己主持进行城市现代化建设。一大批留学欧美和日本的中国建筑师纷纷回国，他们将中西文化融合，打破了崇洋媚外、盲目模仿和抄袭西方的固有观念，摆脱了西方思想意识的支配，探索出了中国近代建筑的新道路。

这些归国的建筑师们或自办事务所，或在大学任教，或在政府部门负责规划工作，为中国近代建筑的建设与创新做出了杰出的贡献。以吕彦直、梁思成、杨廷宝等为代表，他们在建筑理念的创新、建筑风格的探索、建筑功能的规划、建筑材料的应用甚至具体的施工等方面都做出了艰苦的努力。

（二）建筑风格

民国建筑是特定历史时期中外建筑艺术的缩影，建筑风格各不相同。民国建筑一般为砖混结构，这种结构是指建筑物中竖向承重结构的墙、扶壁柱等采用砖或砌块砌筑，柱、梁、楼板、屋面板、桁架等采用钢筋混凝土结构。这种建筑具有扩大建筑面积、降低建筑成本、性能优良的优点，但砖混结构建筑的生命力不如明清时期以木结构为代表的中国传统建筑。

建筑风格是一个时代政治、经济、科技、文化、气候、地理及民族心理等诸多因素相融合的结果。民国时期，在全国各大城市中，上海、天津、广州、青岛、大连、长春、沈阳、哈尔滨等城市的建筑更多体现的是“西化”。尤其是上海，汇集了各国的建筑风格。这些建筑对这些城市而言，并非城市历史发展的必然，也不是城市历史文脉的延续，它们或多或少带有一种政治上、文化上强加的色彩，有被动的成分在里面。从某种意义上来说，这些建筑是中国近代史与西方关系史上的一个“怪胎”。而南京则不然，南京民国建筑并不含有任何政治上、文化上的强加成分在里面，它是一种主动的吸纳。中国北方建筑的粗犷浑厚、南方建筑的灵巧细腻，与西方古典建筑的雍容典雅、现代建筑的简洁明快既互相共存，又互相交融，构成了一幅美轮美奂的图卷。直到今天，民国建筑依然是南京城市建筑中的一大景观，令人驻足流连。

无论是从现存面积上来讲，还是从数量上来讲，南京民国建筑在全国都是独一无二的，这些建筑流派纷呈，造型独特，风格各异。概言之，南京的民国建筑主要有六种风格。

一是中国传统民族形式的建筑。此类建筑多为木结构或砖木结构，大多数是单层，少数是双层，宫殿、庙宇多为重檐歇山顶，民居多为人字顶。民国时期，这一形式的建筑基本上沿袭着旧有的功能布局、技术体系和风格风貌，保持着因地制宜、因材致用的传统品格和乡土特色。

二是西方折中主义建筑。折中主义建筑是 19 世纪 20 年代在欧美一些国家流行的一种建筑风格。这种风格的建筑任意模仿历史上各类建筑风格，或自由组合各种建筑形式，不讲究固定的法式，只讲求比例匀称，注重纯形式的美。这类建筑在清末南京开埠后比较流行，民国建立后，这类建筑逐渐淡出。

三是西方古典式建筑，又称西方古典主义建筑，主要是指 17 世纪后期从法国兴起的古典主义建筑。其特点是以古典柱式为构图的基础，突出轴线，注重比例，强调对称，讲究主从关系。这种风格的建筑多被应用在宫廷建筑、纪念性建筑和大型公共建筑中。古典主义建筑以法国为中心，首先传播至欧洲其他国家，后来又影响到世界上其他一些地区。大约在20世纪初，这种风格的建筑出现在南京的校园里。

四是中国传统宫殿式的近代建筑。这种风格的建筑是中西方的建筑师力图将中国传统的建筑造型和西方现代建造技术结合起来而做出的一种尝试，19世纪后期在南京开始出现。国民政府定都南京后，在1929年制定的《首都计划》中明确强调首都南京的建筑以“采用中国固有之形式为最宜，而公署及公共建筑物，尤当尽量采用”。由于这类“新功能，旧形式”的建筑既符合现代建筑的功能需要，又能表现中国传统建筑的外貌，顺应了时代潮流的要求，所以在20世纪二三十年代的南京，这种风格的建筑成为一股时尚潮流。

五是新民族形式的建筑，又称现代化民族形式建筑。这类建筑一般采用现代建筑的平面组合体型构图，大多采用钢筋混凝土平屋顶，或采用现代屋架的两坡屋顶，造型简洁对称，在檐口、墙面、门窗、入口部分以及室内施以中国传统建筑装饰，并辅以适当的传统建筑图案。这类建筑兼顾西方现代建筑技术、现代建筑功能的需要，同时又带有中国民族风格，追求的是新功能、新技术、新造型与民族风格的和谐统一。20世纪30年代南京对这类形式建筑的探索在当时处于国内领先地位。

六是西方现代派建筑，又称西方现代主义建筑。第一次世界大战后，由于欧洲政治、经济和社会思想状况的变化，西方现代派建筑应运而生。这种风格的建筑强调建筑式样与时俱进，主张摆脱历史上过时的建筑式样的束缚，积极采用新材料和新结构，创造出反映时代特征的新建筑风格。由于这一风格的建筑实用、经济而又美观，便于新材料、新结构的应用，所以一经产生，迅速在世界各地传播开来。

(三) 特色建筑

1. 中山陵历史建筑群

中山陵是我国伟大的革命先行者孙中山先生的陵墓，坐落在紫金山第二峰小茅山的南麓，北依青山，南临平川，依山就势，气势雄伟，使人有仰止崇高之感。整个建筑群依山势而建，由南往北沿中轴线逐渐升高，主要建筑有博爱坊、墓道、陵门、石阶、碑亭、祭堂和墓室等，排列在一条中轴线上，体现了中国传统建筑的风格，从空中往下看，像一座平卧在绿绒毯上的“自由钟”。它融汇中国古代与西方建筑之精华，庄严简朴，别创一格。

中山陵的设计颇具匠心，整个陵园像一座震民觉醒的大钟，门前广场南面石台上的铜鼎，似钟顶的挂钩，半月形的广场，如钟顶圆弧，两侧围墙似钟形的两边，漫长的墓道如系锤的绳子，墓室的圆顶似钟锤。这象征着孙中山先生毕生致力于民主革命，唤起民众反抗压迫，为国家民族的振兴而奋斗不息的崇高思想和光辉业绩，寓意十分深刻。

中山陵的主要建筑有牌坊、墓道、陵门、碑亭、平台、祭堂和墓室等，占地面积约8万平方米，北高南低，面向南方。墓道长700米，宽70米，共392级台阶，两旁遍植雪松、龙柏。墓室海拔158米，高出广场73米。整个建筑布局严整，气势宏伟，庄严肃穆，具有我国传统的民族风格。中山陵园总面积有45 000亩，其中林地约32 000亩，苍松翠柏，漫山碧绿。中山陵为南京重要旅游胜地，来南京的中外游人都要到此一游，既仰慕孙中山崇高伟大的人格，又欣赏这雄伟秀丽的风光。

2. 总统府历史建筑群

南京总统府位于南京市玄武区长江路292号，是中国近代建筑遗存中规模最大、保存最完整的建筑群，也是南京民国建筑的主要代表之一，是中国近代历史的重要遗址，现已成为中国近代史遗址博物馆。

总统府建筑群的主轴线，由门楼、大堂、二堂、八字厅、会客厅、麒麟门、政务局楼、子超楼组成。建筑风格前半部分以中式为主，后半部分则以西式居多。门楼建于1929年，这里也是太平天国天朝宫殿的真神荣光门、清两江总督署以及旧督军署大门旧址。在这典型的古罗马建筑风格门楼前，保留了督署遗存的石狮，并加建了照壁（后于2003年因长江路拓宽被拆除）。门楼与大堂间的广场由水泥条石铺成，有些柱础规律地掩于条石下。东、西朝房依旧保持清代建筑风格，东朝房曾为督署的吏、户、礼三科，西朝房曾为兵、刑、工三科。民国时期是卫士室。红柱灰瓦、方砖铺地的大堂建于太平天国荣光大殿原址，大堂正中悬挂孙中山手书“天下为公”横匾。大堂后有东、西厢房各一，其后由封闭的西式通体方格毛玻璃封闭穿堂与二堂相连。穿堂东面是一清代四合院，西面是大礼堂。

二堂位置是洪秀全处理军国大事的真神天父殿，内有4根粗壮红柱，拱形的北门上部是空格窗，天棚、四壁、屋顶、门窗皆为木结构，加上重檐青瓦，粗看是标准中式建筑，其北面外部却是典型的西式风格，硕大的拱形门上嵌有拱心石，并饰以西式花纹。

二堂北面的拱门外廊与东、西建筑相连，正北的敞开式穿堂与一座西式平房相连，平房造型与西花厅相似，门前的彩色石子台阶呈“八”字状展开，故称“八字厅”，是当年送别宾客时经常合影留念的地方。八字厅通入的平房是冯国璋任副总统时期在一次大火后的废墟上所建，后来作为内、外宾会客室。后面又是一条中西合璧的开放式长廊，地面上的彩色磨石至今花纹鲜亮如新。东、西所通平房都有拱门外廊，走廊中却是一樘极具中国传统特色的红色双扉木门，至今仍用门臼开启，名曰“麒麟门”。

中轴线的最北端，就是大名鼎鼎的子超楼，也是总统府内最重要的建筑。子超楼由虞炳烈设计，1935年12月由鲁创营造厂建成。这是当时少见的高楼，中间高些，有六层；两边稍低，为五层，左右对称，采用钢筋混凝土结构。

二、现代南京建筑的风格

(一) 历史背景

“文化大革命”结束时，我国经济处于崩溃边缘，人民温饱亟待解决，国家建设百业待兴。世界变化日新月异，中国需要抓住机遇，加快发展，缩小与发达国家的差距。在这样的环境下，实施改革开放势在必行。1978 年十一届三中全会召开，标志着我国改革开放拉开序幕。

改革开放以来，南京经济发展水平显著提升，城市面貌发生巨大变化。1978 年南京地区生产总值仅为 34.42 亿元，改革开放后，经济总量连年提升，并于 2016 年超过万亿元。人均 GDP 从改革开放初的不足 500 美元到 2017 年突破 20 000 美元，年均可比增长 10.5%。南京产业结构也在不断优化。服务业主导地位强化，从 1978 年至 2017 年，第三产业增加值年均增长 13.3%，与 1978 年相比，第三产业比重大幅上升 39.7 个百分点。居民生活质量日益提高，消费观念不断变化。随着经济体制的改变，曾长期存在的商品供应短缺现象及长期实行的计划调拨、凭票供应的状态一去不复返，人民生活质量显著提升。

在改革开放的新潮冲击下，南京建筑也迎来了新面孔。1978 年，十一届三中全会召开前夕，邓小平会见美国泛美航空公司董事长西威尔。他对陪同会见的国家旅游局和民航总局负责人说“民航、旅游这两个行业价值很高”，并指出要利用侨资、外资建造旅游饭店，加快发展旅游业。

1979 年，国务院批准立项建设国内首批 6 家大型涉外旅游饭店，其中就包括南京金陵饭店。1983 年 10 月，金陵饭店建成开业，以 37 层 110 米的高度，成为当时中国第一高楼。作为南京的标志性建筑，金陵饭店也是中国改革开放浪潮中一朵令人瞩目的浪花。在之后的发展历程中，南京高楼纷纷拔地而起，曾经的第一高楼，如今也变得平常。

与此同时，为保护传统建筑瑰宝，南京市在未来建筑的发展中秉承着保护近代建筑的原则——坚决不破坏传统标志性建筑。2006 年南京市人民代表大会常务委员会颁布了《南京市重要近现代建筑和近现代建筑风貌区保护条例》。其第一章第一条指出：“为了加强对本市重要近现代建筑和近现代建筑风貌区的保护，促进城市建设与社会文化的协调发展，根据有关法律、法规，结合本市实际情况制定本条例。”第一章第三条指出：“本条例所称的重要近现代建筑（以下简称重要建筑），是指从 19 世纪中期至 20 世纪 50 年代建设的，具有历史、文化、科学、艺术价值，并依法列入保护名录的建筑物、构筑物。本条例所称的近现代建筑风貌区（以下简称风貌区），是指近现代建筑集中成片，建筑样式、空间格局较完整地体现本市地域文化特点，并依法列入保护名录的区域。”

(二)建筑风格

随着时代的发展和进步，人们对传统文化传承和发展的意识越来越强，对具有民族特色、历史悠久的优良传统文化的应用也越来越广泛。随着经济的发展和人民生活水平的提高，人们对建筑物的品质要求也越来越高，传统文化在现代建筑中的应用越来越容易被人们所认同并接受，不同时期、不同地域的建筑风格也不尽相同。总的来说，建筑规划设计的特色化发展趋势是来自传统文化的影响，其规划设计的思想和灵感都来自对传统文化的理解，如价值观和审美方面的体现，结合了特色文化背景，充分展现传统文化符号等。同时，在现代社会，人们更喜欢简朴、充满艺术性和创新性的建筑风格。

南京现代建筑外部造型简洁、明朗、清新、大方，为少占地多采用高层，多与传统风格相结合。近些年来，不仅仅是南京，全国各地建筑风格都有一个共同的特点，就是与现代化、工业化社会相适应，能更好地满足人们对现实主义和功能主义的要求。不仅如此，基于传统的建筑风格，建筑物的发展和创新会突破过时的建筑风格，使建筑变得更加灵活、更加具有艺术性，让人们看后会充满敬畏和欣赏之情。

南京现代化建筑的发展是中国建筑发展的一个缩影。近些年来，多元化倾向明显，在传统建筑发展的基础上，许多优秀的中国现代建筑文化因子和外国建筑文化因子渐渐进入市场并且被人们所接受。

(三)特色建筑

1. 金陵饭店

金陵饭店，由香港巴马丹拿集团设计，是一座按国际五星级标准建造的现代化旅游宾馆。它坐落于南京市中心新街口，东临中山路，南临汉中路，建筑主体由37层的客房主楼和2层裙房组成。饭店坐北朝南，主轴线与城市干道成45°角，主楼东南侧是江南园林式的庭院，沿街为购物中心，南面为广场。西南面原有一游泳池，现已改建为世界贸易中心。

金陵饭店的平面布局十分紧凑、合理。建筑总体由四个旋转45°的正方形构成，中间的正方形是二层高的门廊和大厅，形成了宾馆主入口。在首层大厅中，局部的夹层回廊既使服务台空间从公共空间中区分出来，又使一、二层空间上下渗透，营造出气势宏大的艺术氛围。每间客房的入口向内凹进，标志着私有空间的开始。室内大面积的玻璃窗将蓝天引入室内，使空间由压抑变为开敞。这一由扬到抑、再扬的空间秩序体现了现代建筑的时空连续性，随着时间的推移，人们的视点不断改变，所体会到的空间气氛也各不相同，这种考虑了时间因素的动态空间打破了传统静态空间的凝滞，使空间充满了弹性与张力。

金陵饭店的外部造型简洁挺拔，体现了现代建筑的审美观。高达37层的客房楼与裙房结合，形成错落有致的不对称构图，打破了平面对称的单调。从各方向看，饭店都像尊雕塑，具有强烈的可识别性。设计者充分利用简洁的形体和充满流动性的空间，使作品体现出强烈的时代气息。传统风格的装修，以及东侧的园林则体现出对地方文化的尊重。与其相比，同时期的南京建筑由于缺乏对现代建筑理论的深入研究，以及经济条件的制约，在造型与空间处理上与金陵饭店都相差悬殊，这种状况使金陵饭店能够从众多的建筑中脱颖而出，从而成为南京地区的标志性建筑。

2. 侵华日军南京大屠杀遇难同胞纪念馆

为纪念抗战胜利、悼念遇难者，侵华日军南京大屠杀遇难同胞纪念馆于1985年建成，并于1995年进行扩建。该纪念馆目前是著名爱国主义教育基地。

纪念馆由齐康设计，它的总体布局没有延续传统的中轴线对称手法，而是采用不对称的新颖构图。这种手法既与基地北高南低的状况相呼应，又能创造出空间丰富、新颖大方的艺术效果，与传统的纪念馆形成鲜明的对比。

当人流在入口标志纪念柱的引导下走过两侧铺着黄沙的步道时，一种肃穆的气氛涌上人们心头。随后，几级踏步之上的小庭院强化了这种肃穆氛围。左侧墙上的“侵华日军南京大屠杀遇难同胞纪念馆”突出了纪念馆的主题。转过几级踏步，便来到纪念馆的屋顶，这里的空间豁然开朗，与封闭的小庭院形成了强烈的对比。极目远望，整个庭院的景色尽收眼底。远处的白色鹅卵石上面寸草不生，几株枯树和卵石形成了凄凉场景。走下屋顶，沿着小路前进，散落在道边的十几个不规则石块不时映入人们的眼帘，上面铭刻的碑文向人们控诉着日军的罪状。路边的残垣断壁以及沿墙的连续浮雕则再现了日军烧杀掠夺的场景，烘托出悲凉的气氛。

到了西南角，只见一个老年妇女弯腰伸手，目光悲痛，似在尸体中寻找失去的亲人，在枯树的衬托下，气氛十分悲壮。来到遗骨陈列馆，陈列馆棺椁式的造型使建筑的内容与形式获得了高度的统一。馆内光线由两侧的高窗透入，使室内外空间融为一体。走出遗骨陈列馆，远望纪念馆主体，只见主馆伏在山坡上，倾斜的屋面、低矮的小窗以及与地平齐的窗台使主馆与卵石地融为一体。绕场一周后，便来到纪念馆的主体，馆内陈列的遗物使人们的心情极为沉痛。最后，馆内的人流由门厅进入馆前小庭院，完成了参观。建筑的内外空间相互渗透，形成高度统一的有机体。

3. 南京鼓楼市民广场

“江南佳丽地，金陵帝王州。”自古以来，南京就以其优美的自然风光、丰富的人文景观而享誉四海。然而20世纪90年代以后，随着现代经济的发展，城市人口急剧增加，许多市民由于在快节奏中工作，生活之余十分渴望回到自然的怀抱中，去呼吸一下大自然新鲜的空气。为了给市民提供一个休闲的空间，南京市政府于1996年在鼓楼广场东侧修建了一座市民广场，给生活在由钢筋混凝土筑成的“现代丛林”中的人们带来了一丝新鲜的绿意。

鼓楼市民广场位于鼓楼空旷之地的东端部分，又称“东广场”。整个广场占地面积达18 600平方米，是一个以草坪绿化为主的城市现代广场。鼓楼广场以升旗台为中心，利用地形高差设有喷泉瀑布。瀑布轴线尽端还设置了花瓣状卵石步道和花坛。由于鼓楼广场以巧妙的方式对空间布局及绿地系统加以组织，在现代都市中再现一处绿色文明，给人们提供了一个理想的交往休息空间，因此南京人将鼓楼市民广场亲切地称为“城市客厅”。

鼓楼市民广场通过开敞的空间形态以及宜人的细部尺度，为人们充分自在的生活提供了一个良好的环境，像一个好的观赏性的园林。

城市中还存留着近现代建筑，那些文化印记，是散落在城市中的重要记忆。现代快节奏生活中充斥着速成、碎片化、浮躁，而城市中星星点点的近现代建筑更显得弥足珍贵。所以目前进一步保护南京近现代建筑刻不容缓！

实践心得

建筑犹如历史的“活化石”，建筑的兴衰可以从侧面反映出一段历史时期内人们的追求与思想。建筑是历史的见证者，为后人讲述着南京乃至中国从积贫积弱、被列强入侵，到救亡图存、获得解放，再到如今奋起直追、繁荣昌盛的历史进程。建筑以独特的姿态，展现着不同时代的风貌，为我们了解历史提供了一种直观的视角。

通过参观金陵饭店、侵华日军南京大屠杀遇难同胞纪念馆和南京鼓楼市民广场，我不仅了解了它们的建筑特征，也深入了解了多年前新中国还未成立时的南京的风风雨雨和发生在这些建筑身上的故事。这些建筑不仅是普通的建筑本身，更是历史的见证者和记录南京近现代史的载体。我们作为当代的大学生，应该学会不忘历史，缅怀历史，正视历史。这些历史看似离我们很遥远，实则与我们当代青年息息相关。历史的车轮滚滚向前，我们人类在厚重的历史面前是极其渺小的，只有学会正视和铭记历史，砥砺前行，才能创造更好的未来。通过学习、研究南京近现代建筑，我深刻地了解了中国近现代史，了解到近代以来中国人民为争取民族独立、人民解放和实现国家富强而所付出的巨大努力和牺牲，这也激励我们更加努力学习，增强实现中华民族伟大复兴的责任感和使命感，为实现中国梦而不断努力奋斗。

与同学研讨课题的同时，我们也进一步加强了思想交流，认识到自己见识浅陋，还需要努力学习，不断完善自己的认知体系。与同学的合作提高了工作效率，同时也让我懂得众人拾柴火焰高的道理。

参考文献

[1] 郭廷以. 近代中国史纲：第3版[M]. 上海：格致出版社，上海人民出版社，2012：186-193.

[2] 王安中. 国民政府军事工业研究[D]. 上海：上海大学，2009：22-61.

[3] 陈悦. 沉没的甲午[M]. 南京：凤凰出版社，2010：57-70.

[4] 叶萌，秦国屏. 江南造船厂的前身——江南机器制造总局的演变[J]. 上海企业，1982 (5)：44-45.

[5] 沈传经. 论福州船政局[J]. 近代史研究，1983 (2)：242-257.

[6] 吕小鲜. 第一次鸦片战争时期中英两军的武器和作战效能[J]. 历史档案，1988 (3)：86-94.

[7] 孙洪波. 从军事力量对比看中日甲午陆战清军的失败[J]. 丹东师专学报，1998 (3)：70-72.

[8] 王建华. 论清军的装备、训练、战术与甲午陆战的失败[J]. 历史教学，1988 (9)：2-5.

[9] 刘鸿亮. 第一次鸦片战争时期中英双方火炮的技术比较[J]. 清史研究，2006 (3)：31-42.

[10] 张忠. 曾国藩创办安庆内军械所始末[J]. 文史春秋，2010 (5)：29-33.

[11] 王伟，梅正亮. 跨越三个世纪的强国梦——档案史料中的金陵制造局[J]. 中国档案，2011 (11)：82-85.

[12] 高德罡. 晚清军工企业管理机制研究[D]. 石家庄：河北师范大学，2009：113-184.

[13] 侯玲玲. 湖北枪炮厂的兴建和发展（1888—1927）及其历史作用探析[D]. 呼和浩特：内蒙古师范大学，2011：6-32.

[14] 夏东元. 洋务运动史[M]. 上海：华东师范大学出版社，1996：86-89.

[15] 陈真，姚洛合. 中国近代工业史资料：第一辑 民族资本创办和经营的工业[M]. 北京：生活·读书·新知三联书店，1957：1-37.

[16] 梁启超. 李鸿章传[M]. 海口：海南出版社，1993：45-55.

[17] 苏生文. 甲午战争前后李鸿章和伊藤博文的比较研究[J]. 中国历史博物馆馆刊，1994 (1)：77-92.

[18] 马驰骋. 传统疾疫与近代社会——《东三省疫事报告书》的整理与研究[D]. 南昌：江西师范大学，2009：28-54.

[19] 曹晶晶. 1910年东北鼠疫的发生及蔓延[J]. 东北史地，2007，7 (1)：64-68.

[20] 崔学森. 宣统年间京师临时防疫局章程研究[J]. 北京社会科学，2013 (3)：162-168.

[21] 余新忠. 20世纪以来明清疾疫史研究述评[J]. 中国史研究动态，2002 (10)：15-23.

[22] 白丽群. 1910—1911年东北大鼠疫与哈尔滨公共卫生体系的建立[D]. 哈尔滨：黑龙江省社会科学院，2015：37-45.
[23] 俞松筠，祝绍煌. 鼠疫概要[M]. 上海：商务印书馆，1944：18-41.
[24] 张春风. 百年前召开奉天国际鼠疫会议为全世界传染病防控提供中国经验[J]. 兰台世界，2020（4）：110-111.
[25] 赵元，田艳天. 清末东北三省鼠疫与民间应对述论[J]. 农业考古，2014（4）：164-166.
[26] 王卓琳. 晚清国家和社会防疫研究——以宣统年间东北地区鼠疫为例[J]. 卷宗，2018（18）：297-298.
[27] 中国史学会. 太平天国：第4册[M]. 上海：上海人民出版社，1957：613.
[28] 罗尔纲，王庆成. 太平天国：第9册[M]. 桂林：广西师范大学出版社，2004：100-111.
[29] 刘江. 太平天国统治下的南京（1853—1864）——以社会经济为主的考察[J]. 社会科学辑刊，2009（5）：136-142.
[30] 夏春涛. 太平天国时期南京城的变迁[J]. 扬州大学学报（人文社会科学版），2011，15（6）：99-105.
[31] 王明德. 试论太平天国天京建都[J]. 台州学院学报，2005，27（4）：41-45.
[32] 侯风云. 战争对近代城市发展的破坏性影响——以太平天国战争对南京的影响为例[J]. 中国国家博物馆馆刊，2011（10）：127-133.
[33] 印玉林. 再评太平天国定都天京之战略[J]. 扬州教育学院学报，2000（2）：52-54.
[34] 茅海建. 太平天国定都天京是一大战略错误[J]. 历史教学，1981（3）：13-17.
[35] 林志杰. 试论太平天国文化与教育改革的特点[J]. 广西师范大学学报（哲学社会科学版），2002（3）：109-113.
[36] 于书娟. 太平天国的科举制度初探[J]. 教育与考试，2007（5）：27-30.
[37] 陈玉玲，李涛. 太平天国的女子教育[J]. 淮北煤炭师范学院学报（哲学社会科学版），2009，30（1）：137-141.
[38] 王庆成. 儒学在太平天国[J]. 中国社会科学院研究生院学报，1992（3）：65-74.
[39] 郭豫明. 略析洪秀全对于西方文化的态度[J]. 上海师范大学学报（哲学社会科学版），2001（6）：78-85.
[40] 吴其昌. 梁启超传[M]. 天津：百花文艺出版社，2004：22-54.
[41] 吴荔明. 梁启超和他的儿女们[M]. 上海：上海人民出版社，1999：3-12.
[42] 梁启超. 梁启超家书[M]. 北京：中国青年出版社，2013：20-32.
[43] 何虎生. 孙中山传[M]. 北京：中国工人出版社，2012：80-144.
[44] 王瑞芬. 浅论孙中山的水利思想[J]. 新乡师范高等专科学校学报，2006（1）：111-113.
[45] 蒋国宏. 张謇与孙中山水利思想之异同[J]. 南通大学学报（社会科学版），2017（3）：150-155.
[46] 敖文蔚. 孙中山社会思想研究综述[J]. 长江论坛，2007（4）：76-81.
[47] 苏全有，张明水. 对近代中国水利史研究的回顾与反思[J]. 华北水利水电学院学报（社科

版)，2012，28（3）：1-6.
[48] 陈汝平. 蔡元培北大改革启示[J]. 重庆教育学院学报，2004（4）：58-60.
[49] 李忠伟. 蔡元培“五育并举”教育思想解析[J]. 兰台世界，2015（7）：15-16.
[50] 肖川. 蔡元培教育思想的现代诠释[J]. 教育发展研究，2000（12）：53-55.
[51] 王瑜，孙新. 蔡元培“教育独立议”新论[J]. 宝鸡文理学院学报（社会科学版），2002（3）：74-78.
[52] 郭汝瑰，黄玉章. 中国抗日战争正面战场作战记：上册[M]. 南京：江苏人民出版社，2005：521-560.
[53] 王翔. 汪伪政权之意识形态评析[J]. 理论界，2008（11）：119-121.
[54] 李志毓. 在历史光谱下：汪精卫研究若干问题评述[J]. 南京大学学报（哲学·人文科学·社会科学），2016（2）：110-118，159-160.
[55] 孙岩. 国民党训政体制的合法性探析[J]. 怀化学院学报，2011（4）：62-64.
[56] 经盛鸿. 论侵华日军南京大屠杀的历史动因[J]. 长白学刊，2006（5）：91-95.
[57] 马文哲. 南京大屠杀与日本军国主义[J]. 探求，1999（3）：54-55.
[58] 孙宅巍. 南京保卫战史[M]. 南京：南京出版社，2014：164-171.
[59] 张纯如. 南京大屠杀[M]. 马志行，田怀滨，崔乃颖，等译. 北京：东方出版社，2005：7.
[60] 张连红，经盛鸿，陈虹，等. 创伤的历史[M]. 南京：南京师范大学出版社，2005：36-45.
[61] 胡菊蓉. 中外军事法庭审判日本战犯——关于南京大屠杀[M]. 天津：南开大学出版社，1988：46-50.
[62] 朱成山. 侵华日军南京大屠杀外籍人士证言集[M]. 南京：江苏人民出版社，1998：175.
[63] “南京大屠杀”史料编辑委员会，南京图书馆. 侵华日军南京大屠杀史料[M]. 南京：江苏古籍出版社，1985：478-483.
[64] 孙宅巍. 南京大屠杀[M]. 北京：北京出版社，1997：262-278.
[65] 约翰·拉贝. 拉贝日记[M]. 南京：江苏人民出版社，2009：37-60.
[66] 明妮·魏特琳. 魏特琳日记[M]. 南京：江苏人民出版社，2015：145.
[67] 东史郎. 东史郎日记[M]. 南京：江苏教育出版社，2014：227-300.
[68] 梁强，朱平. 侵华日军南京大屠杀史国际学术研讨会综述[J]. 抗日战争研究，1997（4）：211-214.
[69] 黄春锋，李锐. 历史记忆中的1937——北京、江苏两地学者纪念七七事变和南京大屠杀事件75周年学术交流会会议综述[J]. 抗战史料研究，2012（2）：172-176.
[70] 史景迁. 太平天国[M]. 朱庆葆，等译. 桂林：广西师范大学出版社，2011：27-40.
[71] 吴彤. 论太平天国拜上帝教的创立[J]. 史学集刊，2020（6）：63-72.
[72] 黄顺力. 从《天朝田亩制度》到《资政新篇》——太平天国中西文化观蠡测[J]. 福建论坛（人文社会科学版），2002（4）：56-61.
[73] 魏青. 洪秀全对儒家文化的反叛与继承[J]. 闽西职业技术学院学报，2019（4）：25-28.

[74] 孟义昭. 太平天国科举制度探析[J]. 史志学刊，2020 (4)：46-50.
[75] 唐秀华. 中国近代民族工业短暂兴盛的原因分析[J]. 山东省农业管理干部学院学报，2005 (4)：105-106.
[76] 吴才军. 简析20世纪初中国近代民族工业“春天”短暂的原因[J]. 青春岁月，2011 (12)：341.
[77] 王宝华. 中国近代民族工业出现短暂繁荣“春天”的原因分析[J]. 文化学刊，2019 (8)：236-238.
[78] 王晶. 近代中国民族资本主义的发展概况[J]. 文理导航：教育研究与实践，2017 (11)：30.
[79] 吴伟. 中国近代音乐教育目标考略[J]. 音乐探索，2013 (3)：131-133.
[80] 王颢霖. 从学科交叉与分化管窥近代中国体育学演进发展[J]. 体育科学，2015 (6)：3-12，24.
[81] 董苹苹. 南京国民政府时期中小学体育教育研究[D]. 济南：山东师范大学，2012：34-113.
[82] 蒲鸿春. 我国高等院校体育本科专业设置与调整研究[D]. 北京：北京体育大学，2010：22-28.
[83] 谭华. 新文化运动中对传统体育的批判及其历史意义[J]. 成都体育学院学报，1991 (1)：28-30.
[84] 尹志华，汪晓赞，季浏. 中国体育教师专业素质要求的历史演进分析[J]. 体育文化导刊，2015 (9)：158-162，206.
[85] 李鸿江. 我国高等体育院（校）系改革与发展的战略研究[D]. 福州：福建师范大学，2006：33-46.
[86] 陈华荣. 20世纪的中国学校体育法制探析[J]. 首都体育学院学报，2007 (5)：4-7.
[87] 董志薇. 近代黑龙江女子教育发展研究[D]. 哈尔滨：哈尔滨师范大学，2017：20-32.
[88] 潘广霞. 清末新政时期东北地区女子教育研究[D]. 齐齐哈尔：齐齐哈尔大学，2014:17-28.
[89] 资利萍. 试论音乐的道德功能及其运用[J]. 船山学刊，2011 (1)：161-164.
[90] 邢微. 浅析民国前期女子教育发展动因[J]. 学理论，2011 (2)：179-180.
[91] 岳爱武，葛苏放，邱新法. 清末学位与研究生教育的内容考证及其评价[J]. 高教探索，2008 (6)：81-85.
[92] 唐文昊. 南京国民政府体育教育政策研究[D]. 天津：天津师范大学，2014：5-43.
[93] 李惠芬. 南京体育小史[M]. 南京：东南大学出版社，2011：49-75.
[94] 华治宇. 中国传统文化在建筑规划设计中的体现[J]. 城市建筑，2013 (18)：32，61.

后 记

一直以来，河海大学高度重视学生的思想政治教育，对思政课从形式、内容到教学效果常抓不懈。由于学校的高度重视，河海大学的思政课形成了自身的特色，取得了丰硕的成果。近些年来，国内许多媒体也对河海大学的思政课教学进行了详细的报道。

在纲要课程教学中，在讲授教材知识的同时，为了弥补教材微观认知的不足，让学生对课本知识有更深刻的理解和体会，我们增加了思政课的课外实践环节。课外实践环节以教师为主导，学生为主体。教师提出实践目标和总体要求，学生组成实践小组，对自己感兴趣或有疑惑的某个“点”进行深入探讨和研究。通过查阅资料、参观现场、采访当事人、发放调查问卷、场景重现、沉浸式教育等方式，深度参与思政课的教学。学生们通过课程实践既可以弄清历史真相，拓宽了知识，增加了阅历，同时也在实践中增强了对纲要课程的兴趣。

《“我”对晚清以来中国现代化道路探索之思考》摘选了近年来学习纲要课程的部分学生的实践成果并汇编成册。上篇部分的作者有许泽坤、李慕阳、黄一鸣、柏欣莉、邹怡倩、曲思仪、王世佳、费书宇、付琪、郭祺、杨光、孙佳颖、杨艳、胡启旭、张萌、刘岱秉、吴奥婷、牛靖寒、齐牧晨、王雨晨、于千、李嘉馨、冯梓桐、张丽亭、薛梦茹、张雯彦、崔鸣岐、张晓东、唐峰、王冕、刘昊、丁野、孔德禧、杜宗哲；中篇部分的作者有唐昊、莫遥光、夏亚威、赵骏、张徐昊、刘康杰、厉雯、朱利亚、袁路青、马耀、罗钦雨、潘雨虹、王迎澳、李泽宇、彭畅、王思灵、李文欣、李玮钰、谭淞月、李嘉霖、殷占鹏、罗嗣和、赵向宇、刘少辉、张雯杰、义淇、范顺欣、方爽、吴祖昊、彭文振、徐千里、冯锐；下篇部分的作者有徐卓良、吴悦、热义沙·玉山江、胡春月、姜蕴秋、李语嫣、高雨琛、马宏漪、韩怡、徐经纬、卢宥臻、车嘉仪、孙盈、杨意、李雨、刘冠华、卞婕、刘依嘉、洛桑曲珍、余春璐、黄阳华、李媛、黄凯、徐小佳、徐昊、马浩宇、尚瑞欣、邹扬、汪聪龙、黄俊伟、刘晓浪、唐葵。

由于实践论文的作者都是理工科同学，他们的史学修养和认知都显得非常稚嫩和单薄，对有关历史事件和历史人物的理解也难免片面肤浅。因此，本书仅是一本学生课程实践成果汇编，刻录他们作为一名学生的知识成长坐标，书中难免会存在偏颇乃至错误的地方，望赏阅者海涵并批评指正。

本书在编写过程中得到河海大学马克思主义学院领导和同事们的大力指导，得到河海大学出版社的大力支持，得到河海大学马克思主义学院硕士研究生梁乐同学大力协助。在此表示衷心感谢。